2017
中国上市公司治理评价研究报告

China Corporate Governance Evaluation Report

李维安 等著

商務印書館
创于1897 The Commercial Press

图书在版编目(CIP)数据

2017中国上市公司治理评价研究报告/李维安等著
.—北京:商务印书馆,2021
ISBN 978-7-100-20357-9

Ⅰ.①2…　Ⅱ.①李…　Ⅲ.①上市公司-企业管理-研究报告-中国-2017　Ⅳ.①F279.246

中国版本图书馆CIP数据核字(2021)第181992号

2017中国上市公司治理评价研究报告
李维安　等著

商　务　印　书　馆　出　版
(北京王府井大街36号　邮政编码100710)
商　务　印　书　馆　发　行
江苏凤凰数码印务有限公司印刷
ISBN 978-7-100-20357-9

2021年10月第1版　　开本787×1092　1/16
2021年10月第1次印刷　印张19.25
定价:136.00元

本项研究获得国家自然科学基金项目、国家社会科学基金项目、教育部长江学者特聘教授奖励计划、教育部人文社会科学重点研究基地重大研究课题、高等学校优秀青年教师教学科研奖励基金项目、南开大学“985”、“211 工程”等项目的资助，在此表示衷心的感谢。

中国公司治理评价课题组负责人：李维安

课题组协调人：程新生

课题组主要成员：郝　臣　张国萍　吴德胜　张耀伟
王鹏程　牛建波　刘振杰　李浩波
李晓琳　李元祯　郑海埃　黄立新
李慧聪　鲁云鹏　王励翔　齐鲁骏
李昊昱　吕美伦　崔光耀等

目　录

第一章　公司治理评价与治理指数

第一节　公司治理评价的研究意义

一、公司治理改革与治理评价问题提出

公司治理改革已经成为全球性的焦点问题，作为在全球市场上的一种竞争优势以及可持续发展的重要组成部分，完善的公司治理机制对于保证市场秩序具有十分重要的作用。近二十年来，全球公司治理研究的关注主体由以美国为主逐步扩展到英美日德等主要发达国家，近年来已扩展到转轨和新兴市场国家。研究内容也随之从治理结构与机制的理论研究，扩展到治理模式与原则的实务研究。目前治理质量与治理环境倍受关注，研究重心转移到公司治理评价和治理指数。中国的公司治理也大致经历了这些阶段，制度建设与企业改革经过了独特的由破到立的过程。从《中国公司治理原则》(2001年)、《独立董事制度指导意见》(2001年8月)与《中国上市公司治理准则》(2002年1月)的颁布，到新《公司法》和《证券法》(2005年10月)的出台，以及国务院批准证监会《关于提高上市公司质量的意见》(2005年10月)的发布，在股权分置全流通、高级管理人员持股等大背景下，中国的公司治理改革进入了一个新的阶段。

公司治理研究的重要任务之一就是探讨如何建立一套科学完善的公司治理评价系统。通过系统的运行，一方面为投资者提供投资信息，另一方面可以掌握公司治理的现状，观察与分析公司在对利益相关者权益保护、公司治理结构与治理机制建设等方面的现状与问题，促进提高公司治理质量及公司价值。公司治理理论界以及实务界迫切需要了解以下问题：中国公司治理的质量如何？如何规范股东大会以及怎样才能确保公司的独立性？董事会如何运作才能形成完善的决策与监督机制？采用何种激励与约束机制才能有效降低代理成本并促使代理人为公司长期发展而努力？决定公司治理质量的主要因素有哪些？公司治理存在哪些风险，其程度如何，对投资者及其他利益相关者的利益有何影响？公司治理机制的建立与完善会如何影响公司绩效？

解决上述问题的核心是建立一套适应中国公司治理环境的公司治理评价系统和评价指数，用以掌握我国公司的治理结构与治理机制完善状况、公司治理风险的来源、程

度与控制,并进一步观察与分析中国公司在控股股东行为、董事会运作、经营层激励约束、监事会监督以及信息披露等方面的现状、存在的风险、治理绩效等。通过该系统可以探索中国公司治理的模式,以规范公司治理结构及董事会的治理行为,建立良好的高管层激励与约束机制,完善公司的信息披露制度,保护股东及其他利益相关者的权益,最终实现良好的经营业绩。

二、公司治理评价的应用价值

第一,有利于政府监管,促进资本市场的完善与发展

公司治理指数反映了公司治理水平,详细编制并定期公布公司治理指数,能够使监管部门及时掌握其监管对象的公司治理结构与治理机制的运行状况,从而在信息反馈方面确保其监管有的放矢。同时,有利于证券监管部门及时掌握中国公司治理状况以及相关的准则、制度等的执行情况。利用该系统,证券监管部门可以及时了解其监管对象在控股股东行为、董事会、监事会、高管人员的任选与激励约束机制以及信息披露与内部控制等方面的建立与完善程度以及可能存在的公司治理风险等,有利于有效发挥监管部门对于公司的监管作用。

第二,有利于形成公司强有力的声誉制约并促进证券市场质量的提高

基于融资以及公司持续发展的考虑,公司必须注重其在证券市场以及投资者中的形象。公司治理评价系统的建立,可以对公司治理的状况进行全面、系统、及时的跟踪,定期将评价的结果公布,弥补了我国企业外部环境约束较弱的缺陷。由于公司治理评价状况的及时公布而产生的信誉约束,将促使公司不断改善公司治理状况,最大限度地降低公司治理风险,因而有利于证券市场质量的提高,强化信用。公司的信用是建立在良好的公司治理结构与治理机制的基础之上的,一个治理状况良好的公司必然具有良好的企业信用。公司治理指数的编制与定期公布,能够对公司治理的状况实施全面、系统、及时的跟踪,从而形成强有力的声誉制约并促进证券市场质量的提高。不同时期公司治理指数的动态比较,反映了公司治理质量的变动状况,因而有利于形成动态声誉制约。

第三,有利于公司科学决策与监控机制的完善和诊断控制

公司治理指数使公司(被评价对象)能够及时掌握本公司治理的总体运行状况以及公司在控股股东行为、董事会、监事会、经理层等方面的治理状况以及信息披露、内部控制状况,及时对可能出现的问题进行诊断,有针对性地采取措施,从而确保公司治理结构与治理机制处于良好的状态中,进而提高公司决策水平和公司竞争力。定期的公司治理评价信息,将使管理当局及时地掌握公司治理潜在的风险,并采取积极的措施降低与规避监控风险;投资者利用公司治理评价所提供的公司治理质量、公司治理风险的

全面信息,可以了解其投资对象,为科学决策提供信息资源。例如,公司治理计分卡的应用有助于指导公司科学决策。

第四,为投资者投资提供鉴别工具并指导投资

及时量化的公司治理指数,能够使投资者对不同公司的治理水平与风险进行比较,掌握拟投资对象在公司治理方面的现状与可能存在的风险。同时根据公司治理指数、风险预警与公司治理成本以及公司治理绩效的动态数列,可以判断投资对象公司治理状况与风险的走势及其潜在投资价值,从而提高决策水平。传统上投资者主要分析投资对象的财务指标,但财务指标具有局限性。建立并定期公布公司治理指数,将促进信息的公开,降低信息不对称性,提高决策科学性。例如,成立于 1992 年的 LENS 投资管理公司的投资选择原则是从财务评价和公司治理评价两个角度找出价值被低估和可以通过公司治理提高价值的公司。美国机构投资者服务公司与英国富时还建立起了公司治理股价指数,为其会员提供公司治理咨询服务。韩国也建立了公司治理股价指数。

第五,有利于建立公司治理实证研究平台,提高公司治理研究水平

中国公司治理指数报告使公司治理的研究由理论层面的研究具体到量化研究和实务研究,有利于解决公司治理质量、公司治理风险、公司治理成本与公司治理绩效度量这些科学问题。公司治理评价过程中的一系列调查研究的成果是顺利开展公司治理实证研究的重要数据资源。这一平台的建立,将使公司治理理论研究与公司治理实践得以有机结合,进一步提高公司治理理论研究对公司治理实践的指导作用。

第二节 公司治理评价的国内外研究

一、国内外主要的公司治理评价系统

国内外对公司治理评价与指数的研究经历了公司治理的基础理论研究、公司治理原则与应用研究、公司治理评价系统与治理指数研究的过程,并由商业机构的公司治理评价发展到非商业性机构的公司治理评价。中外学者对公司治理评价的关注是基于满足公司治理实务发展的需要,尤其是机构投资者的需要。

公司治理评价萌芽于 1950 年杰克逊·马丁德尔提出的董事会绩效分析,随后一些商业性的组织也推出了公司治理状况的评价系统。最早的、规范的公司治理评价研究是由美国机构投资者协会在 1952 年设计的正式评价董事会的程序,随后出现了公司治理诊断与评价的系列研究成果,如萨蒙(1993)提出诊断董事会的 22 个问题;1998 年标准普尔公司(S&P Co.)创立公司治理服务系统,该评价系统于 2004 进行了修订;

1999年欧洲戴米诺推出戴米诺公司治理评价系统;2000年亚洲里昂证券推出里昂公司治理评价系统;2003年南开大学中国公司治理研究院(原南开大学公司治理研究中心)李维安率领的南开大学公司治理评价课题组等推出"中国上市公司治理评价系统"(中国第一个全面系统的公司治理评价系统),2004年公布《中国公司治理评价报告》,同时发布中国上市公司治理指数($CCGI^{NK}$)。

美国机构投资者服务公司(Institutional Shareholder Services)还建立了全球性的公司治理状况数据库,为其会员提供公司治理服务;另外还有布朗斯威克(Brunswick Warburg)、ICLCG(Institute of Corporate Law and Corporate Governance)、ICRA(Information and Credit Rating Agency)、世界银行公司评价系统、泰国公司治理评价系统、韩国公司治理评价系统、日本公司治理评价系统(CGS、JCGIndex)以及我国台湾公司治理与评等系统等。详细情况见表1.1。

表1.1 国内外主要公司治理评价系统

公司治理评价机构或个人	评 价 内 容
杰克逊·马丁德尔(Jackson Martindell)	社会贡献、对股东的服务、董事会绩效分析、公司财务政策
标准普尔(S&P)	所有权结构、利益相关者的权利和相互关系、财务透明度和信息披露、董事会结构和程序
戴米诺(Deminor)	股东权利与义务、接管防御的范围、信息披露透明度、董事会结构
里昂证券(CLSA)	管理层的约束、透明度、小股东保护、独立性、公平性、问责性、股东现金回报以及公司社会责任
美国机构投资者服务组织(ISS)	董事会及其主要委员会的结构、组成、公司章程和制度、公司所属州的法律、管理层和董事会成员的薪酬、相关财务业绩、"超前的"治理实践、高管人员持股比例、董事的受教育状况
戴维斯和海德里克(DVFA)	股东权利、治理委员会、透明度、公司管理以及审计
布朗斯威克(Brunswick Warburg)	透明度、股权分散程度、转移资产/价格、兼并/重组、破产、所有权与投标限制、对外部人员的管理态度、注册性质
公司法与公司治理机构(ICLCG)	信息披露、所有权结构、董事会和管理层结构、股东权利、侵吞(expropriation)风险、公司的治理历史
信息和信用评级代理机构(ICRA)	所有权结构、管理层结构(含各董事委员会的结构)、财务报告和其他披露的质量、股东利益的满足程度
宫岛英昭、原村健二、稻垣健一等日本公司治理评价体系(CGS)	股东权利、董事会,信息披露及其透明性三方面,考察内部治理结构改革对企业绩效的影响
日本公司治理研究所公司治理评价指标体系(JCGIndex)	以股东主权为核心,从绩效目标和经营者责任体制、董事会的机能和构成、最高经营者的经营执行体制以及股东间的交流和透明性四方面评价
泰国公司治理评价系统	股东权利、董事品质、公司内部控制的有效性

续表

公司治理评价机构或个人	评　价　内　容
韩国公司治理评价系统	股东权利、董事会和委员会结构、董事会和委员会程序、向投资者披露和所有权的平等性
香港城市大学公司治理评价系统	董事会结构、独立性或责任；对小股东的公平性；透明度及披露；利益相关者角色、权利及关系；股东权利
台湾辅仁大学公司治理与评等系统	董(监)事会组成、股权结构、参与管理与次大股东、超额关系人交易、大股东介入股市的程度
GMI(Governance Metrics International)治理评价系统	透明度与披露(含内部监控)、董事会问责性、社会责任、股权结构与集中度、股东权利、管理人员薪酬、企业行为
世界银行治理评价系统	公司治理的承诺、董事会的结果和职能、控制环境和程序、信息披露与透明度、小股东的待遇
中国社会科学院世界经济与政治研究所公司治理研究中心	股东权利、对股东的平等待遇、公司治理中利益相关者的作用、信息披露和透明度、董事会职责、监事会指责
南开大学推出的中国上市公司治理指数($CCGI^{NK}$)	股东治理、董事会治理、监事会治理、经理层治理、信息披露、利益相关者治理

二、已有公司治理评价系统共性与差异

一般而言，公司治理评价系统具有以下四个共同特征：一是评价系统均是由一系列详细指标组成，且各个评价系统均包括了三个因素：股东权利、董事会结构及信息披露。二是在所有的评价系统中，评分特点是相同的。总体而言，较低的分值意味着较差的治理水平，反之意味着较好的治理状况。但也有两个例外，一个例外是 ICRA 评价系统，它使用相反的评分方法，公司治理评级 CGR1 意味着最好的治理状况，公司治理评级 CGR6 意味着最低的治理水平；另一个例外是布朗斯威克的治理风险分析，它是以惩罚得分的形式来计算，得分越高，公司的治理风险越大。三是绝大多数评价系统都使用了权重评级方法，根据治理各要素重要程度的不同赋予不同的权重，从而计算出公司治理评价值。四是获取评价所需信息的方法是一致的，主要来自公开可获得信息，其他信息通过与公司关键员工的访谈而获得。不同评价系统的主要区别在于两个方面。

第一，一些评价系统是用来评价某一个别国家公司的治理状况(例如 DVFA、布朗斯威克等)，另一些评价系统则涉及多个国家的公司治理评价，如标准普尔、戴米诺和里昂证券评价系统包含了国家层次的分析。这些评价中使用的标准都很相似。标准普尔提供了一个关于法律、管制和信息基础的有效程度的评估；戴米诺评级服务包括一个由法律分析和特定国家范围内的公司治理实务组成的国家分析报告，其服务范围涵盖了欧洲 17 个国家；里昂证券主要利用与管制和制度环境有关的六个宏观公司治理因素

来对各个市场进行评级，涉及 20—25 个新兴市场；世界银行的研究也基于与公司治理有关的六个综合指标进行了国家层次上的比较；戴维斯和海德里克（Davis and Heidrick, 2002）比较了公司治理的国别差异，但采用了不同的方法，他们主要考虑了基于公司治理实务和单个公司治理状况的国家层次平均水平。

第二，各评价系统关注的重点、采用的标准以及评价指标体系的构成呈现出较大差别。如标准普尔以经济合作与发展组织（Organization for Economic Cooperation and Development, OECD）公司治理准则、美国加州基金（CalPERS）等提出的公司治理原则以及国际上公认的对公司治理要求较高的指引、规则等制定评价指标体系，把公司治理评价分为国家评分与公司评分两部分。前者从法律基础、监管、信息披露制度以及市场基础四个方面予以考核；后者包括所有权结构及其影响、利益相关者关系、财务透明与信息披露、董事会的结构与运作四个维度的评价内容。关注的是宏观层面上的外部力量以及公司内部治理结构与运作对于公司治理质量的影响。戴米诺则以 OECD 公司治理准则以及世界银行的公司治理指引为依据制定指标体系，从股东权利与义务、接管防御范围、公司治理披露以及董事会结构与功能三个维度衡量公司治理状况，重视公司治理环境对公司治理质量的影响，特别强调接管防御措施对公司治理的影响。里昂证券评价系统则从公司透明度、管理层约束、董事会的独立性与问责性、小股东保护、核心业务、债务控制、股东的现金回报以及公司的社会责任八个方面评价公司治理的状况，注重公司透明度、董事会的独立性以及对小股东的保护，强调公司的社会责任。

公司治理评价的研究与应用，对公司治理实践具有指导意义。正如上述对不同评价系统的对比所看到的，不同的评价系统有不同的适用条件，中国公司的治理环境、治理结构和机制与国外有很大的差别，因而直接将国外评价系统移植到国内必将产生水土不服现象。只有借鉴国际经验，结合中国公司所处的法律环境、政治制度、市场条件以及公司本身的发展状况，设置具有中国特色的公司评价指标体系，并采用科学的方法对公司治理状况做出评价，才能正确反映中国公司治理状况。中国上市公司治理指数（$CCGI^{NK}$）充分考虑了中国公司治理环境的特殊性。

第三节 中国上市公司治理指数研发历程与构成

进入 21 世纪以来，由于对公司治理质量和治理环境的格外关注，如何识别公司治理的优劣便成为需要解决的问题，这就迫切需要建立一套适应中国上市公司治理环境的公司治理评价系统。通过该系统的运行，我们能够掌握公司治理的状况，观察与分析中国上市公司在股权结构、董事会运作、经营层激励约束、监事会监督、信息披露以及利益相关者参与治理等方面的现状与问题,从而能够从整体上提高公司治理质量,保证公司运营的质量和良好的经营业绩。

一、中国上市公司治理指数研发历程

中国公司治理的研究从公司治理理论研究深入到公司治理原则与应用研究,之后从公司治理原则研究进一步发展到公司治理评价指数的研究。中国上市公司治理指数的研究发展呈现为渐进式的动态优化过程。具体来说,$CCGI^{NK}$的形成经历了四个阶段。

第一阶段:研究并组织制定《中国公司治理原则》。在中国经济体制改革研究会的支持下,于2001年推出的《中国公司治理原则》被中国证监会《中国上市公司治理准则》以及太平洋经济合作理事会(Pacific Economic Cooperation Council, PECC)组织制定的《东亚地区治理原则》所吸收借鉴,为建立公司治理评价指标体系提供了参考性标准。

第二阶段:构建"中国上市公司治理评价指标体系"。历时两年调研,2001年11月第一届公司治理国际研讨会提出《在华三资企业公司治理研究报告》。2003年4月,经反复修正,提出"中国上市公司治理评价指标体系",围绕公司治理评价指标体系,2003年11月,第二届公司治理国际研讨会征求国内外专家意见,根据前期的研究结果和公司治理专家的建议,最终将公司治理指标体系确定为6个维度:股东治理指数、董事会治理指数、监事会治理指数、经理层治理指数、信息披露指数和利益相关者治理指数,合计80多个评价指标。

第三阶段:正式推出中国上市公司治理指数和《中国公司治理评价报告》,基于评价指标体系与评价标准,构筑中国上市公司治理指数($CCGI^{NK}$),2004年首次发布"中国公司治理评价报告",报告应用$CCGI^{NK}$第一次对中国上市公司(2002年的数据)进行大样本全面量化评价分析,之后逐年发布年度公司治理报告。

第四阶段:中国上市公司治理评价系统应用阶段。在学术上,公司治理评价为课题、著作、文章等系列成果的研究提供了平台,获得国家自然科学基金重点项目和国家社科重大招标项目支持,公司治理报告在商务印书馆、高等教育出版社以及北京大学出版社等国内出版社出版,并在国外出版社出版英文版。此外,还为监管部门治理监管工作提供支持,为企业提升治理水平提供指导。$CCGI^{NK}$连续应用于"CCTV 中国最具价值上市公司年度评选";应用于联合国贸发会议对中国企业的公司治理状况抽样评价和世界银行招标项目,2007年10月30日至11月1日,应联合国贸发会议邀请,李维安教授参加了在瑞士日内瓦召开的ISAR专家组第24届会议,并就《中国公司治理信息披露项目》做大会报告;应用于国务院国资委国有独资央企董事会建设与评价等和国家发改委委托项目推出的"中国中小企业经济发展指数"研究;2007年接受保监会委托,设计保险公司治理评价标准体系;2008 年接受国务院国资委委托,对央企控股公司治理状况进行评价;开发中国公司治理指数数据库;研发中国公司治理股价指数;设计中国公司治理计分卡。

二、中国上市公司治理指数构成

基于中国上市公司面临的治理环境特点,南开大学公司治理评价课题组在总结公司治理理论研究、公司治理原则、各类公司治理评价系统以及大量实证研究、案例研究成果的基础上,在 2003 年设计出中国上市公司治理评价系统,2004 年公布“中国公司治理评价报告”,同时发布 $CCGI^{NK}$。随后,于 2004 年、2005 年加以优化,广泛征求各方面的意见,对 6 个维度评价指标进行适度调整。通过对上市公司治理评价的实证研究,对部分不显著性指标进行调整;通过对公司实施公司治理评价,不断检验系统的有效性并进行优化;引入新的公司治理研究思想,例如利益相关者;听取各方面的意见,广泛研讨;紧密关注治理环境变化,并及时反映到评价系统中,例如法律法规变化。评价指标体系见表 1.2。

表 1.2　中国上市公司治理指数评价指标体系

指数(目标层)	公司治理评价 6 个维度(准则层)	公司治理评价各要素(要素层)
中国上市公司治理指数 $CCGI^{NK}$	股东治理($CCGI^{NK}_{SH}$)	上市公司独立性
		中小股东权益保护
		上市公司关联交易
	董事会治理($CCGI^{NK}_{BOD}$)	董事权利与义务
		董事会运作效率
		董事会组织结构
		董事薪酬
		独立董事制度
	监事会治理($CCGI^{NK}_{BOS}$)	监事会运行状况
		监事会规模与结构
		监事会胜任能力
	经理层治理($CCGI^{NK}_{TOP}$)	经理层任免制度
		经理层执行保障
		经理层激励约束
	信息披露($CCGI^{NK}_{ID}$)	信息披露可靠性
		信息披露相关性
		信息披露及时性
	利益相关者治理($CCGI^{NK}_{STH}$)	利益相关者参与程度
		利益相关者协调程度

资料来源:南开大学中国公司治理研究院“中国上市公司治理评价系统”。

指标体系是公司治理指数的根本，不同环境需要不同的公司治理评价指标体系，中国上市公司治理指数反映了中国市场的诸多重要特征。此评价指标体系基于中国上市公司面临的治理环境特点，侧重于公司内部治理机制，强调公司治理的信息披露、中小股东的利益保护、上市公司独立性、董事会的独立性以及监事会参与治理等，从股东治理、董事会治理、监事会治理、经理层治理、信息披露和利益相关者治理6个维度，设置19个二级指标，具体有80多个评价指标，对中国上市公司治理的状况做出全面、系统的评价。

第四节　中国上市公司治理评价指标体系

一、中国上市公司股东治理评价指标体系

中国转轨时期经济的复杂性决定了上市公司控股股东行为的复杂性，控股股东的目标选择不再局限于对上市公司控制收益与成本的比较，而更多的是考虑集团整体利益。对于中国上市公司控股股东行为外部性的分析，控制权的范围要从上市子公司拓展到包括上市子公司、控股股东及其他关联公司甚至整个集团，体现为控股股东对集团资源的控制程度。

（一）股东治理评价相关研究

上市公司与其控股股东之间存在着种种关联，控股股东对上市公司的行为往往超越了上市公司的法人边界。从保护中小股东利益的视角来看，我们可以从四个层次来反映控股股东行为与股东治理状况。

1. 股东的平等待遇

遵循“资本多数”的原则，控股股东往往能够对股东大会加以控制。控股股东通过制定股东大会程序、股东参与条件来提高中小股东参加股东大会的成本，限制了中小股东的参与程度，难以保障所有股东得到足够和及时的信息。通过衡量股东大会投票制度、股东的参与度，可以对控股股东是否存在影响股东大会的行为加以判断。

2. 引发控股股东行为负外部性的体制性诱因

在我国国有企业股份制改造过程中，上市公司与其控股股东之间往往存在着“资产混同”，模糊了上市公司的法人财产边界，为控股股东滥用上市公司资源、损害中小股东等其他利益相关者的利益创造了条件。上市公司相对于控股股东独立与否，可以反映出引发控股股东侵害小股东行为的体制性诱因程度。

3. 控股股东行为负外部性的制约机制

各国对中小股东权益的保护，主要是通过在股东大会上强化中小股东对股东大会

召集、提议等的影响力,来限制控股股东的权利。2002 年中国证监会和国家经贸委联合颁布的《中国上市公司治理准则》在保护股东权益、平等对待所有股东方面,做出了一些原则性的规定,成为《公司法》的有益补充。保护中小股东的制度是否健全、是否得到有效的实施,可以衡量在上市公司中是否形成制约控股股东行为、降低负外部性的有效机制。

4. 控股股东行为负外部性的现实表现

上市公司的控股股东通过调动各子公司、关联公司的资源,可以实现集团整体利益的最大化,各公司间的有机协调、资源的互补,也可以发挥整个集团的"联合经济效应";增强集团整体的竞争能力。但是,目前中国上市公司的控股股东存在着集团资源滥用的行为,体现在运营层面上时具有较强的负外部性,损害了中小股东的利益。

(二) 中国上市公司股东治理评价指标体系设计思路

基于对股东行为特征的分析,我们构建了中国上市公司控股股东行为评价指标体系,主要包括四个方面:

1. 独立性

由于法律法规的推出、监管的强化,以及上市公司自主治理水平的提高,上市公司在人员、业务、财务、资产、机构等方面的独立性得到了加强,但这种独立性大都停留在表面层次,上市公司相对股东单位的独立性仍需加强。我们对以下几个方面进行评价。第一,通过上市公司董事是否在控股股东处兼职来反映人员独立性情况。第二,通过主营业务是否重叠交叉来度量同业竞争,判断业务独立性情况。第三,通过计算从最终控制人到上市公司的控制链条层级的长度来判断现金流权与控制权分离程度;控制层级越长,最终控制人就越有可能通过金字塔式持股结构侵害中小股东利益。第四,通过观察控股股东是否将主业资产装入上市公司实现整体上市来进一步判断上市公司在人员、财务、经营上的独立性。

2. 中小股东权益保护

本部分重点判断上市公司对中小股东保护相关法律、法规及原则的实施情况,是否根据法律法规建立了相应的实施细则,并是否通过实际行动有效维护中小股东的权益。通过上市公司是否建立了累积投票权制度,制定了相关实施细则,股东大会是否提供了网络投票渠道,来衡量中小股东能否以较低的成本参与公司重大决策;通过股东大会出席股份比例来衡量股东参与公司治理的积极性;通过募集资金是否变更、变更程序是否经股东大会批准、是否说明变更原因来度量上市公司使用募集资金的规范性;大股东股权质押会造成现金流权和控制权的分离,增加了上市公司控制权变更和被"掏空"的概率,放大了上市公司的违规风险,设置通过大股东股权质押或冻结来衡量上市公司潜在的风险;通过公司章程是否对中小股东提名选举董事施加严格的持股比例和持股时间限制,是否设置董事轮换制(Staggered Board Election)来度量中小股东投票选举董事的权利;通过公司章程中现金分红政策是否清晰,是否制定了差异化的分红政策,实际分红是否与承诺一致,来度量现金分红政策的清晰性和一致性;通过现金股利派发的规模和连续性来度量上市公司是否为股东提供长期稳定的回报。

3. 关联交易

本部分通过控股股东是否无偿地占用上市公司资金、上市公司是否为控股股东及其他关联方提供贷款担保、控股股东与上市公司间关联交易的规模等三个指标反映控股股东滥用关联交易的情况。

表 1.3 中国上市公司控股股东评价指标体系

主因素层	子因素层	说明
独立性	高管独立性	考察董事在股东单位兼职比例,分析上市公司决策层和管理层相对于控股股东的独立性,其在处理股东利益冲突时能否保持平衡
	同业竞争	考察上市公司与控股股东公司在主营业务上是否存在重叠交叉
	控制层级	考察从最终控制人到上市公司的控制链条层级的长度,控制层级越长,导致现金流权与控制权分离,最终控制人就越有可能通过金字塔式持股结构侵害中小股东利益
	整体上市	考察上市公司控股股东是否实行了整体上市,可以起到避免同业竞争、理顺上市公司上下游产业关系、大量减少关联交易的积极效应
中小股东权益保护	股东大会参与积极性	考察股东参与公司治理的积极性,上市公司是否让尽可能多的股东参加大会,剔除了第一大股东持股比例
	股东大会投票制度	考察上市公司是否建立了累积投票权制度,制定了实施细则;是否提供了网络投票渠道
	中小股东投票选举董事权利	公司章程是否对中小股东提名选举董事施加严格的持股比例和持股时间限制,是否限制一次性更换所有董事
	募集资金使用情况	考察募集资金是否变更,变更程序是否经股东大会批准,是否说明原因
	大股东股权冻结和质押	设置通过大股东股权质押或股权被冻结来衡量上市公司潜在的违规和掏空风险
	现金分红政策的清晰性	考察公司章程中现金分红政策是否清晰,是否制定了差异化的分红政策;实际分红是否与承诺一致
	现金股利分配规模和连续性	考察上市公司通过现金股利对投资者回报的规模及长期连续性

续表

主因素层	子因素层	说 明
关联交易	关联方资金占用	考察关联方是否通过占用上市公司货币资金、欠付上市公司应收货款等手段损害中小股东利益
	关联担保	考察上市公司是否为大股东或其附属企业解决债务融资问题,以上市公司的名义为其贷款提供担保
	经营类和资产类关联交易	考察上市公司及控股股东是否通过日常经营类、股权类和资产类关联交易进行利润操作,获取控制权收益

资料来源:南开大学中国公司治理研究院"中国上市公司治理评价系统"。

二、中国上市公司董事会治理评价指标体系

董事会是公司治理的核心。作为股东和经理之间的连接纽带,董事会既是股东的代理人,又是经理人员的委托人和监督者,在公司的战略发展、重大决策方面发挥着至关重要的作用,是完善治理结构,优化治理机制的关键环节。董事会治理水平直接决定着公司潜在的治理风险以及长远发展。国内外相继爆发的安然、世通、德隆、创维等公司治理丑闻也验证了这一点。因此,董事会一方面要积极领导公司为投资者创造更多的财富,在资本市场上争取到充足的资本,服务好投资者这个"上帝",另一方面还要关注消费者的利益和需求,在产品市场上获取消费者的支持和信任,服务好消费者这个"上帝",从而实现公司的持续发展。通过对上市公司的董事会治理进行评价,无疑会推动中国上市公司董事会治理的改善与优化,从而为董事会建设提供系统性的制度保障。

(一) 董事会治理评价相关研究

董事会治理评价研究的开展可以从董事会履职基础层面,延伸至董事会结构完善及机制优化层面,最终体现在董事会在公司行为以及治理风险防范中发挥的重要作用。

1. 董事会职能边界及权利配属研究

现代公司的双重委托代理问题下,董事会是否能够抑制管理层对股东利益偏离的机会主义行为,是否能够克制控股股东的利益攫取行为而实现全部股东的财富最大化,在一定程度上取决于董事会职能边界及权利配属等基本理论问题的明晰化。在实践层面,董事会的薪酬制定权利、提名权利、针对董事会议案的异议权利等在很多情况下也被"剥夺",造成董事职能的虚化问题。董事会的履职基础需进一步夯实。

2. 董事会结构建设向董事会机制优化的转型研究

董事会结构建设是董事会治理提升的基础,但仅具有完善的董事会治理结构还远不能实现董事会的高效运作,结构建设向机制优化的转型是提升现阶段我国上市公司董事会治理质量的关键环节。从关注董事会规模、董事会会议次数、董事会专业委员会设立情

况、董事的专业背景等角度转向董事会议案决议、独立董事意见内容、董事会会议质量、董事团队氛围、董事会专业委员会履职状况等方面是现有研究面临的较大挑战。

3. 董事会治理与公司行为研究

科学决策是董事会治理的重要目标。董事会在对公司行为的影响中扮演了重要的角色。完善的董事会治理结构、高效的董事会治理机制推动了公司科学的投融资决策和生产经营决策，并保证了公司财务质量的高水平。

4. 嵌入治理风险的董事会治理研究

董事会作为公司治理的核心，其关键职责在于防范各种可能的治理风险。董事会应以治理风险防范为导向，建立适当的风险控制结构和机制，有效识别和控制公司运营中面临的各种治理风险，防止治理风险的累积和爆发。探讨治理风险导向的董事会治理机制和风险防控机制，搭建嵌入治理风险的董事会治理分析框架对于董事会治理研究具有重要的意义。

（二）董事会治理评价指标体系设计思路

在已有评价指标体系和有关评价研究成果的基础上，结合我国上市公司董事会治理现状，以董事诚信、勤勉义务为核心，董事会治理评价指标体系从董事权利与义务、董事会运作效率、董事会组织结构、董事薪酬、独立董事制度五个维度，构筑了一套董事会治理评价指标体系，并以此为标准对上市公司董事会治理状况进行评价分析。

1. 董事权利与义务

董事在公司的权利结构中具有特定的法律地位，同时还需承担特定的法律责任和义务。董事的来源、履职状况等会对董事权利与义务的履行状况产生重要影响，从而在一定程度上决定了董事会治理水平。对董事权利与义务状况进行的评价有助于提升董事会治理质量。

董事权利与义务主要考察董事来源、履职的诚信勤勉情况等。董事权利与义务的评价指标主要包括：董事权利与义务状态、董事损害赔偿责任制度、股东董事比例、董事年龄构成；董事专业背景；董事在外单位的任职情况等。

2. 董事会运作效率

董事会作为公司的核心决策机构，承担着制定公司战略并对经理层实施有效监督的责任。董事会的运作效率直接决定着董事会职责的履行状况以及公司目标的实现程度。高效率的董事会运作有助于董事会更好地履行职责，制定更科学的公司发展规划，更有效率地监督管理人员，从而提升公司的持续价值创造能力。

董事会运作效率主要考察董事会运作状况，以反映董事会功能与作用的实现状态。董事会运作效率的评价指标主要包括：董事会规模；董事长与总经理的两权分离状态；

董事与高管的职位重合情况;董事会成员的性别构成;董事会会议情况等。

3. 董事会组织结构

董事会组织结构界定了董事会内部分工与协作的方式、途径等。董事会专业委员会的设立情况会影响到董事会的运作。只有董事会内部权责分明、组织健全,才能保证董事会职责的履行。合理的董事会组织结构是董事会高效运转的前提。

董事会组织结构主要考察董事会专业委员会运行状况。董事会组织结构的评价指标主要包括:董事会战略委员会、审计委员会、薪酬与考核委员会、提名委员会、其他专业委员会的设置情况等。

4. 董事薪酬

公司的董事承担着制定公司战略决策和监督管理人员的责任,并且要履行勤勉义务和诚信义务。在赋予董事责任和义务的同时,给予董事合适的薪酬至关重要。具有激励效果的薪酬组合能够促进董事提高自身的努力程度,提高董事履职的积极性,促使董事与股东利益的趋同,并最终提升公司的核心竞争力。

董事薪酬主要考察董事激励约束状况,包括短期激励和长期激励。董事薪酬的评价指标主要包括:董事在公司的领薪状况、董事的现金薪酬状况、董事持股情况、董事股权激励计划的制定及实施等。

5. 独立董事制度

独立董事制度为上市公司的董事会引入了具有客观立场的独立董事。这些独立董事独立于上市公司,与上市公司之间没有利益关联,在一定程度上能够客观地发表见解,从而保护公司投资者的利益。在中国"一股独大"的股权结构下,需要建立独立董事制度来保证董事会的独立性以及决策的科学性。

独立董事制度主要考察公司董事会的独立性及独立董事的职能发挥状况。独立董事制度的评价指标主要包括:独立董事比例、独立董事的专业背景、独立董事在外单位的任职状况、独立董事参会情况、独立董事津贴等。

表 1.4 中国上市公司董事会治理评价指标体系表

主因素层	子因素层	说　明
董事权利与义务	董事权利与义务状态	评价董事权利与义务的清晰界定程度
	董事损害赔偿责任制度	考核董事的责任履行
	股东董事比例	考核具有股东背景的董事比例
	董事年龄构成	考核董事年龄情况,尤其是大龄董事
	董事专业背景	考核董事的专业背景
	董事在外单位的任职情况	考核董事义务履行的时间保障

续表

主因素层	子因素层	说　明
董事会运作效率	董事会规模	考核董事会人数情况
	董事长与总经理的两权分离状态	考核董事长与总经理的兼任情况
	董事与高管的职位重合情况	考核董事与高管的兼任情况
	董事会性别构成	考核董事会中女性董事的比例情况
	董事会会议情况	考核董事会会议及工作效率
董事会组织结构	战略委员会的设置	考核战略委员会的设置
	审计委员会的设置	考核审计委员会的设置
	薪酬与考核委员会的设置	评价薪酬与考核委员会的设置
	提名委员会的设置	考核提名委员会的设置
	其他专业委员会的设置	考核其他专业委员会的设置
董事薪酬	董事薪酬水平	衡量董事报酬水平以及报酬结构的激励约束状况
	董事薪酬形式	
	董事绩效评价标准的建立情况	衡量董事的绩效标准设立
独立董事制度	独立董事专业背景	考核独立董事的专业背景
	独立董事兼任情况	考核独立董事在外单位的任职情况
	独立董事比例	考核董事会独立性
	独立董事激励	考核独立董事激励约束状况
	独立董事履职情况	考核独立董事参加会议情况

资料来源:南开大学中国公司治理研究院"中国上市公司治理评价系统"。

三、中国上市公司监事会治理评价指标体系

监事会是上市公司的专设监督机关,完善监事会的监督机制是提高公司治理质量,降低治理风险的关键。从各国公司立法看,尽管对监事会这一履行监督职责的机构称谓不同,有的称为监察人,也有的称为监察役等,但在本质和功能上并无大的差别。我国《公司法》规定,监事会是由股东会选举产生的,履行监督公司业务执行状况以及检查公司财务状况的权力机关。监事会主要职权包括:监督权,监事会有权检查公司业务执行状况以及公司财务状况;弹劾权,监事会有权对违反法律、行政法规、公司章程或者股东大会决议的董事、高级管理人员提出罢免的建议;股东大会的召集权与主持权,监事会有权提议召开临时股东大会会议,在董事会不履行本法规定的召集和主持股东大会会议职责时召集和主持股东大会会议;提案权,监事会有权向股东大会会议提出提案;起诉权,监事会有权对违反诚信义务的

董事、高级管理人员提起诉讼。监事会作为公司内部专门行使监督权的常设监督机构，是公司内部治理结构与机制的一个重要组成部分。监事会监督权的合理安排及有效行使，是防止董事和高管独断专行、保护股东投资权益和公司债权人权益的重要措施。但目前我国上市公司现状是监事会功能不彰，效力不显，监事不独立，未能发挥应有的监督作用，致使监事会在现实中成为花瓶一只。因此，有必要对上市公司的监事会治理状况进行评价，使我国监事会逐步趋于健全与完善。基于此，本部分我们从监事会运行状况、监事会结构与规模和监事胜任能力三个方面对我国上市公司监事会参与治理的状况进行了评价并对监事会治理与公司绩效的关系进行了实证研究。

（一）监事会治理评价相关研究

对于监事会治理评价问题的研究，目前国内外基本上处于空白阶段，造成这种现状的原因是多方面的。

第一，以英美为代表的公司治理模式中没有监事会。在以处于国际主流地位的英美为代表的"一元模式"的公司治理结构中，没有设置监事会，但这并不意味着没有监督机制，其监控主要是通过董事会中下设相关委员会和其中的外部独立董事以及外部市场来实现的。这是与英美国家公众持股公司的股东人数众多、股权高度分散的现状相适应的，由于不可能由各个股东分别或共同监督，大量股东使得代理成本成为一个严重的问题，而且由于搭便车问题的存在，单个股东进行监督的动力不足。因此借助"外脑"力量，即引入外部独立董事对于克服内部利益掣肘不失为明智选择。同时，英美两个国家的经理人市场也比较发达，能够对经营者实施较强的外部监督。因此，尽管国际上一些知名公司治理评价公司，如标准普尔、戴米诺、里昂证券等都已推出了自身的公司治理评价体系，但其中均未单独涉及监事会评价问题。

第二，我国上市公司治理模式的现实状况。从公司治理结构的角度看，我国公司治理模式更接近于大陆法系的"二元模式"，即在股东大会之下设立与董事会相独立的监事会。在国际上以"二元模式"为典型代表的德、日等国的监事会与两国证券市场不是很发达、管理层在企业中居于支配性地位为基本特征的公司治理状况相适应的。德国实行董事会和监事会分设的双层制，其中监事会具有较强的监督职能。德国《股份法》规定，公司必须有双层制的董事会结构，即管理委员会和监事会，前者负责公司的日常事务，由担任公司实际职务的经理人员组成；后者是公司的控制主体，负责任命管理委员会的成员并且审批公司的重大决策，并监督其行为，但不履行具体的管理职能。日本的监事会制度既不同于美、英的单层制，也与德国的双层制有些许不同。在日本，董事会与监事会是并列的机构，二者均由股东大会选举产生，后者对前者进行监督。这些与我国监事会在性质和职权上有着诸多差异，使得来自"二元模式"国家的监事会评价的参考价值也极为有限。

第三，监事会治理评价没有受到足够重视。国内一些证券机构（如海通证券、大鹏证券）在进行中国上市公司治理评价体系研究过程中，主要集中在股东大会治理评价研究（反映在股权结构、股权集中度和股东大会召开情况等方面）、董事会治理评价研究（反映在董事会规模、董事会运作和董事的激励约束等方面）以及信息披露状况方面的评价研究（反映在信息披露的完整性、准确性和有效性），对监事会的评价几乎没有涉及。

对于监事会运行状况评价研究的欠缺，使我们难以判断作为上市公司治理架构三会之一的监事会在公司治理中是否发挥了应有的作用，其治理状况的改进与完善对于提高上市公司治理水平是否发挥着重要的作用，是否如有些专家认为的那样，在嫁接了国外的独立董事制度后，监事会已不再重要甚至是多余的。源于此，考虑监事会在我国公司治理结构中的特殊地位，充分借鉴国际上不同公司治理模式中内部监督经验，结合中国上市公司自身环境条件及改革进程，设计出一套能够客观评价上市公司监事会治理状况的指标体系具有重要的理论与现实意义。

（二）中国上市公司监事会治理评价指标体系的设计思路

在我国上市公司中，监事会作为公司内部的专职监督机构，以出资人代表的身份行使监督权力，对股东大会负责。公司监事会的性质决定了它不得进行公司业务活动，对外也不代表公司开展业务。例如，德国《股份法》规定：监事会成员不得"同时隶属于董事会和监事会"。我国《公司法》规定董事、经理和财务负责人不得兼任监事，也是为了实现公司权责明确、管理科学、激励和约束相结合的内部管理体制。这种规定是为了保证监事会行使监督权的专一目标。监事会的基本职能是以董事会和总经理为主要监督对象，监督公司的一切经营活动以及财务状况，在监督过程中，随时要求董事会和经理人员纠正违反公司章程的越权行为。对监事会治理的评价我们以"有效监督"为目标，遵循科学性、可行性和全面性的原则，从监事会运行状况、监事会结构与规模和监事胜任能力三个方面，设计了导入独立董事制度补充后的包括11个指标的中国上市公司监事会治理评价指标体系。

1. 运行状况

监事会是否真正发挥作用以及发挥作用的程度是我们关注的焦点，即监事会是否召开过监事会会议，召开过多少次，其次数高于、等于还是低于我国《公司法》所规定的召开次数。据此，我们设计了监事会会议次数来衡量监事会运行状况。

2. 规模结构

良好的监事会规模与结构是监事会有效运行的前提条件，为了保证监事会行使监督权的有效性，首先监事会在规模上应该是有效的，其次是监事会成员的构成上也应该有效。为此，我们设计了监事会人数和职工监事设置情况来反映监事会结构与规模状况。

3. 胜任能力

有了结构与机制后，没有具体的要素，整个监事会系统也无法正常运转。监事胜任能力包括监事会主席胜任能力和其他监事胜任能力两个方面。由于上市公司是一个占有庞大经济资源的复杂利益集团，要求监事应具有法律、财务、会计等方面的专业知识或工作经验，具有与股东、职工和其他利益相关者进行广泛交流的能力。监事的学历和年龄等对其开展相应工作的胜任能力也具有重要的影响。监事持股有利于调动其履职的积极性。依据上述思路，我们设置了监事会主席职业背景、监事会主席学历、监事会主席年龄、监事会主席持股状况来评价监事会主席胜任能力；设置了其他监事职业背景、其他监事年龄、其他监事学历以及其他监事持股状况指标来评价其他监事胜任能力。

表 1.5 中国上市公司监事会治理评价指标体系一览表

主因素层	子因素层	说　明
运行状况	监事会会议次数	考核监事会履行工作职能的基本状况
规模结构	监事会人数	考核监事会履行监督职能的人员基础
	职工监事设置情况	考核监事会代表职工行使监督权力的情况
胜任能力	监事会主席职业背景	考核监事会主席职业背景对其胜任能力的影响
	监事会主席学历	考核监事会主席学历对其胜任能力的影响
	监事会主席年龄	考核监事会主席年龄对其胜任能力的影响
	监事会主席持股状况	考核监事会主席持股状况对其胜任能力的影响
	其他监事职业背景	考核监事职业背景对其胜任能力的影响
	其他监事学历	考核监事学历对其胜任能力的影响
	其他监事年龄	考核监事年龄对其胜任能力的影响

资料来源：南开大学中国公司治理研究院“中国上市公司治理评价系统”。

四、中国上市公司经理层治理评价指标体系

经理层治理是从客体视角对上市公司治理状况进行的评价。本部分从经理层的任免制度、执行保障以及激励约束机制三个方面，从不同行业、第一大股东的性质等视角

对中国上市公司经理层的治理状况进行评价,并对经理层治理与公司绩效的关系进行了实证研究。

(一) 经理层治理评价相关研究

国际上大多数公司治理评价系统中都将经理层治理方面的评价指标分列于不同的评价结构中。标准普尔公司治理服务系统(2004)将管理层成员的任命、薪酬结构及人员更换状况作为董事会治理状况进行了反映。公司法与公司治理机构、信息和信用评级代理机构、美国机构投资者服务组织(ICLCG, ICRA and ISS, 2004)在对跨国公司全球评价标度与内部评价标度上都分别有专门的高管层结构及管理层薪酬与股权状况的评价,经理层的薪酬也一直作为GMI对公司治理考察的核心因素。戴米诺公司治理评价系统(2002)则注重公司期权和董事长与CEO两职关系情况的测评。里昂证券公司治理评估系统(CLSA)将管理者的高股份激励及股东现金流分配等列入重要的评价范畴。南开大学中国公司治理研究院在设置上市公司治理评价指标系统的初期,将经理层评价作为一个重要维度, $CCGI^{NK}$主要从任免制度、执行保障和激励机制三个维度评价中国上市公司高管层治理状况,进行经理层治理指数与绩效指数的回归分析(李维安、张国萍,2003; 2005)。随着公司治理评价的深入与优化,公司高管层的监督、约束、变更及效率保障逐渐成为研究重点。

(二) 中国上市公司经理层治理评价指标体系设计思路

经理层治理评价指数由三个维度构成。

1. 任免制度

在经理层治理评价系统中,我们选择总经理的选聘方式、其他高管人员的选聘方式、高管人员的行政度、董事长与总经理的两职设置状况及高管稳定性构建了评价公司经理层任免制度的指标。随着上市公司高管人员选聘制度化程度提高以及高管变更频度的加大,我们强化了高管稳定性的指标评价。

2. 执行保障

经理层的执行保障评价包括总经理及其他高管人员学历指标对经理层的支持保障、学识胜任能力、经理层对日常经营的控制程序、经理层内部控制程度,以及高层经理人员在股东单位或股东单位的关联单位兼职情况等内容,特别地,高层经理人员的兼职情况受到重视。

3. 激励约束

我们从经理层薪酬与股权总量、结构、薪酬及股权与公司业绩的关系等多角度设计指标,从强度和动态性两个角度评测激励与约束程度。

表 1.6 中国上市公司经理层治理评价指标体系

主因素层	子因素层	说　明
任免制度	高管层行政度	考察经理层任免行政程度
	两职设置	考察总经理与董事长的兼职状况
	高管稳定性	考察经理层的变更状况
执行保障	高管构成	考察经理层资格学历状况
	双重任职	考察经理层成员的兼职状况
	CEO 设置	考察经理层中 CEO 设置状况
激励约束	薪酬水平	考察经理层薪酬激励水平
	薪酬结构	考察经理层激励的动态性
	持股比例	考察经理层长期激励状况

资料来源:南开大学中国公司治理研究院“中国上市公司治理评价系统”。

五、中国上市公司信息披露评价指标体系

(一) 信息披露相关研究

“阳光是最有效的消毒剂,电灯是最有效的警察。”一个资本市场的信息透明度越高,资本市场的有效性就越强,投资者就越容易做出有效的投资决策。如果信息是透明的,投资者就可以在事前进行合理的判断,事后进行更好的监督,可以选择到合适的投资或者融资项目,而管理人员也可以得到他们所需的资金。但如果投资者和经理人之间的信息不对称,则会使投资者的闲置资金与投资机会之间的配置无法实现,使资本市场的配置功能失效。

由于信息的不完备,投资者往往根据市场的平均水平估计公司投资项目的投资收益,对于优质项目来说,融资成本过高,这将造成公司的融资约束。梅叶斯和梅吉拉夫(Myers and Majluf, 1984)认为当投资者低估企业的融资证券价值,而管理者无法将一个好的投资机会正确传递给外部投资者时,投资项目将会被搁置。在更为极端的情况下,债券市场上还会出现“信贷配给”,即借款人愿意以市场平均利率支付利息,但仍然无法筹集到所需要的全部资金(Stiglitz and Weiss, 1981; Gale and Hellwig, 1985)。通过信息披露缓解了信息不对称,投资者能够更加准确地估计证券价值和项目的风险,对于有良好的投资机会的公司,投资者在购买证券时会要求一个较低的风险溢价,从而降低公司的融资成本;而对于项目风险较高的公司来说,投资者在购买证券时会要求一个较高的风险溢价来弥补其可能遭受的损失,从而提高公司的融资成本。

信息的披露还有利于投资者在投资后对管理层进行监督。投资者所处的信息劣势使得一般投资者难以掌握企业内部充分而真实的信息或者无力支付了解这些信息所需的成本而难以实现对代理问题的有效监督。于是,当投资者不能对自己的投资做到完全的监督,而他们又意识到经理人员会有代理问题时,他们对投资将保持谨慎的态度。这也会导致资本市场的运行低效。

（二）信息披露的评价

南开大学公司治理评价系统中的信息披露评价体系针对信息披露可靠性、相关性、及时性进行评价,在借鉴相关研究成果的基础上,以科学性、系统性和信息披露评价的可行性等原则为指导,以国际公认的公司治理原则、准则为基础,借鉴、综合考虑我国《公司法》《证券法》《上市公司治理指引》,比照《公开发行证券的公司信息披露内容与格式准则第 2 号(2015 年修订)》《企业会计准则》《公开发行股票公司信息披露实施细则》等有关上市公司的法律法规设计评价指标体系。

1. 可靠性

可靠性指一项计量或叙述与其所要表达的现象或状况的一致性。可靠性是信息的生命,要求公司所公开的信息能够准确反映客观事实或经济活动的发展趋势,而且能够按照一定标准予以检验。但信息的可靠性具有相对性和动态性,相对可靠性体现了历史性,而且相对可靠性向绝对可靠性接近。一般情况下,作为外部人仅通过公开信息是无法完全判断上市公司资料可靠性的,但是可以借助上市公司及其相关人员违规历史记录等评价信息的披露判断可靠性。从信息传递角度讲,监管机构和中介组织搜集、分析信息,并验证信息可靠性,这种检验结果用于评价信息披露可靠性是可行的、合理的。信息披露可靠性的评价指标主要包括:年度财务报告是否被出具非标准无保留意见、近三年公司是否有违规行为、公司是否有负面报道、近一年是否有关于当期及前期的财务重述、当年是否因虚假陈述被处罚、内部控制的有效性鉴证情况等。

2. 相关性

信息披露相关性则要求上市公司必须公开所有法定项目的信息,不得忽略、隐瞒重要信息,使信息使用者了解公司治理结构、财务状况、经营成果、现金流量、经营风险及风险程度等,从而了解公司全貌、事项的实质和结果。信息披露的相关性包括形式上的完整和内容上的齐全。信息披露相关性的评价指标主要包括:公司战略是否充分披露、竞争环境是否充分披露、产品和服务市场特征是否充分披露、研发信息是否充分披露、经营风险和财务风险是否充分披露、公司社会责任方面是否充分披露、对外投资项目是否充分披露、取得或处置子公司情况是否充分披露、控股公司及参股公司经营情况是否充分披露、关联交易是否充分披露、内部控制缺陷是否充分披露等。

3. 及时性

信息披露的及时性是指信息失去影响决策的功能之前提供给决策者。信息除了具备真实完整特征之外，还要有时效性。由于投资者、监管机构和社会公众与公司内部管理人员在掌握信息的时间上存在差异，为解决获取信息的时间不对称性可能产生的弊端，信息披露制度要求公司管理当局在规定的时期内依法披露信息，减少有关人员利用内幕信息进行内幕交易的可能性，增强公司透明度，降低监管难度，有利于规范公司管理层经营行为，保护投资者利益；从公众投资者来看，及时披露的信息可以使投资者做出理性的价值判断和投资决策；从上市公司本身来看，及时披露信息使公司股价及时调整，保证交易的连续和有效，减少市场盲动。信息披露及时性评价指标主要通过上市公司年度报告获得，包括年度报告公布的时滞、当年是否有延迟披露处罚等。

表 1.7 中国上市公司信息披露评价指标体系一览表

主因素层	子因素层	说明
可靠性	年度财务报告是否被出具非标准无保留意见	考察公司财务报告的合法性和公允性
	违规行为	考察公司在近三年是否有违规行为
	有无负面报道	考察是否有媒体对公司进行负面报道
	有无财务重述	考察公司近一年是否有关于当期及前期的财务重述
	虚假陈述被处罚	考察公司当年是否有虚假陈述被处罚
	内控有效性鉴证情况	考察公司内部控制的有效性
相关性	公司战略	考察公司是否充分披露了有关公司战略的信息
	公司竞争环境分析	考察公司是否充分披露了有关公司竞争环境的信息
	产品和服务市场特征	考察公司是否充分披露了有关产品和服务市场特征的信息
	公司风险	考察公司是否充分披露了有关公司的经营风险和财务风险的信息
	公司社会责任	考察公司是否充分披露了有关公司社会责任的信息
	对外投资项目	考察公司是否充分披露了有关对外投资项目的信息
	子公司取得或处置情况	考察公司是否充分披露了有关取得或处置子公司情况是否充分披露的信息
	控股及参股公司经营情况	考察公司是否充分披露了有关控股及参股公司经营情况的信息
	关联交易	考察公司是否充分披露了有关关联交易的信息
	内部控制缺陷披露	考察公司是否充分披露了有关内部控制缺陷的信息
及时性	年度报告公布的时滞	反映信息披露是否及时
	延迟披露处罚	考察公司是否有延迟披露

资料来源：南开大学中国公司治理研究院"中国上市公司治理评价系统"。

六、中国上市公司利益相关者治理评价指标体系

20 世纪 80 年代之前,企业的经营宗旨是股东利益最大化,公司治理研究的问题主要是围绕如何建立合理的激励和约束机制,将代理人的道德风险问题降至最低限度,最终达到公司价值最大化。80 年代以来,随着企业经营环境的变化,股东、债权人、雇员、消费者、供应商、政府、社区居民等利益相关者的权益受到企业经营者的关注,公司治理也转变为利益相关者的"共同治理"(Blair and Kruse, 1999)模式。李维安(2005)指出,所谓公司治理是指,通过一套包括正式或非正式的、内部或外部的制度或机制来协调公司与所有利益相关者之间的利益关系,以保证公司决策的科学化,从而最终维护公司各方面的利益的一种制度安排。公司治理的主体不仅局限于股东,而是包括股东、债权人、雇员、顾客、供应商、政府、社区等在内的广大公司利益相关者。对利益相关者治理的评价有利于我们了解目前中国上市公司利益相关者参与治理的状况以及公司与利益相关者的协调状况。根据利益相关者在公司治理中的地位与作用,并且考虑到评价指标的科学性、可行性,我们设置了利益相关者评价指标体系,主要考察利益相关者参与公司治理程度和公司与利益相关者之间的协调程度。

(一) 利益相关者治理评价相关研究

目前,在公司治理中充分考虑利益相关者的权益,鼓励利益相关者适当参与公司治理已经成为广为接受的观点。1963 年,斯坦福大学一个研究小组(SRI)提出了"利益相关者"(Stakeholders),指那些没有其支持,组织就无法生存的群体(Freeman and Reed, 1983)。但在当时管理学界并未引起足够的重视。20 世纪 80 年代以后,随着企业经营环境的变化,股东、债权人、员工、消费者、供应商、政府、社区居民等利益相关者的权益受到企业经营者的关注,公司在经营管理中对利益相关者的关注日益提高,消费者维权运动、环境保护主义及其他社会活动取得了很大的影响,公司对员工、社区及公共事业关注力度大大提高,公司治理也由传统的股东至上的"单边治理"模式演化为利益相关者"共同治理"模式。布莱尔(Blair, 1995)认为,公司应是一个社会责任的组织,公司的存在是为社会创造财富。公司治理改革的要点在于:不应把更多的权利和控制权交给股东,"公司管理层应从股东的压力中分离出来,将更多的权利交给其他的利益相关者"。

英国的哈姆佩尔报告(Hampel Report,1998)、经济合作与发展组织(OECD)于 1999 年 6 月推出的《OECD 公司治理原则》(OECD Principles of Corporate Governance)、美国商业圆桌会议(The Business Roundtable)公司治理声明等重要的公司治理原则都把利益相关者放在相当重要的位置。2006 年 3 月,欧盟委员会在布鲁塞尔发起"欧洲

企业社会责任联盟”的倡议，由企业主导，对所有的欧洲企业开放，旨在促进和鼓励企业社会责任实践，并为企业的社会责任行为提供相关支持。2006 年 4 月 27 日，联合国全球契约（UN Global Compact）在纽约发布了“责任投资原则”（Principles for Responsible Investment）。来自 16 个国家，代表着世界领先的、拥有超过 2 万亿美元资产的投资机构的领导者在纽约证券交易所正式签署了该项原则。依据该原则，机构投资者承诺，在受托人职责范围内，将把环境、社会和公司治理（ESG）因素引入到投资分析和决策过程中，促进本原则在投资领域中的认同和应用，共同努力提高本原则的有效性，各自报告履行本原则所采取的行动和有关进展报告。2004 年 6 月，ISO 在瑞典召开会议研究制定 ISO26000，它是适用于包括政府在内的所有社会组织的“社会责任”指导性文件（标准），标准包括社会责任的 7 个方面内容，即组织治理、人权、劳工权益保护、环境保护、公平经营、消费者权益保护以及参与社区发展。

虽然目前利益相关者问题在公司治理研究中居于重要地位，但国内外涉及并强调利益相关者的公司治理评价体系并不多。标准普尔公司治理评价指标体系（Standards and Poor’s Company, 1998）中涉及了“金融相关者”，但仅仅指股东，并未涉及其他利益相关者。里昂证券（亚洲）公司的评价体系主要关注公司透明度、对管理层的约束、董事会的独立性和问责性、对中小股东的保护等方面，涉及债务规模的合理控制以及公司的社会责任，一定程度上注意到了利益相关者问题。而戴米诺公司和国内海通证券的公司治理评价体系则没有具体涉及利益相关者问题。南开大学中国公司治理原则研究课题组于 2001 年《〈中国公司治理原则（草案）〉及其解说》一文中指出，中国公司必须构筑以股东、经营者、职工、债权人、供应商、客户、社区等利益相关者为主体的共同治理机制，保证各利益相关者作为平等的权利主体享受平等待遇，并在构建中国公司治理评价体系中，将利益相关者治理纳入进来。利益相关者治理这一维度包括利益相关者参与公司治理的程度和公司与利益相关者的协调程度，它为我们研究公司治理问题提供了坚实的基础。

（二）中国上市公司利益相关者治理评价指标体系设计思路

根据利益相关者在公司治理中的地位与作用，并且考虑到评价指标的科学性、可行性、完整性，我们设置包括利益相关者参与性指标和协调性指标两大部分的利益相关者评价指标体系。其中利益相关者参与性指标分为：公司员工参与程度、中小股东参与和权益保护程度、公司投资者关系管理。利益相关者协调性指标包括：公司社会责任履行、公司和监督管理部门的关系、公司诉讼与仲裁事项。下面具体介绍一下各指标的含义。

1. 参与程度

利益相关者参与性指标主要评价利益相关者参与公司治理的程度和能力，较高的利益相关者参与程度和能力意味着公司对利益相关者权益保护程度和决策科学化程度的提高。公司员工参与程度:员工是公司极其重要的利益相关者,在如今人力资本日益受到关注的情况下,为员工提供有效途径参与公司的重大决策和日常经营管理,有利于增强员工的归属感,提高员工忠诚度并激励员工不断实现更高的个人目标和企业目标。我们用职工持股比例这个指标来考察职工的持股情况,这是公司员工参与公司治理的货币资本和产权基础,员工持股计划也是对员工进行产权激励的重要举措。我们通过这个指标来考察公司员工参与公司治理的程度。中小股东参与和权益保护程度:在少数控股股东在公司中占有绝对的支配地位时,中小股东作为弱势群体,往往由于种种原因,如参与公司治理的成本高等,无法参与公司决策的公司治理实践,并且自身权益常常受到侵害。为考察公司对中小股东参与和权益保护的程度,我们设立以下三个指标:累积投票制度的采用;网上投票的采用;代理投票制度的采用,具体为是否采用征集投票权。公司投资者关系管理:投资者关系管理是指公司通过及时的信息披露,加强与投资者之间的沟通与交流,从而形成公司与投资者之间良好的关系,实现公司价值最大化。在我国,上市公司投资者关系管理体系还处于发展阶段。我们设置如下指标考察上市公司的投资者关系管理状况:公司网站的建立与更新,考察公司投资者关系管理信息的披露与交流渠道的建立与通畅状况;公司投资者关系管理制度及其执行,考察公司投资者关系管理制度建设以及是否由专人或专门的部门负责投资者关系管理。设有专门的投资者关系管理制度和投资者关系管理部门有利于促进投资者关系管理工作的持续有效开展。

2. 协调程度

利益相关者协调性指标考察公司与由各利益相关者构成的企业生存和成长环境的关系状况和协调程度,它主要包括公司社会责任履行状况、公司和监督管理部门的关系和公司诉讼与仲裁事项三个分指标。公司社会责任履行状况:重视企业社会责任,关注自然环境的保护和正确处理与社区、社会的关系,是企业追求长远发展的必备条件。在此,主要通过如下两个指标考察公司社会责任的履行状况:公司公益性捐赠支出,可以考察上市公司对社会及所处社区的贡献;公司环境保护措施,反映上市公司对所处自然环境的关注与保护。公司和监督管理部门的关系:企业从事合法经营,必须履行相应的法律责任,因此协调并正确处理公司和其监管部门的关系至关重要。我们通过对罚款支出和收入的量化处理,考察上市公司和其所处的监督管理环境及其中各主体要素的和谐程度。公司诉讼与仲裁事项:通过考察公司诉讼、仲裁事项的数目及其性质,可以考察上市公司和股东、供应商、客户、消费者、债权人、员工、社区、政府等利益相关者的和谐程度。

南开大学中国公司治理研究院关于中国上市公司利益相关者治理评价的指标体系已经经过了几年的应用，并在应用过程中不断地调整和优化，该指标体系已经比较成熟和稳定。但是利益相关者治理是一个动态的过程，它随着各利益相关者之间的博弈和权衡而不断变化，利益相关者治理评价指标体系不可能完全固定下来，而应该随着环境的变化及时调整部分评价指标，使得利益相关者治理评价指标体系能够更为科学、客观地反映我国上市公司利益相关者治理的状况，同时对我国上市公司利益相关者治理的改善和提高起到引导的作用。为了保证中国上市公司治理评价的科学性、客观性、公正性和连续性，对利益相关者治理评价指标体系的调整和优化是本着审慎的原则进行的，对于需要调整的指标则通过专家讨论，并在广泛听取各方面意见的基础上，本着科学和实事求是的原则谨慎调整和优化。鉴于上述原则，对利益相关者治理评价的主因素层保持稳定，依然是利益相关者参与程度和利益相关者协调程度两个指标来评价，而子因素层则根据公司治理环境的变化进行了局部优化和调整，使得评价结果能够保持连续性，但调整和优化的程度较小。

表 1.8 中国上市公司利益相关者治理评价指标体系一览表

主因素层	子因素层	说　明
参与程度	公司员工参与程度	考察职工的持股情况
	公司中小股东参与和权益保护程度	考察上市公司中小股东参与程度和权益保护程度
	公司投资者关系管理	考察公司网站的建立与更新状况和公司投资者关系管理制度建设情况
协调程度	公司社会责任履行	考察上市公司社会责任的履行和披露情况、上市公司对所处自然环境的关注与保护
	和公司监督管理部门的关系	考察上市公司和其所处的监督管理环境的和谐程度，涉及上市公司和一部分利益相关者的关系状况
	公司诉讼与仲裁事项	考察上市公司和股东、供应商、客户、消费者、债权人、员工、社区、政府等利益相关者的和谐程度

资料来源：南开大学中国公司治理研究院“中国上市公司治理评价系统”。

第二章　基于公司治理指数开展的相关研究

公司治理评价的最终目的在于为公司治理研究和实践提供参考和指导。在理论界，国内外的学者应用不同的方法构建公司治理指数，并在此基础上对公司治理不同维度的指标及其影响进行了富有实际意义的描述和研究。

第一节　国内基于公司治理指数开展的相关研究

一、基于公司治理总体评价指数的相关研究

南开大学中国公司治理研究院课题组（2003）的研究从公司治理实务需求的角度出发，追溯公司治理实务与理论研究发展历程，在此基础上对国际著名公司治理评价系统进行了比较，并提出了适合中国公司治理环境的公司治理评价指标体系——$CCGI^{NK}$。$CCGI^{NK}$以指数的形式，通过对公司治理影响因素的科学量化，全面、系统、连续地反映上市公司治理状况。在借鉴了国外一流公司治理评价指标体系，充分考虑中国公司治理特殊环境的基础上，$CCGI^{NK}$从股东权益、董事会、监事会、经理层、信息披露、利益相关者 6 个纬度，构建了包括 6 个一级指标、20 个二级指标、80 个三级指标的评价体系。

在 $CCGI^{NK}$ 的基础上，学者展开了各种富有实际意义的研究。例如，南开大学中国公司治理研究院公司治理评价课题组（2004）在对模型的稳定性与可靠性检验的基础上，对中国上市公司治理状况进行了实证分析。研究结果表明：股权结构是决定公司治理质量的关键因素，国有股一股独大不利于公司治理机制的完善；良好的公司治理将使公司在未来具有较高的财务安全性、有利于公司盈利能力的提高，投资者愿意为治理状况好的公司支付溢价。

基于 2003 年的评价样本，李维安和唐跃军（2006）发现，上市公司治理指数对总资产收益率、每股净资产、加权每股收益、每股经营性现金流量、总资产周转率、总资产年度增长率、财务预警值均有显著的正面影响，这表明拥有良好的公司治理机制有助于提升企业的盈利能力、股本扩张能力、运营效率、成长能力，有助于增强财务弹性和财务安

全性。公司治理中所涉及的控股股东治理、董事会治理、经理层治理、信息披露、利益相关者治理、监事会治理机制,在很大程度上决定了上市公司是否能够拥有一套科学的决策制定机制与决策执行机制,而这将对公司业绩和公司价值产生直接而深远的影响。李维安、张立党和张苏(2012)利用 $CCGI^{NK}$ 的评价结果,通过实证分析发现,高水平的公司治理能够降低投资者的异质信念程度,从而降低股票的投资风险。郝臣等(2016)利用 $CCGI^{NK}$ 的评价结果对我国上市金融机构进行了实证研究,他们发现公司治理质量的提升对上市金融机构财务绩效的提升和风险承担的控制均有显著作用,但仅董事会治理分维度的指标体现出显著影响。

除了南开大学中国公司治理研究院的 $CCGI^{NK}$ 之外,国内的许多其他学者也在公司治理指数构建和相关研究方面做出了有益的尝试。例如,白重恩、刘俏和陆洲等(2005)综合考虑了公司治理内、外部机制,运用主元因素分析法集合 8 个指标构建了公司治理指数(G 指数)。并通过实证研究发现,治理水平高的企业其市场价值也高;投资者愿为治理良好的公司付出相当可观的溢价。郝臣(2005; 2009)聚焦于公司的股东、董事会、监事会、经理层的治理特征,分别构建了公司治理指标,并分别对民营控股上市公司样本和上市公司总体样本进行了实证分析。结果表明,民营控股上市公司治理指数与公司绩效指标之间存在显著的正相关关系,并且治理指数对公司绩效指标有显著的解释力。对于总体样本来说,当期公司治理具有相对价值相关性和较低的增量价值相关性,而前期公司治理只具有相对价值相关性。ST 公司的治理价值相关性原理与一般上市公司存在差异。上述结论说明我国投资者在投资决策时已经开始考虑公司治理因素。鲁桐等(2014)聚焦于中小板和创业板上市公司,综合股权结构与股东权利、董事会和监事会运作、信息披露与合规性以及激励机制四个方面对上市公司治理水平进行系统评估,他们发现公司治理与公司业绩存在正相关关系,其中激励约束机制特别是高管与核心技术人员的股权激励是影响上市公司绩效的重要因素(鲁桐、吴国鼎,2015)。韩少真、潘颖和张晓明(2015)构建了包括董事会治理、管理层治理、股东治理、会议治理四个维度的公司治理指标体系,并发现公司治理对公司绩效具有正向影响,这一影响在民营企业中更加显著。韩少真和潘颖(2016)的研究进一步表明,较高的治理水平不仅能显著提高公司的债务可得性和长期债务比例,还能显著降低公司的债务成本。傅传锐(2016)构建了包括股权治理、董事会治理和高管激励在内的公司治理综合指数,证明了公司治理机制对公司智力资本价值创造的积极作用。方红星和金玉娜(2013)则从监督和激励两个角度选取公司治理成分指标,发现公司治理对公司非效率投资具有明显的抑制作用,特别是对意愿性非效率投资的抑制效果更为显著。韩少真、潘颖和张晓明(2015)构建了包括董事会治理、管理层治理、股东治理和会议治理在内的公司治理指标体系，通过研究发现，对民营企业和处在高市场化环境中的企业来说，公司治理对公司绩效的积极作用更为显著。同时，股东治理和管理层治理表现出更加重要的影响力。

二、基于公司治理不同维度评价指数的相关研究

除公司治理总体指标外，国内学者对于国内公司的董事会、监事会、经理层、股权结构和利益相关者等有关治理指标进行了专门的研究。

李维安和王世权（2005）在对现有监事会评价理论与实践回顾基础上，结合中国自身环境条件及改革进程，设计了中国上市公司监事会治理绩效评价指标体系，并且利用调研数据，对上市公司监事会治理水平进行了评价与实证研究。结果显示，监事会治理总体水平较低，不同行业、不同企业性质之间的治理水平存在着很大差别，大股东的持股比例亦对监事会治理的有效性具有显著影响。

李维安和唐跃军（2005）设置了利益相关者治理评价指标考察中国上市公司利益相关者参与公司治理和利益相关者权益的保护状况，并构建了利益相关者治理指数。进一步的实证研究表明，利益相关者治理指数对每股收益（EPS）、净资产收益率（ROE）、股本扩张能力（NAPS）均有显著的正面影响，这表明上市公司良好的利益相关者治理机制和较高的利益相关者治理水平有助于增强公司的盈利能力，进而提升包括股本扩张能力在内的企业成长与发展潜力。同时，利益相关者治理机制所涉及的 5 个方面对企业业绩和企业价值也存在重要影响。因此，他们建议在公司治理中考虑利益相关者的权益，鼓励利益相关者适当而有效地参与公司治理和管理。

沈艺峰、肖珉和林涛（2009）基于 1 432 家上市公司 2007 年公布的“自查报告和整改计划”，从大股东、董事会监事会、经理层以及投资者法律保护四个方面对上市公司治理情况进行归纳和整理，从中提取出有用信息，综合反映目前我国上市公司治理情况和问题。

王福胜和刘仕煜（2009）对上市公司的股权结构、集中度、资本结构、董事会独立性等公司治理要素与公司成长、盈利能力之间关系的综合考量基础上，通过引入 DEA 模型来描述公司治理效率，进而构建了有关公司治理效率评价的指标体系。

安占强（2009）基于构建上市公司的经理层激励机制、股权结构、股权集中度、董事会及股东大会这四个治理维度，利用因子分析法和旋转矩阵分析的方式，构建了一个包含十个治理变量的综合指数。

魏明海、柳建华和刘峰（2010）从法律与证券市场监管、地区治理环境和公司治理三个层次综合衡量上市公司质量。在法律与证券市场监管方面，分别从证券市场立法、

证券市场监管以及法律和监管制度执行三个角度构造17项指标衡量;在地区治理环境上,分别从地方政府治理和中介组织发展两个角度构造6项指标衡量。

程新生、谭有超和刘建梅(2012)通过构建对公司非财务信息披露质量的评价指标,探究了其与公司外部融资与投资效率的关系。他们发现,外部融资是非财务信息和投资效率之间的中介变量,但同时又受到了外部制度约束的影响。

高明华、苏然和方芳(2014)构建了包含董事会结构、独立董事独立性、董事会行为和董事激励与约束4个一级指标和37个二级指标的中国上市公司董事会治理评价指标体系,发现董事会治理对公司绩效、公司合规性、代理成本和盈余市场反应具有显著的正向影响,且非国有优于国有。高明华和谭玥宁(2014)利用上述指标进一步讨论了董事会治理与代理成本的关系,他们发现董事激励与约束是降低代理成本的关键因素,但是在国有控股公司中这一效应并不显著,且国有公司董事会结构的完善反而会提高代理成本。

王鹏程和李建标(2014)检验了利益相关者治理与企业融资约束的关系。他们发现企业利益相关者治理能够有效缓解企业融资约束,不同利益相关者治理行为对融资约束的影响存在差异,而且对国有企业和民营企业的影响也不同。

第二节 国外基于公司治理指数开展的相关研究

一、基于学者构建的公司治理评价指数的相关研究

国外最早的公司治理评价研究可追溯到20世纪50年代。1950年,杰克逊·马丁德尔提出了董事会绩效分析。1952年,美国机构投资者协会设计出了第一套正式评价董事会的程序。但直到20世纪90年代末,公司治理评价研究才真正引起学术界和实务界的关注。

冈珀斯、石井和梅特里克(Gompers, Ishii and Metrick, 2003)构建的G指数被认为在公司治理评价研究领域具有里程碑的意义。他们把美国投资者责任研究中心(Investor Responsibility Research Center, IRRC)提出的24项公司治理条款从延缓敌意收购的战术、投票权、董事/管理层保护、其他接管防御措施以及国家法律5个维度加以区分,并根据公司的实际情况对这些条款进行赋值,然后把每项条款的得分进行加总从而形成G指数。G指数越高表示股东权利越小。他们依据G指标对样本公司分组并进行了对比。实证结果表明,股东权利与公司价值呈现正相关关系。廖和林(Liao and Lin, 2016)的研究采用了相同的G指数,他们发现在股东权利保护好的公司中,R&D

投资计划的公布会带来更高的财富效应。

别布互克、科恩和费雷尔(Bebchuk, Cohen and Ferrell, 2004; 2009)在深入分析G指数中24项公司治理条款的基础上,选出了能够充分反映股东投票权限制以及敌意收购防御的6项重要条款,并进行0或1的赋值,构建了壕沟指数(entrenchment index,简称E指数)。E指数主要涵盖交错选举董事条款(staggered board provision)、股东修订公司章程的限制、毒丸计划、金色降落伞计划以及兼并和修订公司章程遵循绝对多数原则的规定等要素。他们利用IRRC的数据,证实了E指数与股票收益、公司价值(以托宾Q值来衡量)正相关。

克雷默斯和费雷尔(Cremers and Ferrell, 2009)利用G指数和E指数,以IRRC等提供的数据检验了公司治理对公司价值以及股票收益率的影响,他们在控制公司固定效应和年度固定效应之后研究发现,G指数和E指数与公司价值之间存在显著的负相关性,也就是说良好的公司治理与股票收益率之间存在显著的正相关性。同时,随着市场对良好公司治理重要性认知的增强,股票收益率有所下降。

别布互克、科恩和王(Bebchuk, Cohen and Wang, 2010)的实证研究则显示,1991—1999年G指数和E指数与异常股票收益正相关,而2001—2008年两者并没有表现出直接的显著关系,最后他们提出"学习假说"(Learning Hypothesis)来解释相关性消失现象。

阿曼、奥施和施密德(Ammann, Oesch and Schmid, 2011)利用GMI编制的64个公司治理特征,采用相加指数法和主成分分析法分别构建了公司治理指数,并在此基础上开展公司治理评价的跨国实证研究。

布莱克、德卡瓦略和桑帕约(Black, De Carvalho and Sampaio, 2014)构建了巴西公司治理指数(BCGI),并以之对2004年、2006年和2009年巴西上市公司的治理质量进行了评价。他们的指标包括了董事会结构、所有权结构、董事会运作、小股东权益保护、关联交易和信息披露6个维度的指标。他们通过实证研究发现他们的指标中与上市要求相同的部分会提升公司价值,上市要求中没有提及的则不会提升公司价值。

范和于(Fan and Yu, 2011)构建了公司治理偏离指数(CGD),他们通过观察一家公司在董事会特征、审计、反并购和高管薪酬与股权等方面与公司所在国其他公司相比所偏离的程度来评价公司治理的质量。他们发现,与传统公司治理评价方法相比,CGD更加适用于大陆法国家公司治理水平的评价。

马尔卡维、皮莱和巴蒂(Al-Malkawi, Pillai and Bhatti, 2014)的研究通过构建公司治理指数(CGI)评价和分析了海湾阿拉伯国家合作委员会(GCC)国家上市公司的公司治理质量。他们的指标包括了信息披露、董事会有效性和股东权利3个维度30个指标的内容。

达斯(Das, 2012)针对印度公司的特点构建了公司治理指标,包括股权结构、董事会、经理层薪酬、监事会公司控制权市场、信息披露等相关指标。并将印度公司的数据与发达国家公司的数据进行了国际比较。

法拉塔和迪金斯(Fallatah and Dickins, 2012)综合了董事会结构、高管激励等指标,构建了针对沙特阿拉伯上市公司的公司治理评价指数,并发现公司治理水平对公司绩效和公司价值具有显著的提升作用。

纳塔拉加、阿里和刘等(Nadarajah, Ali and Liu et al., 2016)构建了包括17个指标在内的公司治理指数,并通过实证研究发现,公司治理质量与财务杠杆之间呈现负相关关系,并且只有在股票流动性高的公司中,这一关系才是显著的。

阿拉法特、布莱克和尤尔托卢(Ararat, Black and Yurtoglu, 2016)构建了土耳其公司治理指数。他们的指数包括了董事会结构、董事会程序、信息披露、股权结构和股东权利五个维度的指标。他们发现,公司治理指数高的土耳其上市公司具有更高的市场价值和盈利水平,而信息披露指数在其中占主导作用。

李、杨和于(Li, Yang and Yu, 2017)的研究构建了包括董事会责任、财务披露与内控、股东权利、高管薪酬和公司行为五个维度、43个指标在内的公司治理指数,并通过研究发现,在中国上市公司中,好的公司治理仅会提升竞争性行业公司的价值。

二、基于评价机构构建的公司治理评价指数的相关研究

国外的许多评价机构也构建和发布了各自的公司治理指数。例如,美国机构股东服务公司(ISS)依据董事会及其主要委员会的结构和组成、公司章程和制度、公司所属州的法律、管理层和董事薪酬、相关财务业绩、最佳公司治理实践、管理层持股比例、董事受教育水平等指标构建了公司治理指数。国际管理评级机构(GMI)的公司治理指数则更加侧重于信息透明度与披露(含内部监控)、董事会问责制、企业社会责任、股权结构与股权集中度、股东权利、管理层薪酬、公司行为等因素。

乔克哈里斯和莱文(Chhaochharia and Laeven, 2009)、阿加沃尔等(Aggarwal et al., 2010)利用ISS提供的公司治理评价得分,阿什博-斯凯夫和拉丰(Ashbaugh-Skaife and Lafond, 2006)、德瓦尔和弗尔维梅林(Derwall and Verwijmeren, 2007)利用GMI提供的治理评价得分检验了公司治理与公司价值、股票收益、股权资本成本、财务风险等变量之间的关系,研究结果基本证实了公司治理对公司表现的积极作用。巴拉苏布拉马尼亚姆、布莱克和康纳(Balasubramaniam, Black and Khanna, 2010)利用2006年印度公司治理调查,从董事会结构、信息披露、关联方交易、股东权利、董事会程序等方面

对公司治理进行评价。埃杜尔和卡拉(Erdur and Kara, 2014)利用土耳其伊斯坦布尔交易所(BIST)发布的公司治理指数(XKURY)中的利益相关者分指标进行研究,他们发现企业社会责任对公司价值和财务绩效具有显著的积极影响。库尔特、贝内尔和优素(Kurt, Bener and Yusuf, 2016)的研究则发现了XKURY指数与公司股票长期回报的正相关关系。另一方面,艾丁和厄兹鲁(Aydin and Ozcan, 2015)使用XKURY数据的研究发现,公司财务绩效良好的公司表现出更高的公司治理水平。

第三节 基于公司治理指数研究小结

如表2.1所示,目前国外已经有众多的学者和机构构建了公司治理指数,并开展了基于指数的相关研究。用公司治理指数作为公司治理评价的工具并开展研究已经成为国际理论界和实务界的共同趋势。

反观我国的公司治理指数研究,在研究的多样性上与发达国家有较大的差距。目前我国连续多年发布并得到广泛关注和应用的公司治理指数仅有南开大学中国公司治理研究院发布的$CCGI^{NK}$。目前国内大部分基于公司治理指数的研究所采用的都是这一指数的数据。

在公司治理指数的应用方面,目前多数研究聚焦于公司治理指数与公司绩效指标之间的关系,多数研究观察到了公司治理指数与公司绩效之间的正相关关系。现有的许多研究已经开始关注公司治理指数的有效性以及公司治理的内生性问题,并采取了联立方程、工具变量等手段对这些问题进行控制。

表2.1 国内外的主要公司治理评价指数汇总

评价机构或作者(年份)	主要评价内容	评价方法	评价对象
南开大学中国公司治理研究院(2003年至今)	股东权益、董事会、监事会、经理层、信息披露、利益相关者	专家评分 层次分析 加权分析	中国上市公司
潘福祥(2004)	外部机构的审核评价、股权结构、董事会治理机制和经理人员激励情况	层次分析	中国上市公司
施东晖和司徒大年(2004)	控股股东行为、关键人选聘和激励与约束、董事会结构与运作和信息披露透明度	加权分析	中国上市公司
白重恩、刘俏和陆洲等(2005)	董事会、高管薪酬、股权结构、财务信息披露和透明度、企业控制权市场、法制基础和中小投资者权益保护、产品市场的竞争程度	主元分析	中国上市公司

续表

评价机构或作者(年份)	主要评价内容	评价方法	评价对象
沈艺峰等(2009)	大股东、董事会监事会、经理层以及投资者法律保护四个方面对上市公司治理情况进行归纳和整理	综合计分	中国上市公司
魏明海、柳建华和刘峰(2010)	法律与证券市场监管、地区治理环境和公司治理三个层次综合衡量	综合计分	中国上市公司
冈珀斯、石井和梅特里克(Gompers, Ishii and Metrick, 2003)	延缓敌意收购的战术、投票权、董事/管理层保护、其他接管防御措施以及国家法律	综合计分	IRRC 数据库
别布互克、科恩和费雷尔(Bebchuk, Cohen and Ferrell, 2004; 2009)	交错选举董事条款、股东修订公司章程限制、毒丸计划、金色降落伞计划、兼并和修订公司章程遵循绝对多数原则的规定	综合计分	IRRC 数据库
贝纳尔、罗伯茨、施密德和齐默尔曼(Beiner, Drobetz, Schmid and Zimmermann, 2006)	公司治理承诺、股东权利、信息透明度、董事会和管理层、财务报告和审计	综合计分	瑞士上市公司
布朗和卡勒(Brown and Caylor, 2006)	审计、董事会章程/制度、董事培训、激励、所有权、累积实践、公司形式	综合计分	美国上市公司
乔克哈里亚和莱文(Chhaochharia and Laeven, 2009)	累积投票权、董事会轮选制、临时股东大会召集权、毒丸计划、审计委员会独立性、董事会独立性、提名委员会独立性、连锁董事	综合计分	ISS 数据库中 30 个国家数据
阿曼、奥施和施密德(Ammann, Oesch and Schmid, 2011)	董事会责任、财务披露和内部控制、股东权利、薪酬、公司控制权市场、公司行为	综合计分 主成分分析	GMI 数据库中 22 个国家数据
布莱克、德卡瓦略和桑帕约(Black, De Carvalho and Sampaio, 2014)	董事会结构、所有权结构、董事会运作、小股东权益保护、关联交易和信息披露	综合计分	巴西上市公司
马尔卡维、皮莱和巴蒂(Al-Malkawi, Pillai and Bhatti, 2014)	信息披露、董事会有效性和股东权利	综合计分	海湾阿拉伯国家合作委员会(GCC)国家上市公司
鲁桐等(2014)	股权结构与股东权利、董事会和监事会运作、信息披露与合规性以及激励机制	综合计分	中小板和创业板上市公司
韩少真、潘颖和张晓明(2015)	包括董事会治理、管理层治理、股东治理、会议治理	主成分分析	中国上市公司

续表

评价机构或作者（年份）	主 要 评 价 内 容	评价方法	评价对象
美国机构股东服务公司（ISS）	董事会及其主要委员会的结构和组成、公司章程和制度、公司所属州的法律、管理层和董事薪酬、相关财务业绩、最佳公司治理实践、管理层持股比例、董事受教育水平	综合计分	30 个国家的公司数据
国际管理评级机构（GMI）	信息透明度与披露（含内部监控）、董事会问责制、企业社会责任、股权结构与股权集中度、股东权利、管理层薪酬、公司行为	综合计分	22 个国家的公司数据
傅传锐（2016）	股权治理、董事会治理和高管激励	主成分分析	中国上市公司
方红星和金玉娜（2013）	董事、高管的监督与激励	主成分分析	中国上市公司
韩少真、潘颖和张晓明（2015）	董事会治理、管理层治理、股东治理和会议治理	主成分分析	中国上市公司
范和于（Fan and Yu, 2012）	董事会特征、审计、反并购和高管薪酬与股权	主成分分析	大陆法国家公司
法拉塔和迪金斯（Fallatah and Dickins, 2012）	董事会结构、高管激励	主成分分析	沙特阿拉伯上市公司
李、杨和于（Li, Yang and Yu, 2017）	董事会责任、财务披露与内控、股东权利、高管薪酬和公司行为	综合计分	中国上市公司

资料来源：根据已有相关研究文献整理。

第三章　中国上市公司治理总体评价

第一节　中国上市公司治理评价样本情况

一、样本来源及选取

本次编制中国上市公司治理指数的样本来源于截止到2017年4月30日公布的公开信息（公司网站、巨潮资讯网、中国证监会、沪深证券交易所网站等）以及色诺芬（CCER）数据库、国泰安（CSMAR）数据库和万得（WIND）数据库，根据信息齐全以及不含异常数据两项样本筛选的基本原则，我们最终确定有效样本为3 031家，其中主板1 639家，含金融机构60家，主板非金融机构1 579家；中小企业板822家，含金融机构7家，中小板非金融机构815家；创业板570家。样本公司的行业、控股股东性质及地区构成见表3.1、表3.2与表3.3。需要说明的是，考虑到中小企业板和创业板公司治理的特殊性，我们对这些板块的公司进行了单独分析；同时还考虑到金融机构治理的特殊性，将各板块中的金融机构抽取出来单独组成一个板块，即除主板、中小企业板和创业板外，还有一个金融业板块。这样总体评价样本为3 031家，主板1 579家，中小企业板815家，创业板570家，金融业板块67家，各板块详细分析见后面有关章节。

二、样本行业分布情况

从样本行业分布情况来看，最近几年评价中各行业样本所占比例较为稳定；制造业样本的比例最高，占62.52%，相较2016年的63.38%略有下降。见表3.1。

表3.1　样本公司的行业构成

行　　业	数　目	比例（%）
农、林、牧、渔业	45	1.48
采矿业	75	2.47
制造业（合计）	1 895	62.52
农副食品加工业	38	1.25

续表

行　　业	数　目	比例(%)
食品制造业	38	1.25
酒、饮料和精制茶制造业	41	1.35
纺织业	40	1.32
纺织服装、服饰业	30	0.99
皮革、毛皮、羽毛及其制品和制鞋业	8	0.26
木材加工及木、竹、藤、棕、草制品业	9	0.30
家具制造业	13	0.43
造纸及纸制品业	26	0.86
印刷和记录媒介复制业	10	0.33
文教、工美、体育和娱乐用品制造业	11	0.36
石油加工、炼焦及核燃料加工业	17	0.56
化学原料及化学制品制造业	201	6.63
医药制造业	174	5.74
化学纤维制造业	21	0.69
橡胶和塑料制品业	57	1.88
非金属矿物制品业	77	2.54
黑色金属冶炼及压延加工业	32	1.06
有色金属冶炼及压延加工业	60	1.98
金属制品业	51	1.68
通用设备制造业	116	3.83
专用设备制造业	175	5.77
汽车制造业	94	3.10
铁路、船舶、航空航天和其他运输设备制造业	34	1.12
电气机械及器材制造业	191	6.30
计算机、通信和其他电子设备制造业	269	8.87
仪器仪表制造业	40	1.32
废弃资源综合利用业	4	0.13
其他制造业	18	0.59
电力、热力、燃气及水生产和供应业	97	3.20
建筑业	88	2.90
批发和零售业	156	5.15

续表

行 业	数 目	比例(%)
交通运输、仓储和邮政业	89	2.94
住宿和餐饮业	11	0.36
信息传输、软件和信息技术服务业	203	6.70
金融业	67	2.21
房地产业	125	4.12
租赁和商务服务业	42	1.39
科学研究和技术服务业	27	0.89
水利、环境和公共设施管理业	33	1.09
教育	3	0.10
卫生和社会工作	7	0.23
文化、体育和娱乐业	45	1.48
综合	23	0.76
合 计	3 031	100.00

资料来源:南开大学公司治理数据库。

三、样本控股股东分布情况

按控股股东性质分组样本中,国有控股和民营控股上市公司仍然占据较大的比例,合计比例 96.37%,相较于 2016 年的 96.94%略有下降。见表 3.2。

表 3.2 样本公司的控股股东构成

控股股东性质	数 目	比例(%)
国有控股	1 044	34.44
集体控股	18	0.59
民营控股	1 877	61.93
社会团体控股	13	0.43
外资控股	45	1.48
职工持股会控股	4	0.13
其他类型	30	0.99
合 计	3 031	100.00

资料来源:南开大学公司治理数据库。

总结历年控股股东性质的分布，就国有控股和民营控股上市公司所占比例的变化趋势来看，2017 年度评价中国有控股上市公司有1 044家，比例为34.44%，呈现下降趋势：2016 年评价中国有控股上市公司有1 034家，比例为36.84%；2015 年评价中国有控股上市公司有1 034家，比例为 39.92%；在2014 年评价中有1 027家，比例为 41.63%；2013 年评价中有1 038家，比例为42.02%；2012 年评价中有1 019家，比例为 43.77%；2011 年评价中有 900 家，比例为 46.15%；2010 年评价中有 950 家，比例为 60.94%；2009 年评价中有852 家，比例为 67.57%；2008 年评价中有 779 家，比例为 67.50%；2007 年评价中有 787 家，比例为67.73%；2006 年评价中有 901 家，比例为 72.14%；2005 年评价中为 914 家，比例为 71.29%；2004 年评价中有 850 家，比例为 73.98%。较之前几年的样本数量，2011—2014 年国有控股上市公司的比例均不足 50%。民营控股上市公司在 2017 年评价中有1 877家，比例为 61.93%，比例延续持续上升的态势：在 2016 年评价中，民营控股上市公司有1 687家，比例为 60.10%；2015 年评价中有1 471家，比例为56.80%，2014 年评价中有1 367家，比例为55.41%，2013 年评价中有1 367家，比例为 55.34%，在 2012 年评价中有1 246家，比例为 53.52%；2011 年评价中有 983 家，比例为 50.41%；2010 年评价中有568 家，比例为 36.43%；2009 年评价中有 368 家，比例为 29.18%；2008 年评价中有 320 家，比例为 27.73%；2007 年评价中有 337 家，比例为 29.00%；2006 年评价中有 313 家，比例为25.06%；2005 年评价中为 304 家，比例为 23.71%；2004 年评价中有 238 家，比例为 20.71%。继 2011 年、2012 年、2013 年、2014 年、2015 年和 2016 年后，2017 年民营控股上市公司的比例再次超过国有控股上市公司。就其他股东性质来说，2017 年外资控股、集体控股、职工持股和社会团体控股上市公司样本所占比例较小。

四、样本地区分布情况

近年来上市公司的地区分布比例没有太大变化，从不同地区数量、占样本比例看，经济发达地区的广东省（471 家，占样本公司的 15.54%）、浙江省（273 家，占样本公司的 10.79%）、江苏省（316 家，占样本公司的 10.43%）、北京市（282 家，占样本公司的9.30%）、上海市（237 家，占样本公司的 7.82%）、山东省（169 家，占样本公司的5.58%）占有数量较多，而西部欠发达地区的甘肃省、贵州省、宁夏、西藏和青海省占样本量少，其中青海省和宁夏最少，分别为 12 家，反映出经济发展水平与上市公司数量存在一定的关系。区域分布详情见表 3.3。

表 3.3 样本公司的地区构成

地　区	数　目	比例(%)	地　区	数　目	比例(%)
北京市	282	9.30	湖北省	94	3.10
天津市	45	1.48	湖南省	84	2.77
河北省	51	1.68	广东省	471	15.54
山西省	38	1.25	广　西	36	1.19
内蒙古	25	0.82	海南省	28	0.92
辽宁省	73	2.41	重庆市	43	1.42
吉林省	41	1.35	四川省	110	3.63
黑龙江省	35	1.15	贵州省	23	0.76
上海市	237	7.82	云南省	32	1.06
江苏省	316	10.43	西　藏	14	0.46
浙江省	327	10.79	陕西省	45	1.48
安徽省	93	3.07	甘肃省	30	0.99
福建省	106	3.50	青海省	12	0.40
江西省	37	1.22	宁　夏	12	0.40
山东省	169	5.58	新　疆	48	1.58
河南省	74	2.44	合　计	3 031	100.00

资料来源:南开大学公司治理数据库。

五、样本市场板块分布情况

2004 年 6 月我国中小企业板揭幕,中小企业板是深圳证券交易所为了鼓励自主创新而专门设置的中小型公司聚集板块。2009 年 10 月我国创业板正式启动,创业板是主板之外专为暂时无法上市的中小企业和新兴公司提供融资途径和成长空间的证券交易市场,是对主板市场的有效补给,在资本市场中占据着重要的位置。2017 年的评价对样本公司按照市场板块类型进行详细划分,其中 52.10% 的样本公司来自主板,共 1 579 家;中小企业板 815 家,占 26.89%;创业板 570 家,占 18.81%;另有 67 家金融业公司,占 2.21%。见表 3.4。

表 3.4 样本公司的市场板块构成

市场板块类型	数　目	比例(%)
主　板	1 579	52.10
中小企业板	815	26.89

续表

市场板块类型	数　目	比例(%)
创业板	570	18.81
金融业	67	2.21
合　计	3 031	100.00

资料来源:南开大学公司治理数据库。

第二节　中国上市公司治理总体分析

一、中国上市公司治理总体描述

在2017年评价样本中,上市公司治理指数平均值为62.67,较2016年的62.49提高0.18。见表3.5。

表3.5　公司治理指数描述性统计

统计指标	公司治理指数
平均值	62.67
中位数	62.77
标准差	3.29
方　差	10.82
偏　度	-0.19
峰　度	-0.13
极　差	20.53
最小值	51.37
最大值	71.90

资料来源:南开大学公司治理数据库。

如表3.5所示,2017年公司治理指数最大值为71.90,最小值为51.37,样本的标准差为3.29。指数分布情况见图3.1。

在2 807家样本公司中,没有1家达到$CCGI^{NK}$ Ⅰ或$CCGI^{NK}$ Ⅱ;有21家达到了$CCGI^{NK}$Ⅲ水平;达到$CCGI^{NK}$Ⅳ的有2 370家,占全样本的78.19%,较2016年的72.64%有显著的提高;处于$CCGI^{NK}$Ⅴ的公司有640家,占样本的21.12%,与2016年的25.90%相比,有显著下降的趋势;没有一家上市公司的治理指数在50以下(2016年该等级公司占全部样本的0.18%,2015年为0.04%,2014年为0.12%,2013年为0.16%,2012年

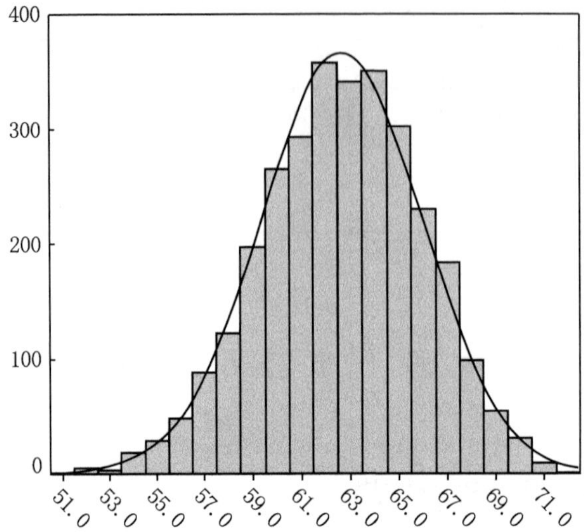

资料来源:南开大学公司治理数据库。

图 3.1 公司治理指数分布图

为 0.21%,2011 年为 0.67%,2010 年为 3.33%)。见表 3.6。

表 3.6 公司治理指数等级分布

公司治理指数等级		公司治理指数等级分布	
		数 目	比例(%)
$CCGI^{NK}$ Ⅰ	90—100	—	—
$CCGI^{NK}$ Ⅱ	80—90	—	—
$CCGI^{NK}$ Ⅲ	70—80	21	0.69
$CCGI^{NK}$ Ⅳ	60—70	2 370	78.19
$CCGI^{NK}$ Ⅴ	50—60	640	21.12
$CCGI^{NK}$ Ⅵ	50 以下	—	—
合 计		3 031	100.00

资料来源:南开大学公司治理数据库。

二、中国上市公司治理分行业分析

就平均值而言,卫生和社会工作,科学研究和技术服务业,信息传输、软件和信息技术服务业,金融业等行业治理指数较高,依次为 64.00、63.74、63.72 和 63.62。住宿和餐饮业、批发和零售业、租赁和商务服务业、房地产业、综合以及采矿业等行业治理指数较低,分别为 61.83、61.47、61.43、60.99、60.96 和 60.70。就公司治理总体状况而言,行业间存在一定的差异。相比较之前几年的评价，2017 年评价中各行业的公司治理指数排名发生了一定的变化。见表 3.7。

表 3.7　按行业分组的样本公司治理指数描述性统计

行　业	数目	比例(%)	平均值	中位数	标准差	极差	最小值	最大值
农、林、牧、渔业	45	1.48	61.89	61.88	3.10	14.15	54.97	69.12
采矿业	75	2.47	60.70	60.44	2.68	12.10	54.97	67.06
制造业	1 895	62.52	62.96	63.17	3.29	19.78	52.12	71.90
电力、热力、燃气及水生产和供应业	97	3.20	61.98	61.80	2.95	13.88	55.55	69.42
建筑业	88	2.90	62.19	62.41	3.17	18.21	51.59	69.80
批发和零售业	156	5.15	61.47	61.56	3.45	17.16	51.56	68.72
交通运输、仓储和邮政业	89	2.94	62.07	62.18	2.63	10.29	56.61	66.90
住宿和餐饮业	11	0.36	61.83	62.04	4.32	14.23	53.75	67.98
信息传输、软件和信息技术服务业	203	6.70	63.72	64.01	3.03	15.48	54.30	69.78
金融业	67	2.21	63.62	63.60	3.18	12.31	57.20	69.51
房地产业	125	4.12	60.99	60.48	3.28	17.59	51.37	68.97
租赁和商务服务业	42	1.39	61.43	61.37	3.10	13.41	54.95	68.37
科学研究和技术服务业	27	0.89	63.74	63.77	3.10	11.83	59.46	71.29
水利、环境和公共设施管理业	33	1.09	62.57	62.73	2.98	13.52	56.48	70.00
教育	3	0.10	62.82	62.70	2.47	4.94	60.41	65.35
卫生和社会工作	7	0.23	64.00	64.73	4.68	12.83	58.56	71.39
文化、体育和娱乐业	45	1.48	62.21	62.32	2.43	12.18	55.78	67.95
综合	23	0.76	60.96	61.76	2.72	9.25	55.50	64.75
合　计	3 031	100.00	62.67	62.77	3.29	20.53	51.37	71.90

资料来源：南开大学公司治理数据库。

三、中国上市公司治理分控股股东性质分析

表 3.8 的描述性统计显示，样本中数量较少的是职工持股会控股、社会团体控股、集体控股、其他类型和外资控股几类，分别有 4 家、13 家、18 家、30 家和 45 家公司；国有控股和民营控股样本量较多，分别有 1 044 家和 1 877 家。

就样本平均值而言，其他类型控股上市公司治理指数平均值最高，为 63.97，其次为

民营控股和外资控股上市公司，分别为63.12和62.85，集体控股上市公司治理指数平均值为61.92，国有控股上市公司指数平均值为61.88，职工持股会控股上市公司治理指数平均值为60.52，社会团体控股上市公司的指数平均值最低，为58.14。民营控股上市公司治理指数平均值高于国有控股上市公司。

表3.8 按控股股东性质分组的样本公司治理指数描述性统计

控股股东性质	数目	比例(%)	平均值	中位数	标准差	极差	最小值	最大值
国有控股	1 044	34.44	61.88	61.82	3.16	19.48	51.69	71.17
集体控股	18	0.59	61.92	61.45	3.78	15.97	55.24	71.21
民营控股	1 877	61.93	63.12	63.34	3.25	20.53	51.37	71.90
社会团体控股	13	0.43	58.14	58.81	3.46	11.78	51.56	63.34
外资控股	45	1.48	62.85	63.03	2.96	14.91	54.34	69.24
职工持股会控股	4	0.13	60.52	59.72	3.09	6.77	57.93	64.70
其他类型	30	0.99	63.97	64.02	3.36	13.66	55.85	69.51
合　计	3 031	100.00	62.67	62.77	3.29	20.53	51.37	71.90

资料来源：南开大学公司治理数据库。

四、中国上市公司治理分地区分析

与往年情况类似，经济发达地区广东省、浙江省、江苏省、北京市和上海市的样本数量最多，而西部欠发达地区的样本量少，反映出经济活跃水平与上市公司数量的关系。各地区公司治理指数分析结果详见表3.9。在表3.9中的第三列数据（上市公司数量占总体比例）与第四列数据（上市公司治理指数平均值）之间存在较高的正相关性，说明经济发达地区的上市公司治理状况总体上要好于经济欠发达地区的情况。具体而言，广东省、河南省、江苏省、浙江省、北京市、湖南省、河北省、安徽省和山东省指数平均值较高，依次为63.77、63.36、63.09、63.09、63.01、62.98、62.88、62.83和62.73；而黑龙江省、海南省、青海省、宁夏和山西省指数平均值均在61.00以下，分别为60.31、60.20、60.03、59.89和59.81。

表3.9 样本公司治理指数按地区分组的描述性统计

地　区	数目	比例(%)	平均值	中位数	标准差	极差	最小值	最大值
北京市	282	9.30	63.01	63.06	3.13	18.01	52.83	70.84
天津市	45	1.48	61.77	61.79	2.98	12.75	55.46	68.21
河北省	51	1.68	62.88	62.76	3.02	12.61	57.70	70.31

续表

地　区	数目	比例(%)	平均值	中位数	标准差	极差	最小值	最大值
山西省	38	1.25	59.81	59.83	3.76	14.00	52.28	66.28
内蒙古	25	0.82	61.03	60.71	3.60	13.64	53.93	67.57
辽宁省	73	2.41	61.68	61.69	3.62	16.22	53.93	70.15
吉林省	41	1.35	61.47	61.18	3.50	14.87	54.20	69.07
黑龙江省	35	1.15	60.31	60.34	2.54	12.15	53.40	65.55
上海市	237	7.82	61.98	62.00	3.47	19.17	51.37	70.54
江苏省	316	10.43	63.09	63.15	3.12	16.77	54.53	71.29
浙江省	327	10.79	63.09	63.22	2.90	15.99	53.56	69.55
安徽省	93	3.07	62.83	62.81	3.25	16.25	54.97	71.21
福建省	106	3.50	62.58	62.73	3.00	13.88	55.27	69.14
江西省	37	1.22	62.35	63.02	3.34	12.39	55.57	67.95
山东省	169	5.58	62.73	62.20	3.28	15.23	55.17	70.40
河南省	74	2.44	63.36	63.46	3.04	15.16	54.81	69.97
湖北省	94	3.10	62.47	62.79	3.01	15.44	53.91	69.35
湖南省	84	2.77	62.98	63.04	3.27	15.61	55.78	71.39
广东省	471	15.54	63.77	63.91	2.98	18.15	53.75	71.90
广　西	36	1.19	61.61	62.12	3.12	13.05	54.30	67.35
海南省	28	0.92	60.20	60.32	3.51	15.92	51.56	67.48
重庆市	43	1.42	61.83	61.97	3.46	12.89	56.07	68.97
四川省	110	3.63	62.18	62.26	3.71	19.05	51.69	70.73
贵州省	23	0.76	62.37	62.45	3.88	15.09	54.34	69.42
云南省	32	1.06	62.46	62.90	3.93	15.74	54.26	70.00
西　藏	14	0.46	61.65	61.12	2.47	8.00	57.95	65.94
陕西省	45	1.48	61.94	61.99	3.15	13.22	54.95	68.17
甘肃省	30	0.99	61.71	61.87	3.26	12.17	55.26	67.42
青海省	12	0.40	60.03	60.20	3.29	12.33	52.12	64.45
宁　夏	12	0.40	59.89	58.71	3.87	11.35	54.92	66.28
新　疆	48	1.58	61.55	61.43	3.41	17.00	53.17	70.17
合　计	3 031	100.00	62.67	62.77	3.29	20.53	51.37	71.90

资料来源：南开大学公司治理数据库。

五、中国上市公司治理分市场板块分析

在2017年评价中,按照市场板块对样本公司进行划分,其中创业板治理指数位居首位,平均值达64.49;中小企业板为63.81;金融业为63.62;而同2016年一样,主板上市公司的治理指数仍然最低,为61.38,具体见表3.10。

表3.10　按市场板块分组的样本公司治理指数描述性统计

板块类型	数目	比例(%)	平均值	中位数	标准差	极差	最小值	最大值
主　板	1 579	52.10	61.38	61.40	3.14	19.80	51.37	71.17
中小企业板	815	26.89	63.81	63.92	2.88	16.62	55.28	71.90
创业板	570	18.81	64.49	64.52	2.69	16.22	55.17	71.39
金融业	67	2.21	63.62	63.60	3.18	12.31	57.20	69.51
合　计	3 031	100.00	62.67	62.77	3.29	20.53	51.37	71.90

资料来源:南开大学公司治理数据库。

六、中国上市公司治理分年度分析

2017年度公司治理指数平均值为62.67,2012年、2013年、2014年、2015年和2016年治理指数平均值分别为60.60、60.76、61.46、62.07和62.49。对比连续几年来中国上市公司的总体治理状况可知,总体治理水平呈现逐年提高的趋势。各年公司治理评价各级指数的比较见表3.11。

表3.11　公司治理指数六年比较

治理指数	2012	2013	2014	2015	2016	2017
公司治理指数	60.60	60.76	61.46	62.07	62.49	62.67
股东治理指数	61.20	62.89	64.28	65.08	66.04	65.00
董事会治理指数	61.21	61.74	63.38	63.48	64.11	64.28
监事会治理指数	57.35	57.38	57.99	58.54	58.76	58.78
经理层治理指数	57.27	57.21	57.12	57.80	58.01	58.92
信息披露指数	63.14	63.18	63.29	64.27	64.53	65.04
利益相关者治理指数	63.22	61.46	61.84	62.51	62.68	62.92

资料来源:南开大学公司治理数据库。

在几个分指数当中,股东治理指数2017年的数值为65.00,相对于2016年的66.04,下降了1.04;作为公司治理核心的董事会建设得到加强,董事会治理指数呈现显著的逐

年上升趋势,继 2010 年首次突破了 60.00 之后,2017 年继续增长达 64.28;新公司法加强了监事会的职权,监事会治理状况明显提高,平均值从 2012 年的 57.35 提高到 2013 年的 57.38,从 2014 年的 57.99 提高到 2015 年的 58.54,从 2016 年的 58.76 提高到 2017 年的 58.78;经理层治理状况呈现出较稳定的趋势,2012—2016 年的经理层治理指数平均值依次为 57.27、57.21、57.12、57.80 和 58.01, 2017 年显著提升到 58.92;信息披露状况也呈现逐年增长趋势,2017 年平均值达到 65.04;利益相关者问题逐步引起上市公司的关注,一直保持着稳步提高的趋势,2013 年出现一定幅度回调,2016 年的指数平均值为 62.68, 2017 年指数平均值达到 62.92。

第三节　中国上市公司治理 100 佳评价

一、中国上市公司治理 100 佳描述统计

本节将 2017 年评价样本中公司治理指数排名前 100 位的公司(100 佳)与其他样本进行比较,分析 100 佳的行业、地区和控股股东性质分布,以及 100 佳公司的相对绩效表现。如表 3.12 的描述性统计显示,100 佳上市公司治理指数为 69.41,100 佳上市公司中最高治理指数为 71.90,最低为 68.46,极差为 3.44。对比表 3.5,我们不难发现,100 佳上市公司的各级治理指数的平均值都明显高于总样本。

表 3.12　公司治理 100 佳治理指数描述性统计

项　目	平均值	中位数	标准差	极差	最小值	最大值
公司治理总指数	69.41	69.19	0.79	3.44	68.46	71.90
股东治理指数	72.73	72.90	5.46	33.40	52.50	85.90
董事会治理指数	65.86	65.89	2.43	16.00	61.31	77.32
监事会治理指数	61.42	60.32	5.59	23.60	51.18	74.78
经理层治理指数	66.49	66.85	4.63	25.85	52.15	78.00
信息披露指数	74.51	74.51	4.78	20.52	63.62	84.14
利益相关者治理指数	76.37	79.00	8.64	36.03	52.42	88.45

资料来源:南开大学公司治理数据库。

二、中国上市公司治理 100 佳公司行业分布

表 3.13 的公司治理 100 佳行业分布表明,从绝对数量看,制造业所占数量最多,达 75 家;其次是信息传输、软件和信息技术服务业,有 10 家;建筑业和金融业,分别有

3 家；批发和零售业，有 2 家；农、林、牧、渔业，电力、热力、燃气及水生产和供应业，科学研究和技术服务业，水利、环境和公共设施管理业以及卫生和社会工作，分别有 1 家；采矿业，交通运输、仓储和邮政业，住宿和餐饮业，租赁和商务服务业，教育，文化、体育和娱乐业以及综合没有公司进入 100 佳。从 100 佳占行业样本数量比例来看，卫生和社会工作，信息传输、软件和信息技术服务业，金融业，制造业，科学研究和技术服务业所占比例比较高，分别为 14.29%、4.93%、4.48%、3.96% 和 3.70%；而电力、热力、燃气及水生产和供应业的 100 佳所占比例最低，仅为 1.03%。

表 3.13 公司治理 100 佳公司行业分布

行业	100 佳个数	样本个数	100 佳所占比例(%)
农、林、牧、渔业	1	45	2.22
采矿业	—	75	—
制造业	75	1 895	3.96
电力、热力、燃气及水生产和供应业	1	97	1.03
建筑业	3	88	3.41
批发和零售业	2	156	1.28
交通运输、仓储和邮政业	—	89	—
住宿和餐饮业	—	11	—
信息传输、软件和信息技术服务业	10	203	4.93
金融业	3	67	4.48
房地产业	2	125	1.60
租赁和商务服务业	—	42	—
科学研究和技术服务业	1	27	3.70
水利、环境和公共设施管理业	1	33	3.03
教育	—	3	—
卫生和社会工作	1	7	14.29
文化、体育和娱乐业	—	45	—
综合	—	23	—
合计	100	3 031	3.30

资料来源：南开大学公司治理数据库。

三、中国上市公司治理 100 佳公司控股股东性质分布

从绝对数量看，公司治理 100 佳集中分布在民营控股上市公司中。100 佳上市公

司中,最终控制人性质为民营控股的占 77 家;其次为国有控股上市公司,有 19 家;外资控股上市公司为 2 家;集体控股和其他类型上市公司为 1 家;而社会团体控股上市公司和职工持股会控股上市公司今年没有 1 家进入 100 佳。从相对比例来看,集体控股上市公司样本中的 100 佳比例最高,其次是外资控股上市公司,民营控股 100 佳的上市公司比例高于国有控股上市公司的样本。

表 3.14　公司治理 100 佳公司控股股东性质分布

控股股东性质	100 佳个数	样本个数	比例(%)
国有控股	19	1 044	1.82
集体控股	1	18	5.56
民营控股	77	1 877	4.10
社会团体控股	—	13	—
外资控股	2	45	4.44
职工持股会控股	—	4	—
其他类型	1	30	3.33
合　　计	100	3 031	3.30

资料来源:南开大学公司治理数据库。

四、中国上市公司治理 100 佳公司地区分布

据表 3.15 的地区分布数量显示,在 100 佳上市公司中,广东省有 19 家,江苏省和山东省分别有 11 家,北京市和上海市分别有 9 家。其中,广东省也是在 2016 年、2015 年、2014 年和 2013 年评价中入选 100 佳公司数目最多的地区。

天津市、山西省、内蒙古、黑龙江省、江西省、广西、海南省、西藏、陕西省、甘肃省、青海省、宁夏均没有入选 100 佳的上市公司。这些地区当中,青海省和宁夏等在以往的评价过程中,入选 100 佳的上市公司数量也较少。从相对数来看,河北省比例最高,为 7.84%,湖南省为 7.14%,山东省为 6.51%,云南省为 6.25%,河南省为 5.41%;而辽宁省、四川省、浙江省、吉林省、重庆市、新疆和福建省均在 3%以下。

表 3.15　公司治理 100 佳公司地区分布

地　　区	100 佳个数	样本个数	比例(%)
北京市	9	282	3.19
天津市	—	45	—
河北省	4	51	7.84

续表

地　　区	100 佳个数	样本个数	比例(%)
山西省	—	38	—
内蒙古	—	25	—
辽宁省	2	73	2.74
吉林省	1	41	2.44
黑龙江省	—	35	—
上海市	9	237	3.80
江苏省	11	316	3.48
浙江省	8	327	2.45
安徽省	3	93	3.23
福建省	2	106	1.89
江西省	—	37	—
山东省	11	169	6.51
河南省	4	74	5.41
湖北省	3	94	3.19
湖南省	6	84	7.14
广东省	19	471	4.03
广　西	—	36	—
海南省	—	28	—
重庆市	1	43	2.33
四川省	3	110	2.73
贵州省	1	23	4.35
云南省	2	32	6.25
西　藏	—	14	—
陕西省	—	45	—
甘肃省	—	30	—
青海省	—	12	—
宁　夏	—	12	—
新　疆	1	48	2.08
合　计	100	3 031	3.30

资料来源:南开大学公司治理数据库。

五、中国上市公司治理 100 佳公司绩效

为了考察公司治理与公司绩效之间的相关性,我们选取了反映上市公司盈利能力、代理成本状况的 10 个财务指标。其中反映上市公司盈利能力的指标有:总资产净利润率 A=净利润/总资产余额;总资产净利润率 B=净利润/总资产平均余额,总资产平均余额=(资产合计期末余额+资产合计期初余额)/2;总资产净利润率 C=净利润/总资产平均余额,总资产平均余额=(资产合计期末余额+资产合计上年期末余额)/2;净资产收益率 A=净利润/股东权益余额;净资产收益率 B=净利润/股东权益平均余额,股东权益平均余额=(股东权益期末余额+股东权益期初余额)/2;净资产收益率 C=净利润/股东权益平均余额,股东权益平均余额=(股东权益期末余额+股东权益上年期末余额)/2;投入资本回报率=(净利润+财务费用)/(资产总计-流动负债+应付票据+短期借款+一年内到期的长期负债);长期资本收益率=(利润总额+财务费用)/长期资本额,长期资本额=非流动负债平均余额+所有者权益平均余额=(期初非流动负债+期末非流动负债)/2+(期初所有者权益+期末所有者权益)/2。反映公司代理成本状况的有 2 个指标:管理费用率=管理费用/营业收入,财务费用率=财务费用/营业收入。比较结果如表 3.16 所示,公司治理 100 佳上市公司的绩效指标均好于其他样本。

表 3.16 公司治理 100 佳公司绩效与其他样本的比较

财务指标	100 佳样本	其他样本
总资产净利润率 A	0.052 4	0.039 2
总资产净利润率 B	0.058 5	0.042 7
总资产净利润率 C	0.057 7	0.039 2
净资产收益率 A	0.085 3	0.064 6
净资产收益率 B	0.094 3	0.065 5
净资产收益率 C	0.092 4	0.060 7
投入资本回报率	0.068 9	0.059 8
长期资本收益率	0.105 0	0.084 2
管理费用率	0.123 1	0.138 6
财务费用率	0.009 9	0.023 8

资料来源:南开大学公司治理数据库。

主 要 结 论

第一,从时间序列比较来看,我国上市公司总体治理水平在 2004—2017 年间呈现

出总体上升趋势,历经2009年拐点之后,呈现逐年上升的态势,并在2017年达到历史最高水平。

第二,从行业比较分析来看,2017年评价排名中,卫生和社会工作的公司治理指数位居第一;紧随其后的是科学研究和技术服务业,信息传输、软件和信息技术服务业,金融业等,这些行业治理状况相对较好;而住宿和餐饮业、批发和零售业、租赁和商务服务业、房地产业、综合以及采矿业上市公司治理水平总体仍然偏低。

第三,从控股股东性质比较分析来看,继2013年、2014年、2015年和2016年之后,2017年民营控股上市公司治理指数再次超过国有控股上市公司。

第四,从地区比较分析来看,广东省、河南省、江苏省、浙江省、北京市、湖南省、河北省、安徽省和山东省等地区指数平均值较高;而黑龙江省、海南省、青海省、宁夏和山西省指数平均值均在61.00以下。

第五,从市场板块来看,2017年评价中,创业板治理指数平均值最高,为64.49;其次是中小企业板,为63.81;金融业治理指数为63.62;而主板上市公司的治理指数平均值最低,为61.38。

第六,从样本分组比较来看,公司治理100佳的上市公司治理状况显著好于总体样本公司的治理状况,二者指数平均值相差6.74(69.41-62.67),通过对两组样本的财务指标的比较,发现无论是收益能力还是代理成本方面,100佳均好于非100佳。

第四章　中国上市公司股东治理评价

第一节　中国上市公司股东治理总体分析

一、2017 年中国上市公司股东治理总体描述

2017 年度 3031 家中国上市公司股东治理指数的平均值为 65.00，中位数为 65.64，最小值为 36.49，最大值为 85.90，标准差为 7.68，股东治理指数基本服从正态分布。股东治理评价的三个二级指标——独立性、中小股东权益保护和关联交易的平均值分别为 66.63、62.77 和 66.41。三个二级指标公司之间的差距较大，独立性、中小股东权益保护和关联交易的极差分别达到了 90.79、65.57 和 70.23。股东治理指数及其三项二级指标的描述性统计情况如表 4.1 所示。

表 4.1　中国上市公司股东治理总体状况描述性统计

项　目	平均值	中位数	标准差	极差	最小值	最大值
股东治理指数	65.00	65.64	7.68	49.42	36.49	85.90
独立性	66.63	72.21	15.77	90.79	5.71	96.50
中小股东权益保护	62.77	63.19	11.29	65.57	26.50	92.07
关联交易	66.41	69.40	11.23	70.23	11.77	82.00

资料来源：南开大学公司治理数据库。

二、2012—2017 年中国上市公司股东治理比较

从图 4.1 可以看出，在 2012—2016 年五年间，股东治理指数稳步提升，从 2012 年的 61.20 上升到 2016 年的 66.04，但 2017 年股东治理指数有所回落，降低到 65.00。

独立性、中小股东权益保护和关联交易三个二级指标中，独立性和关联交易在 2012—2016 年均保持相对稳定，但是在 2017 年出现差异，其中独立性由 2016 年的 63.55 上升到 2017 年的 66.63，上升了 3.08；关联交易由 2016 年的 69.43 下降为 2017 年的 66.41，下降了 3.02。总体来看，中小股东权益保护在 2012—2016 年间呈稳定的增长趋势，由 2012 年的 50.93 上升到 2016 年的 63.89，但在 2017 年又有所回落，降低到

62.77。从以上分析可以发现,2017年股东治理指数的下降主要是由中小股东权益保护和关联交易的下降造成的。三个二级指标的时间趋势如表4.2和图4.1所示。

表4.2 中国上市公司股东治理指数六年描述性统计比较

项目	2012	2013	2014	2015	2016	2017
股东治理指数	61.20	62.89	64.28	65.08	66.04	65.00
独立性	63.37	63.43	63.38	63.47	63.55	66.63
中小股东权益保护	50.93	56.05	58.21	61.95	63.89	62.77
关联交易	70.39	69.47	70.81	69.02	69.43	66.41

资料来源:南开大学公司治理数据库。

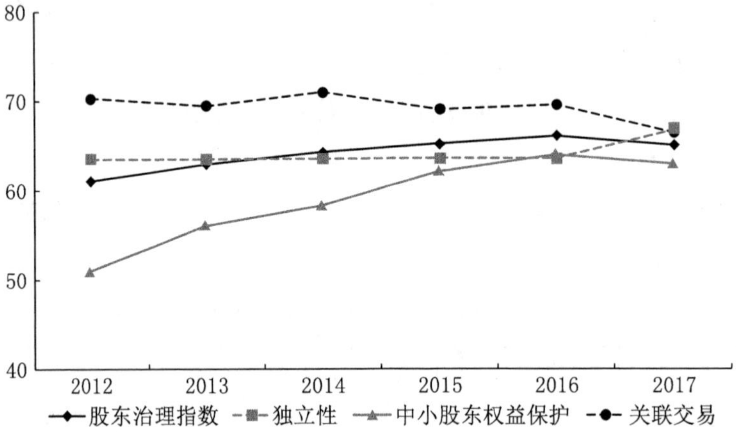

资料来源:南开大学公司治理数据库。

图4.1 中国上市公司股东治理指数平均值六年折线图比较

第二节 中国上市公司股东治理分行业评价

一、2017年中国上市公司股东治理分行业总体描述

表4.3列出了中国上市公司各行业股东治理指数的描述性统计结果。从行业分布状况可以看出,平均值居前三位的分别是信息传输、软件和信息技术服务业,科学研究和技术服务业以及建筑业。平均值最低的三个行业分别是教育、采矿业和综合。与2016年一样,信息传输、软件和信息技术服务业的股东治理指数最高,其平均值为67.25,但相较于2016年的68.84有所降低;股东治理指数最低的是教育,其平均值为59.85。不同行业中股东治理指数的最高值与最低值的差距为7.40。

表 4.3　中国上市公司股东治理指数分行业描述性统计

行　业	数目	比例(%)	平均值	中位数	标准差	极差	最小值	最大值
农、林、牧、渔业	45	1.48	64.54	64	6.875	29.98	46.58	76.56
采矿业	75	2.47	60.24	59.94	6.785	25.52	47.95	73.47
制造业	1 895	62.52	65.6	66.3	7.561	49.27	36.63	85.9
电力、热力、燃气及水生产和供应业	97	3.20	61.19	61.16	8.191	39.27	38.18	77.45
建筑业	88	2.90	66.05	67.14	8.49	40.05	40.26	80.31
批发和零售业	156	5.15	64.68	65.53	7.512	36.97	40.9	77.87
交通运输、仓储和邮政业	89	2.94	63.07	63.58	7.163	37.77	42.36	80.13
住宿和餐饮业	11	0.36	61.87	61.58	7.01	24.95	45.86	70.81
信息传输、软件和信息技术服务业	203	6.70	67.25	68.58	7.581	44.52	36.49	81.01
金融业	67	2.21	64.86	65.84	6.612	27.18	50.16	77.34
房地产业	125	4.12	61.25	62.38	8.494	38.46	40.16	78.62
租赁和商务服务业	42	1.39	65.04	66.31	7.611	33.6	45.04	78.64
科学研究和技术服务业	27	0.89	66.4	66.52	6.311	28.47	48.46	76.93
水利、环境和公共设施管理业	33	1.09	63.65	63.97	6.267	28.23	48.2	76.43
教育	3	0.10	59.85	59.85	1.324	2.65	58.53	61.18
卫生和社会工作	7	0.23	64.96	65.53	3.876	10.59	59.29	69.88
文化、体育和娱乐业	45	1.48	63.15	63.32	6.686	33.2	42.81	76.01
综合	23	0.76	60.51	61.19	4.632	14.18	54.2	68.38
合　计	3 031	100.00	65.00	65.64	7.68	49.42	36.49	85.90

资料来源:南开大学公司治理数据库。

股东治理指数中居前三名的行业中,信息传输、软件和信息技术服务业的三个二级指标——独立性、中小股东权益保护和关联交易的平均值分别为 71.44、64.67 和67.73,均高于全样本均值,其中独立性比全样本均值高 4.81,中小股东权益保护比全样本均值高1.90,关联交易比全样本均值高 1.32。科学研究和技术服务业的三个二级指标比全样本均值分别高 4.51、0.16 和 1.14。建筑业的三个二级指标中独立性和中小股东权益保护分别比全样本均值高 2.58 和 1.46,关联交易比全样本均值低 0.12。股东治理指数居后三名的行业分别为教育、采矿和综合。教育行业的独立性比全样本均值高 5.65,中小股东权益保护和关联交易分别比全样本均值低 14.23 和 1.26,由此可见中小股东权益保护拉低了教育行业的股东治理水平。采矿业的三个二级指标分别比全样本均值低 1.06、3.17 和 8.00,关联交易得分过低是其股东治理水平低的主要原因。综合行业上市公司的三个二级指标分别比全样本均值低 9.36、5.31 和 1.04,独立性和中小股东权益保护得分过低拉低了其股东治理水平。中国上市公司股东治理分指数分行业描述性统计如表 4.4 所示。

表 4.4 中国上市公司股东治理分指数分行业描述性统计

行业	数目	比例(%)	股东治理评价指数	独立性	中小股东权益保护	关联交易
农、林、牧、渔业	45	1.48	64.54	68.62	59.73	67.32
采矿业	75	2.47	60.24	65.17	59.60	58.41
制造业	1 895	62.52	65.60	67.14	63.21	67.22
电力、热力、燃气及水生产和供应业	97	3.20	61.19	62.60	61.39	60.27
建筑业	88	2.90	66.05	69.21	64.23	66.29
批发和零售业	156	5.15	64.68	62.85	61.54	68.73
交通运输、仓储和邮政业	89	2.94	63.07	64.58	63.87	61.52
住宿和餐饮业	11	0.36	61.87	65.66	58.17	63.68
信息传输、软件和信息技术服务业	203	6.70	67.25	71.44	64.67	67.73
金融业	67	2.21	64.86	68.89	61.60	66.10
房地产业	125	4.12	61.25	58.66	60.78	63.01
租赁和商务服务业	42	1.39	65.04	68.85	60.42	67.75
科学研究和技术服务业	27	0.89	66.40	71.14	62.87	67.55
水利、环境和公共设施管理业	33	1.09	63.65	65.14	62.18	64.38
教育	3	0.10	59.85	71.88	48.54	65.15
卫生和社会工作	7	0.23	64.96	70.09	61.54	65.82
文化、体育和娱乐业	45	1.48	63.15	64.15	61.17	64.62
综合	23	0.76	60.51	56.87	57.46	65.37
合计	3 031	100.00	65.00	66.63	62.77	66.41

资料来源:南开大学公司治理数据库。

二、2013—2017 年中国上市公司股东治理分行业比较

从表 4.5 的统计分析可以看出,2013—2017 年信息传输、软件和信息技术服务业一直

位于股东治理的前列,科学研究和技术服务业的排名也一直比较靠前,而综合、教育、采矿业等行业五年来一直排名靠后。五年数据分析说明股东治理水平的行业差异相对稳定。

表 4.5　中国上市公司股东治理指数分行业五年描述性统计比较

行　　业	2013	2014	2015	2016	2017
农、林、牧、渔业	63.13	63.94	64.91	65.67	64.54
采矿业	59.64	60.99	60.97	63.63	60.24
制造业	63.08	64.71	65.70	66.39	65.60
电力、热力、燃气及水生产和供应业	60.56	61.25	60.66	62.73	61.19
建筑业	63.41	64.67	66.85	67.55	66.05
批发和零售业	61.06	63.35	64.27	65.43	64.68
交通运输、仓储和邮政业	62.55	61.09	62.11	64.87	63.07
住宿和餐饮业	61.26	60.46	60.05	63.49	61.87
信息传输、软件和信息技术服务业	67.20	69.07	68.41	68.84	67.25
金融业	67.50	67.49	66.40	67.56	64.86
房地产业	61.74	61.87	62.92	63.15	61.25
租赁和商务服务业	63.08	65.59	67.19	67.10	65.04
科学研究和技术服务业	68.48	68.44	66.30	67.59	66.40
水利、环境和公共设施管理业	62.45	63.47	64.08	63.28	63.65
教育	62.20	61.85	54.26	61.77	59.85
卫生和社会工作	61.39	67.62	67.37	67.92	64.96
文化、体育和娱乐业	59.70	61.06	61.57	66.42	63.15
综合	57.27	58.24	59.00	63.46	60.51
合　　计	62.89	64.29	65.08	66.04	65.00

资料来源:南开大学公司治理数据库。

第三节　中国上市公司股东治理分控股股东性质评价

一、2017 年中国上市公司股东治理分控股股东性质总体描述

表 4.6 按照控股股东性质分类对中国上市公司股东治理指数进行统计分析。2017 年中国公司治理评价总样本包含 3 031 家上市公司,其中集体控股、社会团体控

股、外资控股、职工持股会控股和其他类型分别有18家、13家、45家、4家和30家上市公司，样本量太少，不具有统计意义。中国上市公司的主体仍为国有控股上市公司和民营控股上市公司，两者相加占到了上市公司总数的96.37%，因此这里重点关注国有控股和民营控股两类上市公司。国有控股上市公司和民营控股上市公司的股东治理指数平均值分别为61.87和66.79，民营控股上市公司股东治理指数的平均值明显高于国有控股上市公司，二者之间的差距为4.92。

如表4.7所示，民营控股上市公司的三个二级指标中独立性和关联交易均远高于国有控股上市公司，分别高出8.94和7.87；而中小股东保护则基本相等。对三级指标做进一步的分析发现，民营控股上市公司在高管独立性、现金分红比例、中小股东董事提名权、经营类关联交易和资产类关联交易等指标上的得分都要好于国有控股上市公司。

表4.6 中国上市公司股东治理指数分控股股东性质描述性统计

控股股东性质	数目	比例(%)	平均值	中位数	标准差	极差	最小值	最大值
国有控股	1 044	34.44	61.87	62.15	7.53	45.7	36.49	82.19
集体控股	18	0.59	63.81	64.16	6.56	23.53	50.04	73.57
民营控股	1 877	61.93	66.79	67.61	7.17	43.85	42.05	85.9
社会团体控股	13	0.43	52.81	52.73	6.52	25.07	40.9	65.97
外资控股	45	1.48	66.52	67.51	6.21	26.28	52.69	78.97
职工持股会控股	4	0.13	57.15	56.92	10.76	22.57	46.1	68.67
其他类型	30	0.99	66.44	68.09	6.53	20.74	54.58	75.32
合　　计	3 031	100.00	65.00	65.64	7.68	49.42	36.49	85.90

资料来源：南开大学公司治理数据库。

表4.7 中国上市公司股东治理分指数分控股股东性质描述性统计

控股股东性质	股东治理指数	独立性指数	中小股东保护指数	关联交易指数
国有控股	61.87	60.99	62.80	61.38
集体控股	63.81	69.25	60.22	64.69
民营控股	66.79	69.93	62.76	69.25
社会团体控股	52.81	53.22	51.14	54.26
外资控股	66.52	63.60	66.98	67.53
职工持股会控股	57.15	62.58	53.68	57.92
其他类型	66.44	66.06	63.87	69.21
合　　计	65.00	66.63	62.77	66.41

资料来源：南开大学公司治理数据库。

二、2012—2017 年中国上市公司股东治理分控股股东性质比较

表 4.8 列出了 2012—2017 年六年国有控股上市公司和民营控股上市公司的股东治理指数，总体上看，2012—2017 年民营控股上市公司的股东治理均优于国有控股上市公司。主要的原因有三点。第一，由于历史原因，国有控股上市公司没有整体上市，而是采取将非经营性资产和不良资产剥离后上市的方式，因而母公司与上市公司关联交易频繁，而民营控股上市公司在关联交易上相对要好于国有控股上市公司。第二，国有控股上市公司的非整体上市使得国有上市存在一个控股公司，这导致国有控股上市公司的金字塔层级更长，层级越长既造成控股股东监督上市公司管理层的难度，更容易产生内部人控制问题，又增加了大股东通过掏空中小股东的几率。第三，由于没有历史包袱，中小企业板和创业板民营控股上市公司的股东治理起点更高，明显高于主板民营控股上市公司，从整体上抬高了民营控股上市公司的股东治理指数。

从二级指标上来看，2012—2017 年民营控股上市公司在独立性和关联交易上均优于国有控股上市公司，中小股东权益保护方面，2013 年、2014 年和 2017 年国有控股上市公司要优于民营控股上市公司，2012 年、2015 年和 2016 年民营控股上市公司在三个二级指标上面都要优于国有控股上市公司。

表 4.8　中国国有和民营控股上市公司股东治理指数六年描述性统计比较

年份	控股股东性质	股东治理评价指数	独立性	中小股东权益保护	关联交易
2012	国有	57.40	57.79	48.56	66.04
	民营	64.36	68.03	52.85	74.04
2013	国有	59.97	56.93	57.59	63.86
	民营	65.20	68.40	54.97	73.83
2014	国有	60.52	57.17	58.28	64.44
	民营	67.14	68.02	58.14	75.70
2015	国有	60.83	56.49	59.70	64.14
	民营	68.10	68.41	63.55	72.50
2016	国有	63.04	56.36	61.88	67.53
	民营	67.92	68.09	65.19	70.56
2017	国有	61.87	60.99	62.80	61.38
	民营	66.79	69.93	62.76	69.25

资料来源：南开大学公司治理数据库。

第四节 中国上市公司股东治理分地区评价

一、2016 年中国上市公司股东治理分地区总体描述

表 4.9 列出了各地区上市公司股东治理指数的描述性分析。股东治理指数平均值最高的三个地区分别是广东省、江苏省和浙江省，平均值分别为 67.15、66.73 和 66.53；股东治理指数平均值最低的三个地区分别是海南省、山西省和宁夏，平均值分别为 58.81、59.23 和 59.70，地区之间的差距达到了 8.34，但比 2016 年的 8.94 有所缩小。

表 4.9 中国上市公司股东治理指数分地区描述性统计

地 区	数目	比例(%)	平均值	中位数	标准差	极差	最小值	最大值
北京市	282	9.30	64.44	65.16	7.33	42.47	36.49	78.96
天津市	45	1.48	63.16	63.91	7.84	35.81	41.12	76.93
河北省	51	1.68	63.46	64.38	8.07	36.99	42.61	79.60
山西省	38	1.25	59.23	59.90	9.25	33.16	42.36	75.52
内蒙古	25	0.82	62.14	64.16	7.94	29.62	45.04	74.66
辽宁省	73	2.41	61.98	62.84	8.64	37.40	42.41	79.81
吉林省	41	1.35	62.35	63.50	8.76	35.60	40.62	76.22
黑龙江省	35	1.15	64.84	64.63	7.16	34.15	43.30	77.45
上海市	237	7.82	64.10	64.59	7.78	42.82	36.63	79.45
江苏省	316	10.43	66.73	66.98	7.09	42.17	42.72	84.89
浙江省	327	10.79	66.53	67.33	7.14	37.48	42.54	80.02
安徽省	93	3.07	64.67	66.06	7.81	36.57	42.36	78.93
福建省	106	3.50	65.98	66.21	7.30	32.10	47.22	79.32
江西省	37	1.22	63.29	63.99	7.49	34.38	44.97	79.35
山东省	169	5.58	65.45	65.47	7.34	36.52	43.84	80.36
河南省	74	2.44	65.59	65.74	7.70	38.35	44.52	82.87
湖北省	94	3.10	63.66	63.57	7.45	33.08	45.40	78.48
湖南省	84	2.77	65.51	65.65	7.55	39.38	42.81	82.19
广东省	471	15.54	67.15	68.76	7.18	39.77	41.55	81.32
广 西	36	1.19	65.16	64.62	7.14	33.55	44.38	77.93
海南省	28	0.92	58.81	59.48	8.84	34.77	40.90	75.67

续表

地 区	数目	比例(%)	平均值	中位数	标准差	极差	最小值	最大值
重庆市	43	1.42	63.35	64.33	7.93	36.95	41.67	78.62
四川省	110	3.63	62.48	64.03	8.32	45.74	40.16	85.90
贵州省	23	0.76	63.59	63.43	6.34	23.36	51.09	74.45
云南省	32	1.06	62.82	63.33	9.03	33.32	47.29	80.61
西 藏	14	0.46	64.37	63.55	6.69	20.94	54.31	75.25
陕西省	45	1.48	62.56	61.81	6.26	25.10	53.01	78.11
甘肃省	30	0.99	63.68	64.52	7.87	35.61	37.98	73.59
青海省	12	0.40	62.83	66.10	8.23	30.64	43.91	74.55
宁 夏	12	0.40	59.70	58.63	6.63	23.45	46.90	70.35
新 疆	48	1.58	63.20	62.97	6.98	29.19	50.76	79.95
合 计	3 031	100.00	65.00	65.64	7.68	49.42	36.49	85.90

资料来源:南开大学公司治理数据库。

二、2012—2017 年中国上市公司股东治理分地区比较

从表 4.10 股东治理指数平均值分地区的六年比较中可以看出,各地区的股东治理排名波动较大。但江苏省、浙江省、山东省、河南省、广东省五个中东部地区的股东治理指数连续六年高于总样本的平均值。宁夏、海南省、内蒙古、山西省、云南省、陕西省等地区的股东治理则连续六年表现较差。

表 4.10 中国上市公司股东治理指数分地区六年描述性统计比较

地 区	2012	2013	2014	2015	2016	2017
北京市	61.80	64.87	65.45	65.47	66.21	64.44
天津市	58.59	60.75	60.92	61.22	62.29	63.16
河北省	61.03	60.47	61.97	62.01	63.05	63.46
山西省	58.72	55.86	57.96	59.19	62.87	59.23
内蒙古	56.18	55.86	60.02	62.11	61.57	62.14
辽宁省	58.60	60.80	62.20	62.05	63.21	61.98
吉林省	59.93	60.10	63.10	63.92	63.64	62.35
黑龙江省	58.58	61.09	61.59	63.23	64.49	64.84
上海市	58.05	62.09	63.19	62.57	66.02	64.10
江苏省	64.05	64.81	66.76	67.81	67.46	66.73

续表

地 区	2012	2013	2014	2015	2016	2017
浙江省	64.39	64.72	66.34	67.35	67.73	66.53
安徽省	60.52	62.60	63.36	63.93	65.46	64.67
福建省	61.19	64.83	66.10	67.69	67.16	65.98
江西省	59.76	58.85	62.46	64.71	63.41	63.29
山东省	62.72	63.44	64.42	65.57	66.48	65.45
河南省	62.94	63.94	66.34	66.06	67.48	65.59
湖北省	58.56	60.47	61.36	62.14	63.08	63.66
湖南省	60.17	62.04	64.01	64.23	65.69	65.51
广东省	63.60	64.88	66.52	67.76	68.29	67.15
广 西	62.89	63.26	63.58	65.24	64.55	65.16
海南省	57.20	57.41	60.33	60.69	59.70	58.81
重庆市	60.14	61.14	62.13	63.63	65.74	63.35
四川省	58.79	61.87	61.78	62.98	64.85	62.48
贵州省	60.43	61.97	63.05	62.70	64.16	63.59
云南省	59.77	60.02	59.03	61.10	63.41	62.82
西 藏	60.72	62.73	66.04	64.71	65.10	64.37
陕西省	57.64	59.17	60.73	62.08	64.27	62.56
甘肃省	56.73	60.17	62.19	63.09	65.16	63.68
青海省	55.64	55.97	59.93	65.29	66.34	62.83
宁 夏	51.92	52.59	53.73	55.70	58.54	59.70
新 疆	56.32	62.01	62.11	61.11	62.18	63.20
合 计	61.20	62.89	64.28	65.08	66.04	65.00

资料来源:南开大学公司治理数据库。

第五节 中国上市公司股东治理100佳评价

一、中国上市公司股东治理100佳比较分析

表4.11为中国上市公司股东治理100佳股东治理指数及二级指标的描述统计结果,100佳公司的股东治理指数平均值为78.85,独立性、中小股东权益保护和关联交易的平均值分别为80.26、80.65和76.68。可以看出,100佳公司各项指标的平均值显著

高于总样本。

表 4.11　中国上市公司股东治理 100 佳描述性统计

项目	样　本	平均值	中位数	标准差	极差	最小值	最大值
股东治理指数	100 佳	78.85	78.55	1.51	8.83	77.07	85.90
	样本总体	65.00	65.64	7.68	49.42	36.49	85.90
独立性	100 佳	79.58	80.26	6.70	31.33	61.17	92.50
	样本总体	66.63	72.21	15.77	90.79	5.71	96.50
中小股东权益保护	100 佳	80.65	80.87	4.82	21.77	70.20	91.97
	样本总体	62.77	63.19	11.29	65.57	26.50	92.07
关联交易	100 佳	76.68	76.88	4.40	16.22	65.78	82.00
	样本总体	66.41	69.40	11.23	70.23	11.77	82.00

资料来源：南开大学公司治理数据库。

二、中国上市公司股东治理 100 佳公司行业分布

表 4.12 列出了股东治理 100 佳公司在各个行业的分布情况，可以看出，进入 100 佳的制造业公司最多，有 72 家。从各行业 100 佳个数占行业样本总数的比例上看，最高的是信息传输、软件和信息技术服务业，达到了 7.39%；其次是建筑业，100 佳企业个数占行业样本总数的比例为 6.82%，而农、林、牧、渔业，采矿业，住宿和餐饮业，科学研究和技术服务业，水利、环境和公共设施管理业，教育，卫生和社会工作，文化、体育和娱乐业，综合没有 1 家公司入围股东治理 100 佳。

表 4.12　中国上市公司股东治理 100 佳公司行业分布

行　　业	样本总体		100 佳		
	数目	比例（%）	数目	比例（%）	占本行业比例（%）
农、林、牧、渔业	45	1.48	—	—	—
采矿业	75	2.47	—	—	—
制造业	1 895	62.52	72	72.00	3.80
电力、热力、燃气及水生产和供应业	97	3.20	1	1.00	1.03
建筑业	88	2.90	6	6.00	6.82
批发和零售业	156	5.15	1	1.00	0.64
交通运输、仓储和邮政业	89	2.94	1	1.00	1.12
住宿和餐饮业	11	0.36	—	—	—

续表

行　　业	样本总体		100 佳		
	数目	比例(%)	数目	比例(%)	占本行业比例(%)
信息传输、软件和信息技术服务业	203	6.70	15	15.00	7.39
金融业	67	2.21	2	2.00	2.99
房地产业	125	4.12	1	1.00	0.80
租赁和商务服务业	42	1.39	1	1.00	2.38
科学研究和技术服务业	27	0.89	—	—	—
水利、环境和公共设施管理业	33	1.09	—	—	—
教育	3	0.10	—	—	—
卫生和社会工作	7	0.23	—	—	—
文化、体育和娱乐业	45	1.48	—	—	—
综合	23	0.76	—	—	—
合　　计	3 031	100.00	100	100.00	3.30

资料来源:南开大学公司治理数据库。

三、中国上市公司股东治理 100 佳公司控股股东分布

表 4.13 给出了中国上市公司 100 佳公司控股股东性质的分布状况,可以看到,股东治理 100 佳几乎集中在民营控股上市公司和国有控股上市公司。民营控股上市公司进入 100 佳的最多,有 87 家,国有控股上市公司有 12 家公司入围 100 佳。对 100 佳公司的股东性质分析再次验证了民营控股上市公司的股东治理高于国有控股上市公司这一结论。

表 4.13　中国上市公司股东治理 100 佳公司控股股东分布

控股股东性质	样本总体		100 佳		
	数目	比例(%)	数目	比例(%)	占本组比例(%)
国有控股	1 044	34.44	12	12.00	1.15
集体控股	18	0.59	—	—	—
民营控股	1 877	61.93	87	87.00	4.64
社会团体控股	13	0.43	—	—	—
外资控股	45	1.48	1	1.00	2.22
职工持股会控股	4	0.13	—	—	—
其他类型	30	0.99	—	—	—
合　　计	3 031	100.00	100	100.00	3.30

资料来源:南开大学公司治理数据库。

四、中国上市公司股东治理 100 佳公司地区分布

表 4.14 给出了中国上市公司股东治理 100 佳公司的地区分布状况，可以看到，入选股东治理 100 佳的上市公司中，来自广东省、江苏省、浙江省、福建省和山东省的样本较多，所占的比例依次为 21%、15%、14%、8%和 7%，股东治理 100 佳中有 65%的公司来自这 5 个地区。天津市、山西省、内蒙古、吉林省、海南省、贵州省、西藏、甘肃省、青海省和宁夏等 10 个地区则没有 1 家公司进入股东治理 100 佳。100 佳公司数占本地区样本总数比例最高的 6 个地区分别是：福建省、河南省、湖南省、广西、江苏省和重庆市，比例分别为 7.55%、6.76%、5.95%、5.56%、4.75%和 4.65%。这种分布状况与上市公司股东治理的地区分析基本一致。

表 4.14　中国上市公司股东治理 100 佳公司地区分布

地　区	样本总体		100 佳		
	数目	比例(%)	数目	比例(%)	占本地区比例(%)
北京市	282	9.30	3	3.00	1.06
天津市	45	1.48	—	—	—
河北省	51	1.68	1	1.00	1.96
山西省	38	1.25	—	—	—
内蒙古	25	0.82	—	—	—
辽宁省	73	2.41	3	3.00	4.11
吉林省	41	1.35	—	—	—
黑龙江省	35	1.15	1	1.00	2.86
上海市	237	7.82	4	4.00	1.69
江苏省	316	10.43	15	15.00	4.75
浙江省	327	10.79	14	14.00	4.28
安徽省	93	3.07	2	2.00	2.15
福建省	106	3.50	8	8.00	7.55
江西省	37	1.22	1	1.00	2.70
山东省	169	5.58	7	7.00	4.14
河南省	74	2.44	5	5.00	6.76
湖北省	94	3.10	1	1.00	1.06
湖南省	84	2.77	5	5.00	5.95
广东省	471	15.54	21	21.00	4.46

续表

地 区	样本总体		100 佳		
	数目	比例(%)	数目	比例(%)	占本地区比例(%)
广 西	36	1.19	2	2.00	5.56
海南省	28	0.92	—	—	—
重庆市	43	1.42	2	2.00	4.65
四川省	110	3.63	1	1.00	0.91
贵州省	23	0.76	—	—	—
云南省	32	1.06	1	1.00	3.13
西 藏	14	0.46	—	—	—
陕西省	45	1.48	1	1.00	2.22
甘肃省	30	0.99	—	—	—
青海省	12	0.40	—	—	—
宁 夏	12	0.40	—	—	—
新 疆	48	1.58	2	2.00	4.17
合 计	3 031	100.00	100	100.00	3.30

资料来源:南开大学公司治理数据库。

主要结论

第一,2017 年中国上市公司股东治理指数相比 2016 年有所降低,由 66.04 降低为 65.00,降低了 1.04。从二级指标来看,独立性上升了 3.08,中小股东权益保护降低了 1.12,关联交易降低了 3.02,股东治理指数的降低主要是由中小股东权益保护指标和关联交易指标得分的降低造成的。

第二,中小股东权益保护指数下降有两个主要原因:部分公司对敌意收购反应过度,设置的反敌意收购条款损害了中小股东选举董事的权利;现金股利支付率相比上年有较大程度的下降。关联交易的降低是因为关联方经营性资金占用和经营性关联交易得分有显著的下降。

第三,民营控股上市公司股东治理指数的平均值明显高于国有控股上市公司,差距为 4.92。进一步的分析发现,民营控股上市公司在高管及董事独立性、现金分红比例、中小股东董事提名权利、经营类和资产类关联交易等指标上的表现都要好于国有控股上市公司。

第四,股东治理地区之间的差距缩小。股东治理指数平均值最高的三个地区分别是广东省、江苏省和浙江省,股东治理指数平均值最低的三个地区分别是海南省、山西省和宁夏,平均值最高的地区与最低的地区之间的差距为 8.34,相比以往年度,地区差距在缩小。

第五,股东治理行业之间的差距有所增加。平均值居前三位的分别是信息传输、软件和信息技术服务业,科学研究和技术服务业以及建筑业。平均值最低的三个行业分别是教育、采矿业和综合。股东治理指数最高与最低的行业之间的差距为 7.40,上一年则为 7.07,差距有所增加。

第六,股东治理 100 佳有 87 家为民营控股上市公司,只有 12 家为国有控股上市公司,这与国有控股上市公司在总样本中所占比例(34.44%)极不相称。同时,与往年相比,2017 年 100 佳公司中民营控股上市公司所占比例持续增加,而国有控股上市公司所占比例持续降低。

第五章　中国上市公司董事会治理评价

第一节　中国上市公司董事会治理总体分析

一、2017 年中国上市公司董事会治理总体描述

2017 年中国上市公司样本量为 3 031 家，董事会治理指数的平均值为 64.28，中位数为 64.38，标准差为 2.34。从董事会治理的五个主要因素来看，董事会组织结构指数最高，平均值为 68.89；董事会运作效率指数的平均值次之，为 66.97；董事权利与义务指数和独立董事制度指数位于中间，其平均值分别为 62.94 和 61.21；董事薪酬指数的平均值最低，为 60.81。从董事会分指数的公司间差异情况来看，上市公司在董事会组织结构和董事薪酬方面的差异程度较大，其标准差分别为 7.17 和 5.69；而在董事权利与义务、独立董事制度、董事会运作效率方面，上市公司之间的差异程度较小，其标准差分别为 4.89、4.49 和 4.23。见表 5.1。

表 5.1　中国上市公司董事会治理总体状况描述性统计

项　　目	平均值	中位数	标准差	极差	最小值	最大值
董事会治理指数	64.28	64.38	2.34	29.73	47.59	77.32
董事权利与义务	62.94	62.75	4.89	29.00	46.50	75.50
董事会运作效率	66.97	67.28	4.23	25.30	49.16	74.46
董事会组织结构	68.89	70.00	7.17	79.50	17.50	97.00
董事薪酬	60.81	60.50	5.69	26.50	50.00	76.50
独立董事制度	61.21	61.00	4.49	27.50	45.00	72.50

资料来源：南开大学公司治理数据库。

二、2012—2017 年中国上市公司董事会治理比较

董事会治理指数的平均水平在 2012—2017 年呈现出不断上升的趋势，但表现在董事会组织结构、独立董事制度、董事权利与义务、董事会运作效率和董事薪酬指数的平均水平在六年期间则具有不同程度的波动性，具体而言，董事权利与义务指数的平均水

平先下降,在2014年显著回升,2015年显著下降,2016年与2015年数值持平,2017年小幅上升;董事会运作效率指数在2015年有大幅度上升后2016年稍有回降,2017年与2016年基本持平;董事会组织结构指数在六年间相对稳定且始终处于领先位置;董事薪酬指数在2012—2017年度总体保持上升趋势只在2015年有所下降,2017年达到近六年的最高值;独立董事制度指数的均值在六年期间呈波浪形发展,并不稳定。见表5.2和图5.1。

表5.2　中国上市公司董事会治理指数描述性统计六年比较

项　目	2012	2013	2014	2015	2016	2017
董事会治理指数	61.21	61.74	63.38	63.48	64.11	64.28
董事权利与义务	65.17	63.71	67.17	61.73	61.73	62.94
董事会运作效率	57.19	58.44	60.74	67.51	66.79	66.97
董事会组织结构	68.52	68.70	69.03	68.45	68.77	68.89
董事薪酬	58.50	59.30	59.56	57.92	60.57	60.81
独立董事制度	59.97	60.63	63.05	60.61	61.49	61.21

资料来源:南开大学公司治理数据库。

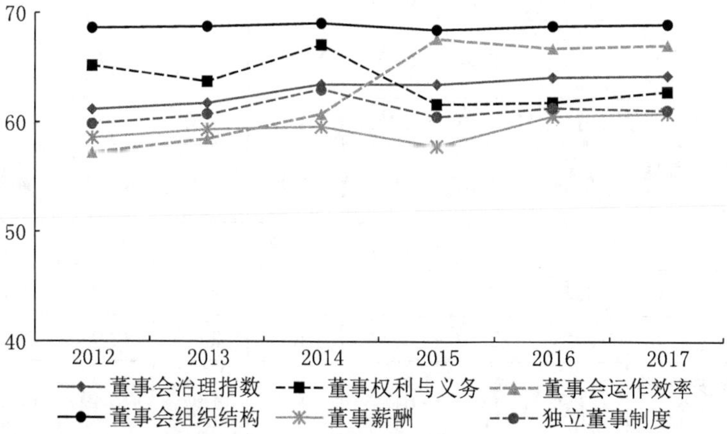

资料来源:南开大学公司治理数据库。

图5.1　中国上市公司董事会治理指数平均值六年折线图比较

第二节　中国上市公司董事会治理分行业评价

一、2017年中国上市公司董事会治理分行业总体描述

我们以证监会制定的行业分类标准为依据,对行业间的董事会治理状况进行分析,

以探究不同行业之间董事会治理的差异。从表5.3董事会治理指数分行业描述性统计中可以看出，金融业的董事会治理质量的平均水平最高，为66.33；制造业的上市公司数目最多，为1 895家，占比62.52%，其公司治理指数的平均值为64.21。交通运输、仓储和邮政业，水利、环境和公共设施管理业，卫生和社会工作董事会治理指数的平均水平较低，分别为63.34、63. 62和63.71。从标准差来看，文化、体育和娱乐业，住宿和餐饮业的公司间差距较小，其标准差分别为1.61和1.51；金融业、教育、卫生和社会工作的标准差较大，分别为3.40、3.54和3.29。

表5.3 中国上市公司董事会治理指数分行业描述性统计

行 业	数目	比例(%)	平均值	中位数	标准差	极差	最小值	最大值
农、林、牧、渔业	45	1.48	64.26	64.20	2.18	11.77	58.38	70.14
采矿业	75	2.47	64.32	64.53	2.26	12.23	58.03	70.26
制造业	1 895	62.52	64.21	64.30	2.28	23.20	47.59	70.79
电力、热力、燃气及水生产和供应业	97	3.20	64.23	64.42	2.09	10.65	58.02	68.67
建筑业	88	2.90	64.25	64.60	2.41	14.59	53.90	68.49
批发和零售业	156	5.15	64.56	64.63	1.90	10.38	58.44	68.82
交通运输、仓储和邮政业	89	2.94	63.34	63.80	2.97	19.87	51.03	70.89
住宿和餐饮业	11	0.36	64.33	64.43	1.51	5.01	61.77	66.78
信息传输、软件和信息技术服务业	203	6.70	64.70	64.96	2.25	15.78	54.34	70.12
金融业	67	2.21	66.33	66.39	3.40	22.05	55.26	77.32
房地产业	125	4.12	64.20	64.54	2.59	17.85	52.58	70.43
租赁和商务服务业	42	1.39	63.97	64.33	2.60	12.95	55.81	68.75
科学研究和技术服务业	27	0.89	64.44	64.28	1.97	8.49	60.29	68.78
水利、环境和公共设施管理业	33	1.09	63.62	63.70	2.00	11.25	55.43	66.68
教育	3	0.10	64.94	63.18	3.54	6.40	62.62	69.02
卫生和社会工作	7	0.23	63.71	64.17	3.29	10.30	57.15	67.45
文化、体育和娱乐业	45	1.48	64.16	64.13	1.61	6.61	60.43	67.04
综合	23	0.76	64.09	64.00	1.94	7.43	59.99	67.42
合 计	3 031	100.00	64.28	64.38	2.34	29.73	47.59	77.32

资料来源：南开大学公司治理数据库。

从表5.4中国董事会治理分指数分行业描述性统计表中可以看出，租赁和商务服务业在董事会权利与义务方面表现较好，文化、体育和娱乐业在董事会权利与义务方面表现相对较差；教育在董事会运作效率方面优势较大，而卫生和社会工作在董事会运作效率方面有较大提升空间；金融业在董事会组织结构方面表现非常好，遥遥领先其他行业，其均值水平名列行业第一，而卫生和社会工作在董事会组织结构方面表现欠佳；信息传输、软件和信息技术服务业在董事薪酬方面位居行业第一，电力、热力、燃气及水生产和供应业在董事薪酬方面位居行业末尾；卫生和社会工作在独立董事制度方面表现相对较好，水利、环境和公共设施管理业在独立董事制度方面表现较差。

表5.4 中国上市公司董事会治理分指数分行业描述性统计

行业	数目	比例(%)	董事会治理指数	董事权利与义务	董事会运作效率	董事会组织结构	董事薪酬	独立董事制度
农、林、牧、渔业	45	1.48	64.26	63.05	66.52	70.02	58.69	62.31
采矿业	75	2.47	64.32	64.33	67.01	69.59	57.85	62.57
制造业	1 895	62.52	64.21	62.79	66.88	68.68	61.23	60.92
电力、热力、燃气及水生产和供应业	97	3.20	64.23	62.15	68.80	69.57	56.85	62.13
建筑业	88	2.90	64.25	62.67	65.59	68.91	61.61	61.93
交通运输、仓储和邮政业	89	2.94	63.34	61.99	68.35	66.99	57.17	60.90
住宿和餐饮业	11	0.36	64.33	63.82	66.57	71.64	57.23	62.14
信息传输、软件和信息技术服务业	203	6.70	64.70	64.48	65.98	67.72	64.03	61.64
金融业	67	2.21	66.33	63.59	68.70	78.93	59.22	60.68
房地产业	125	4.12	64.20	62.86	66.46	68.49	60.14	62.29
租赁和商务服务业	42	1.39	63.97	64.64	66.73	66.46	61.15	61.19
科学研究和技术服务业	27	0.89	64.44	63.82	66.36	69.04	62.83	60.36
水利、环境和公共设施管理业	33	1.09	63.62	61.92	67.00	68.68	59.64	60.04
教育	3	0.10	64.94	62.92	70.25	70.00	57.50	62.33
卫生和社会工作	7	0.23	63.71	63.57	64.56	65.00	61.79	63.43
文化、体育和娱乐业	45	1.48	64.16	61.06	67.82	70.01	59.52	60.78
综合	23	0.76	64.09	63.62	65.73	69.26	58.72	62.80
合计	3 031	100.00	64.28	62.94	66.97	68.89	60.81	61.21

资料来源：南开大学公司治理数据库。

二、2013—2017 年中国上市公司董事会治理分行业比较

从表 5.5 董事会治理指数分行业描述性统计五年比较中可以看出，制造业，采矿业，租赁和商务服务业，电力、热力、燃气及水生产和供应业的董事会治理质量的平均水平在五年期间呈现出不断上升的趋势，而其他行业则具有不同程度的波动性。金融业、卫生和社会工作、教育董事会治理质量的平均水平在五年间较高，其中金融业的董事会治理均值五年中有四年位列行业第一。交通运输、仓储和邮政业的董事会治理均值在五年期间表现较差，最近三年均处于行业最后一名。

表 5.5 中国上市公司董事会治理指数分行业描述性统计五年比较

行业	2013	2014	2015	2016	2017
农、林、牧、渔业	61.64	63.92	63.39	64.27	64.26
采矿业	61.35	63.03	63.66	64.19	64.32
制造业	61.58	63.25	63.44	64.09	64.21
电力、热力、燃气及水生产和供应业	61.34	63.15	63.23	63.77	64.23
建筑业	62.28	63.66	63.52	64.32	64.25
批发和零售业	62.06	63.63	63.62	64.14	64.56
交通运输、仓储和邮政业	61.40	62.68	62.40	63.11	63.34
住宿和餐饮业	62.15	63.42	63.27	63.42	64.33
信息传输、软件和信息技术服务业	62.18	63.81	63.80	64.39	64.70
金融业	64.11	66.29	65.97	66.36	66.33
房地产业	62.36	63.88	63.61	64.11	64.20
租赁和商务服务业	62.02	62.68	63.11	63.82	63.97
科学研究和技术服务业	62.24	62.47	62.65	64.44	64.44
水利、环境和公共设施管理业	61.92	62.89	62.92	63.70	63.62
教育	60.84	63.36	65.09	66.59	64.94
卫生和社会工作	63.29	64.54	63.60	65.02	63.71
文化、体育和娱乐业	60.96	63.98	63.30	63.97	64.16
综合	61.84	64.00	63.54	63.49	64.09
合计	61.74	63.38	63.48	64.11	64.28

资料来源：南开大学公司治理数据库。

第三节　中国上市公司董事会治理分控股股东性质评价

一、2017 年中国上市公司董事会治理分控股股东性质总体描述

从表 5.6 分控股股东性质董事会治理指数描述性统计中可以看出，其他控股上市公司董事会治理指数平均值最高，为 65.77；民营控股、国有控股和外资控股上市公司的董事会治理的均值水平位居中间，分别为 64.42、64.03 和 63.99；集体控股、社会团体控股和职工持股会控股上市公司的董事会治理质量相对较差，其平均值分别为 63.61、63.41 和 60.99。从不同控股股东类别公司间的差异程度来说，职工持股会控股和其他类型上市公司的差异程度较大，其标准差为 4.89 和 4.64；社会团体控股上市公司的差异程度最小，其标准差为 1.81。

表 5.6　中国上市公司董事会治理指数分控股股东性质描述性统计

控股股东性质	数目	比例(%)	平均值	中位数	标准差	极差	最小值	最大值
国有控股	1 044	34.44	64.03	64.16	2.41	20.59	51.03	71.62
集体控股	18	0.59	63.61	64.08	3.53	15.33	55.26	70.59
民营控股	1 877	61.93	64.42	64.50	2.20	23.20	47.59	70.79
社会团体控股	13	0.43	63.41	63.67	1.81	7.84	58.44	66.28
外资控股	45	1.48	63.99	63.84	2.31	11.17	57.96	69.13
职工持股会控股	4	0.13	60.99	61.32	4.89	11.61	54.87	66.48
其他类型	30	0.99	65.77	65.52	4.64	26.58	50.73	77.32
合　计	3 031	100.00	64.28	64.38	2.34	29.73	47.59	77.32

资料来源：南开大学公司治理数据库。

从董事权利与义务指数来看，其他类型上市公司最高，其平均值为 64.28，外资控股上市公司最低，其平均值为 59.36；从董事会运作效率指数来看，国有控股上市公司表现最好，其平均值为 68.22，民营控股上市公司表现最差，其平均值为 66.22；从董事会组织结构指数来看，其他类型上市公司最高，其平均值为 71.33，职工持股会控股上市公司最低，其平均值为 48.13；在董事薪酬方面，职工持股会控股上市公司表现最好，其平均值为 64.88，社会团体控股上市公司表现最差，其平均值为 55.92；在独立董事制度方面，职

工持股会控股上市公司表现最好，其平均值为 62.81，而集体控股上市公司表现最差，其平均值为 58.90。见表 5.7。

表 5.7 中国上市公司董事会治理分指数分控股股东性质描述性统计

控股股东性质	董事会治理指数	董事权利与义务	董事会运作效率	董事会组织结构	董事薪酬	独立董事制度
国有控股	64.03	62.42	68.22	69.08	57.48	61.70
集体控股	63.61	61.47	67.87	67.61	61.25	58.90
民营控股	64.42	63.31	66.22	68.82	62.65	60.94
社会团体控股	63.41	63.31	67.10	67.31	55.92	62.65
外资控股	63.99	59.36	67.89	68.47	60.89	60.84
职工持股会控股	60.99	61.06	66.34	48.13	64.88	62.81
其他类型	65.77	64.28	67.97	71.33	62.67	62.20
合　　计	64.28	62.94	66.97	68.89	60.81	61.21

资料来源：南开大学公司治理数据库。

二、2012—2017 年中国上市公司董事会治理分控股股东性质比较

从分控股股东性质董事会治理评价六年的发展趋势看，2012—2017 年，民营控股上市公司的董事会治理质量已持续六年超过国有控股上市公司。

以 2017 年董事会治理状况来说，国有控股上市公司在董事会运作效率、董事会组织结构和独立董事制度方面超过民营控股上市公司，而民营控股上市公司在董事权利与义务、董事薪酬方面超过国有控股上市公司，尤其在董事薪酬方面，民营控股上市公司的优势较大。

从六年国有控股和民营控股上市公司在董事会分指数方面的变动趋势上来看，民营控股上市公司在董事薪酬、董事权利与义务方面一直具有较大优势；民营控股上市公司连续六年均在董事薪酬方面超过国有控股上市公司，有五年在董事权利与义务方面超过国有控股上市公司。而国有控股上市公司在董事会组织结构和董事会运作效率方面具有较大优势，国有控股上市公司连续六年在董事会组织结构方面的均值超过民营控股上市公司，有五年在董事会运作效率方面的均值超过民营控股上市公司。独立董事制度指数在 2014 年和 2016 年民营控股高于国有控股上市公司，其余年度国有控股上市公司在独立董事制度方面表现更佳。见表 5.8。

表 5.8　中国国有和民营控股公司董事会治理指数描述性统计六年比较

年　份	控股股东性质	董事会治理指数	董事权利与义务	董事会运作效率	董事会组织结构	董事薪酬	独立董事制度
2012	国有	60.89	64.48	57.78	68.59	56.36	60.01
	民营	61.46	65.53	56.88	68.53	59.96	59.97
2013	国有	61.56	62.79	59.28	69.11	57.34	60.70
	民营	61.87	64.48	57.78	68.39	60.79	60.55
2014	国有	63.32	67.87	60.64	69.16	59.56	62.51
	民营	63.46	66.73	60.79	68.99	59.66	63.43
2015	国有	63.20	60.93	68.37	68.62	55.53	60.74
	民营	63.71	62.37	66.91	68.44	59.62	60.54
2016	国有	63.77	60.77	67.74	68.98	58.03	61.42
	民营	64.35	62.41	66.21	68.72	62.12	61.56
2017	国有	64.03	62.42	68.22	69.08	57.48	61.70
	民营	64.42	63.31	66.22	68.82	62.65	60.94

资料来源：南开大学公司治理数据库。

第四节　中国上市公司董事会治理分地区评价

一、2017 年中国上市公司董事会治理分地区总体描述

上市公司的董事会治理状况在各地区之间具有明显的差异。由表 5.9，贵州省、西藏和湖南省的上市公司董事会治理的平均水平较高，位居地区前三名，其平均值分别为 65.20、64.78 和 64.66；宁夏、海南省和甘肃省上市公司的董事会治理均值位于地区最后三名，其平均值分别为 63.12、63.48 和 63.60。从董事会治理质量在公司间的差异程度来说，河北省、北京市和西藏上市公司董事会治理质量的差异程度较大，其标准差分别为 2.82、2.72 和 2.69；广西、山西省和甘肃省的上市公司董事会治理质量的差异程度较小，其标准差分别为 1.81、1.82 和 1.88。

表 5.9　中国上市公司董事会治理指数分地区描述性统计

地　区	数目	比例(%)	平均值	中位数	标准差	极差	最小值	最大值
北京市	282	9.30	64.40	64.78	2.72	17.72	53.90	71.62
天津市	45	1.48	64.15	64.48	2.33	11.56	56.98	68.54

续表

地 区	数目	比例(%)	平均值	中位数	标准差	极差	最小值	最大值
河北省	51	1.68	64.10	64.14	2.82	14.06	54.42	68.48
山西省	38	1.25	63.75	63.48	1.82	8.00	60.90	68.90
内蒙古	25	0.82	64.19	63.79	2.04	7.77	61.00	68.77
辽宁省	73	2.41	63.87	64.23	2.04	10.94	57.13	68.07
吉林省	41	1.35	64.18	64.23	2.52	12.07	58.72	70.79
黑龙江省	35	1.15	64.23	64.12	2.08	10.63	57.17	67.79
上海市	237	7.82	64.25	64.40	2.50	19.87	51.03	70.89
江苏省	316	10.43	64.29	64.32	2.49	26.58	50.73	77.32
浙江省	327	10.79	64.36	64.44	2.14	22.83	47.59	70.43
安徽省	93	3.07	64.23	64.28	2.39	13.67	55.26	68.93
福建省	106	3.50	63.86	64.25	2.40	15.39	54.87	70.26
江西省	37	1.22	64.10	64.19	2.04	7.72	60.67	68.39
山东省	169	5.58	64.27	64.40	2.01	13.87	54.65	68.52
河南省	74	2.44	64.12	64.12	2.12	10.45	59.69	70.14
湖北省	94	3.10	64.29	64.29	2.31	11.63	56.34	67.96
湖南省	84	2.77	64.66	64.61	2.04	9.72	58.91	68.63
广东省	471	15.54	64.48	64.67	2.40	17.65	52.94	70.59
广 西	36	1.19	63.79	64.03	1.81	10.14	57.49	67.64
海南省	28	0.92	63.48	64.07	2.64	10.01	57.15	67.17
重庆市	43	1.42	64.63	64.75	2.13	9.11	59.47	68.58
四川省	110	3.63	64.17	64.31	2.00	10.65	57.54	68.19
贵州省	23	0.76	65.20	65.25	2.49	9.71	60.86	70.57
云南省	32	1.06	63.94	63.77	2.42	10.77	58.14	68.91
西 藏	14	0.46	64.78	64.34	2.69	9.06	59.82	68.88
陕西省	45	1.48	64.50	64.47	1.92	9.51	59.31	68.82
甘肃省	30	0.99	63.60	63.73	1.88	9.28	58.31	67.59
青海省	12	0.40	64.63	64.83	1.91	6.40	62.12	68.52
宁 夏	12	0.40	63.12	63.03	2.28	7.15	59.35	66.50
新 疆	48	1.58	64.17	64.33	2.35	11.97	57.17	69.14
合 计	3 031	100.00	64.28	64.38	2.34	29.73	47.59	77.32

资料来源：南开大学公司治理数据库。

二、2012—2017 年中国上市公司董事会治理分地区比较

从表 5.10 中国分地区董事会治理指数平均值的六年比较中可以看出,贵州省、浙江省和西藏的董事会治理质量的平均水平在六年间表现较好,位列前三名。广东省在 2012—2013 年位居地区第一名,贵州省在 2015—2017 年蝉联第一名,浙江省连续五年进入前五名,西藏最近三年进入前五名;宁夏、甘肃省和海南省董事会治理质量的平均水平在六年期间表现相对较差。

表 5.10　中国上市公司董事会治理指数分地区描述性统计六年比较

地　区	2012	2013	2014	2015	2016	2017
北京市	61.63	62.15	63.26	63.48	64.33	64.40
天津市	61.01	61.58	63.29	63.21	63.99	64.15
河北省	60.42	61.15	63.70	63.04	64.14	64.10
山西省	60.59	60.97	63.13	63.48	63.73	63.75
内蒙古	60.56	61.94	63.17	63.51	64.25	64.19
辽宁省	60.92	61.48	63.75	63.31	64.02	63.87
吉林省	60.89	61.34	64.33	63.20	64.02	64.18
黑龙江省	60.85	61.03	62.63	63.01	64.01	64.23
上海市	61.15	61.79	62.87	63.30	63.90	64.25
江苏省	61.11	61.65	63.42	63.40	64.02	64.29
浙江省	61.60	62.04	63.77	63.90	64.41	64.36
安徽省	61.17	61.39	63.75	63.13	63.78	64.23
福建省	61.57	62.16	63.34	63.45	63.84	63.86
江西省	60.74	61.51	63.06	63.89	63.84	64.10
山东省	60.80	61.18	63.29	63.26	64.05	64.27
河南省	61.20	61.51	63.34	63.56	64.43	64.12
湖北省	60.90	61.20	63.14	63.17	63.42	64.29
湖南省	61.04	61.62	63.73	63.83	64.24	64.66
广东省	61.85	62.21	62.30	63.70	64.28	64.48
广　西	60.94	61.73	64.23	63.29	64.16	63.79
海南省	61.10	61.54	63.04	62.86	63.62	63.48
重庆市	60.89	61.03	63.20	63.62	64.29	64.63
四川省	60.93	61.78	63.77	63.24	64.20	64.17

续表

地　区	2012	2013	2014	2015	2016	2017
贵州省	61.21	61.78	63.64	64.34	65.35	65.20
云南省	61.11	62.18	63.44	63.17	63.62	63.94
西　藏	60.81	61.75	63.76	63.87	65.02	64.78
陕西省	60.75	61.52	63.51	63.51	63.94	64.50
甘肃省	60.09	61.22	63.93	63.20	63.26	63.60
青海省	61.17	61.52	63.69	64.13	64.63	64.63
宁　夏	60.33	60.35	63.50	62.58	63.42	63.12
新　疆	61.08	61.59	63.87	63.49	63.93	64.17
合　计	61.21	61.74	63.38	63.48	64.11	64.28

资料来源：南开大学公司治理数据库。

第五节　中国上市公司董事会治理100佳评价

一、中国上市公司董事会治理100佳比较分析

如表5.11所示，董事会治理100佳上市公司的表现明显优于总样本上市公司。100佳上市公司董事会治理指数的平均值为69.12，比总样本高4.84。100佳公司董事会治理质量的优势主要体现在董事会组织结构、董事薪酬和独立董事制度方面，其均值比总样本上市公司分别高7.05、5.69和5.28。100佳公司在董事权利与义务、董事会运作效率方面的优势并不是很明显，其均值水平分别超过总样本2.83和2.77。

表5.11　中国上市公司董事会治理100佳描述性统计

项　目	样　本	平均值	中位数	标准差	极差	最小值	最大值
董事会治理指数	100佳	69.12	68.75	1.24	9.23	68.09	77.32
	样本总体	64.28	64.38	2.34	29.73	47.59	77.32
董事权利与义务	100佳	65.77	65.63	4.23	19.25	55.25	74.50
	样本总体	62.94	62.75	4.89	29.00	46.50	75.50
董事会运作效率	100佳	69.74	69.86	3.37	12.36	62.10	74.46
	样本总体	66.97	67.28	4.23	25.30	49.16	74.46
董事会组织结构	100佳	75.94	70.00	8.60	36.00	70.00	106.00
	样本总体	68.89	70.00	7.17	79.50	17.50	97.00

续表

项　　目	样　本	平均值	中位数	标准差	极差	最小值	最大值
董事薪酬	100佳	66.50	65.50	5.69	24.00	52.50	76.50
	样本总体	60.81	60.50	5.69	26.50	50.00	76.50
独立董事制度	100佳	66.49	67.00	2.66	15.25	57.25	72.50
	样本总体	61.21	61.00	4.49	27.50	45.00	72.50

资料来源：南开大学公司治理数据库。

二、中国上市公司董事会治理100佳公司行业分布

表5.12是董事会治理100佳公司的行业分布。制造业和金融业入围100佳的公司数目较多，分别有51家和19家，在数量上位居行业前两位；教育、金融业、采矿业分别有33.33%、28.36%、8.00%的公司入围100佳，在所占行业比重方面位于行业前三位。住宿和餐饮业，水利、环境和公共设施管理业，卫生和社会工作，文化、体育和娱乐业，综合均没有公司入围100佳。

表5.12　中国上市公司董事会治理100佳公司行业分布

行　　业	样本总体		100佳	
	数目	比例(%)	数目	占本行业比例(%)
农、林、牧、渔业	45	1.48	2	4.44
采矿业	75	2.47	6	8.00
制造业	1 895	62.52	51	2.69
电力、热力、燃气及水生产和供应业	97	3.20	1	1.03
建筑业	88	2.90	2	2.27
批发和零售业	156	5.15	2	1.28
交通运输、仓储和邮政业	89	2.94	2	2.25
住宿和餐饮业	11	0.36	—	—
信息传输、软件和信息技术服务业	203	6.70	6	2.96
金融业	67	2.21	19	28.36
房地产业	125	4.12	5	4.00
租赁和商务服务业	42	1.39	1	2.38
科学研究和技术服务业	27	0.89	2	7.41
水利、环境和公共设施管理业	33	1.09	—	—
教育	3	0.10	1	33.33

续表

行业	样本总体		100 佳	
	数目	比例(%)	数目	占本行业比例(%)
卫生和社会工作	7	0.23	—	—
文化、体育和娱乐业	45	1.48	—	—
综合	23	0.76	—	—
合计	3 031	100.00	100	—

资料来源:南开大学公司治理数据库。

三、中国上市公司董事会治理 100 佳公司控股股东性质分布

表 5.13 给出了董事会治理 100 佳公司控股股东分布情况,民营控股上市公司入围 100 佳的公司数目高于国有控股上市公司,但在所占类别比重方面国有控股优于民营控股上市公司。具体而言,3.26%的国有控股上市公司(34 家)入围 100 佳,56 家民营控股上市公司入围 100 佳,所占类别比重为 2.98%。7 家其他类型、2 家外资控股、1 家集体控股上市公司入围 100 佳行列,所占类别比重分别为 23.33%、4.44%和 5.56%。社会团体控股和职工持股会控股上市公司均没有公司入围 100 佳。

表 5.13 中国上市公司董事会治理 100 佳公司控股股东分布

控股股东性质	样本总体		100 佳	
	数目	比例(%)	数目	占本组比例(%)
国有控股	1 044	34.44	34	3.26
集体控股	18	0.59	1	5.56
民营控股	1 877	61.93	56	2.98
社会团体控股	13	0.43	—	—
外资控股	45	1.48	2	4.44
职工持股会控股	4	0.13	—	—
其他类型	30	0.99	7	23.33
合计	3 031	100.00	100	—

资料来源:南开大学公司治理数据库。

四、中国上市公司董事会治理 100 佳公司地区分布

从表 5.14 中国董事会治理 100 佳的地区分布情况来看,广东省、上海市、北京市和江苏省分别有 18 家、14 家、12 家、12 家公司入围 100 佳,所占地区比例分别为 3.82%、

5.91%、4.26%、3.80%；从入围100佳公司占本地区比例来看，西藏以14.29%位居首位，其次是云南省和贵州省，分别是9.38%和8.70%。但辽宁省、黑龙江省、湖北省、广西、海南省、宁夏、甘肃省均没有上市公司入围100佳行列。

表5.14 中国上市公司董事会治理100佳公司地区分布

地　区	样本总体		100佳	
	数目	比例(%)	数目	占本地区比例(%)
北京市	282	9.30	12	4.26
天津市	45	1.48	1	2.22
河北省	51	1.68	2	3.92
山西省	38	1.25	1	2.63
内蒙古	25	0.82	2	8.00
辽宁省	73	2.41	—	—
吉林省	41	1.35	2	4.88
黑龙江省	35	1.15	—	—
上海市	237	7.82	14	5.91
江苏省	316	10.43	12	3.80
浙江省	327	10.79	10	3.06
安徽省	93	3.07	3	3.23
福建省	106	3.50	2	1.89
江西省	37	1.22	1	2.70
山东省	169	5.58	1	0.59
河南省	74	2.44	1	1.35
湖北省	94	3.10	—	—
湖南省	84	2.77	4	4.76
广东省	471	15.54	18	3.82
广　西	36	1.19	—	—
海南省	28	0.92	—	—
重庆市	43	1.42	2	4.65
四川省	110	3.63	1	0.91
贵州省	23	0.76	2	8.70
云南省	32	1.06	3	9.38
西　藏	14	0.46	2	14.29
陕西省	45	1.48	2	4.44

续表

地　　区	样本总体		100 佳	
	数目	比例(%)	数目	占本地区比例(%)
甘肃省	30	0.99	—	—
青海省	12	0.40	1	8.33
宁　夏	12	0.40	—	—
新　疆	48	1.58	1	2.08
合　计	3 031	100.00	100	—

资料来源:南开大学公司治理数据库。

主 要 结 论

在对 2017 年 3 031 家中国上市公司董事会治理状况进行分析及历年数据进行比较的基础上,总结我国上市公司董事会治理质量呈现的特征及变化趋势,并给出我国上市公司董事会治理质量在行业、控股股东性质、地区方面的差异。

第一,2017 年度中国上市公司董事会治理指数的平均值为 64.28,标准差为 2.34。董事会治理分指数的发展并不均衡;董事会组织结构指数最高;董事会运作效率指数的平均值次之;董事权利与义务指数和独立董事制度指数位于中间;董事薪酬指数的平均值最低。表明我国上市公司董事会组织结构的规范程度较好,董事会运作效率较高,但董事薪酬制度仍是接下来我国上市公司董事会治理的重点。

第二,董事会治理指数的平均水平在 2012—2017 年呈现出不断上升的趋势,但在董事权利与义务、董事会运作效率、董事薪酬和独立董事指数的平均水平在六年间表现出了不同程度的波动性,董事会组织结构指数在六年间相对稳定且始终处于领先位置。

第三,2017 年中国上市公司董事会治理质量的平均水平比 2016 年提高了 0.17,主要原因在于董事权利与义务指数、董事会运作效率、董事会组织结构、董事薪酬均比上年有不同程度的提升,但独立董事制度指数比 2016 年下降了 0.25。

第四,2017 年董事权利与义务指数的显著上升主要体现在具有管理经济专业背景的董事会成员人数比上年有较大提升,平均人数由 2016 年的 1.95 上升到 2017 年的 3.07,另外,股东董事比例比上年下降了约 8%;独立董事指数略有下降主要是由于独立董事津贴比上年下降了约 1 000.00 元,其他方面与上年差别不大;董事会运作效率、董事会组织结构、董事薪酬指数比上年略有上升,但总体变化不大。

第五,董事会治理质量在不同行业及地区之间呈现出差异性。从行业分布情况来说，金融业，教育，信息传输、软件和信息技术服务业的董事会治理质量的平均水平较高；交通运输、仓储和邮政业，水利、环境和公共设施管理业，卫生和社会工作董事会治理指数的平均水平较低。从地区分布情况来说，贵州省、西藏和湖南省的上市公司董事会治理的平均水平较高；宁夏、海南省和甘肃省上市公司的董事会治理均值较低。

第六，2017 年度民营控股上市公司董事会治理的平均水平高于国有控股上市公司，国有控股上市公司在董事会运作效率、和董事会组织结构和独立董事制度超过民营控股上市公司，而民营控股上市公司在董事权利与义务、董事薪酬方面超过国有控股上市公司，尤其在董事薪酬方面，民营控股上市公司的优势较大。2012—2017 年，民营控股上市公司的董事会治理质量已持续六年超过国有控股上市公司。

第七，2017 年度董事会治理 100 佳上市公司的表现明显优于总样本上市公司，尤其在董事会组织结构、董事薪酬和独立董事制度方面具有较大优势。从 100 佳公司的行业分布来说，制造业、金融业入围 100 佳的公司数目较多，教育、金融业和采矿业入围 100 佳的公司比例较多。从控股股东性质分布来说，民营控股上市公司入围 100 佳的公司数目高于国有控股上市公司，但在所占类别比重方面国有控股优于民营控股上市公司。从地区分布来说，广东省、上海市、北京市和江苏省分入围 100 佳的公司数目较多，辽宁省、黑龙江省、湖北省、广西、海南省、宁夏、甘肃省均没有上市公司入围 100 佳行列。

第六章　中国上市公司监事会治理评价

第一节　中国上市公司监事会治理总体分析

一、2017 年中国上市公司监事会治理总体描述

2017 年中国上市公司样本量为 3 031 家,监事会治理指数的平均值为 58.78,标准差为 5.86,监事会治理指数基本服从正态分布。从监事会指数的三个主要因素来看,样本公司运行状况指数平均值为 71.79,规模结构指数平均值为 49.59,胜任能力指数平均值为 56.82。指标统计指数详见表 6.1。

表 6.1　中国上市公司监事会治理总体状况描述性统计

项　　目	平均值	中位数	标准差	极差	最小值	最大值
监事会治理指数	58.78	57.24	5.86	35.67	42.50	78.17
运行状况	71.79	70.00	6.64	50.00	30.00	80.00
规模结构	49.59	40.00	13.33	45.00	35.00	80.00
胜任能力	56.82	56.79	6.45	53.34	21.43	74.77

资料来源:南开大学公司治理数据库。

二、2012—2017 年中国上市公司监事会治理比较

从 2012—2017 年连续六年监事会治理指数的发展趋势看(见表 6.2 和图 6.1),其平均值呈现逐年上升的趋势。三个分指数中,运行状况指数六年间都呈现出逐年上升趋势,从 2012 年的 67.80 提高到 2017 年的 71.79;规模结构指数在 50.00 附近上下浮动;胜任能力指数 2012 年到 2015 年逐渐提升,其中 2014 年提升幅度较大,从 55.88 提高至 56.48, 2017 年达到 56.82。

表 6.2　中国上市公司监事会治理指数描述性统计六年比较

项　　目	2012	2013	2014	2015	2016	2017
监事会治理指数	57.35	57.38	57.99	58.54	58.76	58.78
运行状况	67.80	67.90	68.45	70.51	70.99	71.79
规模结构	49.86	49.85	50.52	49.93	50.32	49.59
胜任能力	55.88	55.88	56.48	56.90	56.70	56.82

资料来源：南开大学公司治理数据库。

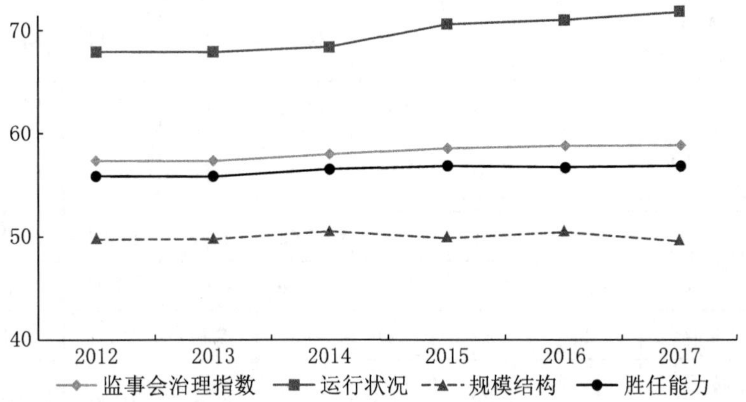

资料来源：南开大学公司治理数据库。

图 6.1　中国上市公司监事会治理指数平均值六年折线图比较

第二节　中国上市公司监事会治理分行业评价

一、2017 年中国上市公司监事会治理分行业总体描述

从行业分布状况可以看出，各行业监事会治理指数存在一定的差异。其中平均值居于 60.00 以上的行业分别为教育，金融业，电力、热力、燃气及水生产和供应业，交通运输、仓储和邮政业，采矿业，住宿和餐饮业，房地产业，文化、体育和娱乐业，水利、环境和公共设施管理业，平均值分别为 67.74、64.50、62.44、61.81、61.25、60.48、60.45、60.39 和 60.04；科学研究和技术服务业，信息传输、软件和信息技术服务业的指数较低，平均值为 57.86、57.68。其他行业平均值在 58.00—60.00 之间。行业分布统计详情见表 6.3。

表 6.3 中国上市公司监事会治理指数分行业描述性统计

行 业	数目	比例(%)	平均值	中位数	标准差	极差	最小值	最大值
农、林、牧、渔业	45	1.48	58.97	57.68	5.49	23.56	47.37	70.93
采矿业	75	2.47	61.25	60.23	7.35	31.51	44.12	75.63
制造业	1 895	62.52	58.02	56.51	5.63	32.35	42.50	74.85
电力、热力、燃气及水生产和供应业	97	3.20	62.44	62.51	5.85	23.53	49.67	73.20
建筑业	88	2.90	58.94	56.92	6.37	31.08	43.66	74.74
批发和零售业	156	5.15	59.65	58.32	5.89	23.63	49.50	73.13
交通运输、仓储和邮政业	89	2.94	61.81	62.44	5.91	25.11	51.31	76.42
住宿和餐饮业	11	0.36	60.48	58.14	5.65	14.60	53.98	68.58
信息传输、软件和信息技术服务业	203	6.70	57.68	56.80	4.58	22.84	49.10	71.94
金融业	67	2.21	64.50	65.62	6.35	25.34	52.83	78.17
房地产业	125	4.12	60.45	59.99	6.02	29.96	44.36	74.32
租赁和商务服务业	42	1.39	58.11	56.29	5.14	20.93	49.12	70.05
科学研究和技术服务业	27	0.89	57.86	57.54	4.78	19.11	48.06	67.17
水利、环境和公共设施管理业	33	1.09	60.04	59.18	5.76	22.58	49.37	71.95
教育	3	0.10	67.74	68.84	4.42	8.64	62.87	71.51
卫生和社会工作	7	0.23	59.11	60.24	2.91	8.15	53.18	61.33
文化、体育和娱乐业	45	1.48	60.39	60.64	5.21	17.54	51.10	68.64
综合	23	0.76	58.82	57.49	5.94	22.89	49.26	72.15
合 计	3 031	100.00	58.78	57.24	5.86	35.67	42.50	78.17

资料来源:南开大学公司治理数据库。

从分指数看,导致教育,金融业,电力、热力、燃气及水生产和供应业,交通运输、仓储和邮政业居于前列的主要因素是这些行业的规模结构指数和胜任能力指数明显高于平均值 49.59 和 56.82,其规模结构指数分别为 66.67、59.63、57.58 和 56.52,胜任能力指数分别为 64.01、64.16、59.66 和 59.61;导致科学研究和技术服务业,信息传输、软件和信息技术服务业监事会治理指数分值较低的原因是,规模结构指数分别为 47.41 和 46.03,明显低于平均值 49.56。见表 6.4。

表 6.4　中国上市公司监事会治理分指数分行业描述性统计

行　业	数目	比例(%)	监事会治理指数	运行状况	规模结构	胜任能力
农、林、牧、渔业	45	1.48	58.97	73.56	50.44	55.00
采矿业	75	2.47	61.25	71.87	55.07	58.34
制造业	1 895	62.52	58.02	71.88	48.21	55.96
电力、热力、燃气及水生产和供应业	97	3.20	62.44	71.34	57.58	59.66
建筑业	88	2.90	58.94	71.70	49.72	57.23
批发和零售业	156	5.15	59.65	70.71	51.15	58.66
交通运输、仓储和邮政业	89	2.94	61.81	70.56	56.52	59.61
住宿和餐饮业	11	0.36	60.48	71.82	53.64	57.59
信息传输、软件和信息技术服务业	203	6.70	57.68	73.30	46.03	55.93
金融业	67	2.21	64.50	70.60	59.63	64.16
房地产业	125	4.12	60.45	70.96	52.72	59.16
租赁和商务服务业	42	1.39	58.11	73.10	47.14	56.24
科学研究和技术服务业	27	0.89	57.86	68.89	47.41	58.86
水利、环境和公共设施管理业	33	1.09	60.04	72.73	50.91	58.28
教育	3	0.10	67.74	73.33	66.67	64.01
卫生和社会工作	7	0.23	59.11	77.14	42.86	59.91
文化、体育和娱乐业	45	1.48	60.39	71.33	54.89	56.50
综合	23	0.76	58.82	68.70	50.43	58.73
合　计	3 031	100.00	58.78	71.79	49.59	56.82

资料来源:南开大学公司治理数据库。

二、2013—2017 年中国上市公司监事会治理分行业比较

从表 6.5 的统计数据可以看出,2013—2017 年批发和零售业,教育,电力、热力、燃气及水生产和供应业,文化、体育和娱乐业的监事会治理指数一直居于前列,而综合,租赁和商务服务业,制造业,信息传输、软件和信息技术服务业等行业这四年来监事会治理指数一直排在后面,由四年数据分析可以认为,行业因素会导致监事会治理水平的差异。

表 6.5 中国上市公司监事会治理指数分行业描述性统计五年比较

行业	2013	2014	2015	2016	2017
农、林、牧、渔业	56.79	58.00	57.41	58.29	58.97
采矿业	60.01	60.11	60.30	60.00	61.25
制造业	57.00	57.82	58.03	58.24	58.02
电力、热力、燃气及水生产和供应业	59.81	59.90	61.78	61.89	62.44
建筑业	58.21	58.80	58.80	58.59	58.94
批发和零售业	56.88	57.06	59.57	59.14	59.65
交通运输、仓储和邮政业	59.35	60.48	61.30	60.81	61.81
住宿和餐饮业	54.71	53.18	60.08	58.87	60.48
信息传输、软件和信息技术服务业	56.85	57.93	57.53	58.34	57.68
金融业	65.84	65.55	65.89	66.68	64.50
房地产业	56.49	55.65	58.41	58.86	60.45
租赁和商务服务业	59.08	58.16	59.15	58.29	58.11
科学研究和技术服务业	56.07	58.35	55.40	59.57	57.86
水利、环境和公共设施管理业	55.78	56.18	57.17	57.47	60.04
教育	52.40	64.30	67.70	71.36	67.74
卫生和社会工作	52.10	53.83	59.35	59.09	59.11
文化、体育和娱乐业	59.78	58.58	58.21	60.03	60.39
综合	56.75	55.76	58.27	56.90	58.82
合计	57.38	57.99	58.54	58.76	58.78

资料来源：南开大学公司治理数据库。

第三节 中国上市公司监事会治理分控股股东性质评价

一、2017 年中国上市公司监事会治理分控股股东性质总体描述

从表 6.6 的数据中可以看出，控股股东性质为国有控股的上市公司监事会治理指数为 62.16，集体控股上市公司为 59.58，民营控股上市公司为 56.91，社会团体控股上市公司为 57.39，外资控股上市公司为 56.72，职工持股会控股上市公司为 61.17。国有控

股上市公司监事会治理水平明显高于其他上市公司。

表 6.6　中国上市公司监事会治理指数分控股股东性质描述性统计

控股股东性质	数目	比例(%)	平均值	中位数	标准差	极差	最小值	最大值
国有控股	1 044	34.44	62.16	62.68	6.20	33.81	44.36	78.17
集体控股	18	0.59	59.58	58.62	5.86	21.41	49.51	70.92
民营控股	1 877	61.93	56.91	55.95	4.72	30.63	42.50	73.13
社会团体控股	13	0.43	59.37	57.29	5.43	18.28	51.37	69.65
外资控股	45	1.48	56.72	54.56	5.97	24.25	49.79	74.04
职工持股会控股	4	0.13	61.17	60.36	4.94	11.31	56.33	67.64
其他类型	30	0.99	60.89	60.17	5.24	20.22	52.53	72.75
合　计	3 031	100.00	58.78	57.24	5.86	35.67	42.50	78.17

资料来源:南开大学公司治理数据库。

从分指数看,导致国有控股上市公司监事会治理指数高于其他上市公司的原因是国有控股上市公司的规模结构和胜任能力分指数比较高,反映出国有控股上市公司监事会治理的各方面相对比较完善,可能的原因是国有控股上市公司的最终控制人——国资委,更倾向于利用监事会作为治理公司的一种手段,见表 6.7。

表 6.7　中国上市公司监事会治理分指数分控股股东性质描述性统计

控股股东性质	数日	比例(%)	监事会治理指数	运行状况	规模结构	胜任能力
国有控股	1 044	34.44	62.16	70.43	57.00	60.22
集体控股	18	0.59	59.58	73.33	50.56	56.82
民营控股	1 877	61.93	56.91	72.59	45.50	54.87
社会团体控股	13	0.43	59.37	72.31	47.69	59.95
外资控股	45	1.48	56.72	70.44	45.56	56.13
职工持股会控股	4	0.13	61.17	72.50	50.00	62.64
其他类型	30	0.99	60.89	70.00	54.00	59.96
合　计	3 031	100.00	58.78	71.79	49.59	56.82

资料来源:南开大学公司治理数据库。

二、2012—2017 年中国上市公司监事会治理分控股股东性质比较

表 6.8 列出了 2012—2017 年六年的国有控股和民营控股上市公司的监事会治理指数,总体上看,六年内国有控股上市公司的监事会治理质量上一直优于民营控股上市公司;从监

事会运行状况看,民营控股上市公司总体上高于国有控股上市公司,差距在2015年有所减小后,2016年再度拉开到4.99, 2017年差距进一步加大;从监事会的规模结构看,国有控股上市公司要明显好于民营控股上市公司,差距一直维持在10.00左右;从监事会胜任能力看,近六年来,国有控股上市公司要好于民营控股上市公司,近三年两者差距维持在5.00以上。

表6.8 中国国有和民营控股上市公司监事会治理指数描述性统计六年比较

年份	控股股东性质	监事会治理指数	运行状况	规模结构	胜任能力
2012	国有	59.75	66.40	55.47	58.35
	民营	55.45	69.07	45.36	53.88
2013	国有	59.47	65.21	55.49	58.53
	民营	55.82	70.10	45.57	53.85
2014	国有	59.95	64.77	56.49	59.27
	民营	56.57	71.26	46.14	54.41
2015	国有	61.44	69.05	56.26	60.10
	民营	56.59	71.58	45.66	54.67
2016	国有	61.17	67.91	56.41	60.15
	民营	57.32	72.90	46.71	54.57
2017	国有	62.16	70.43	57.00	60.22
	民营	56.91	72.59	45.50	54.87

资料来源:南开大学公司治理数据库。

第四节 中国上市公司监事会治理分地区评价

一、2017年中国上市公司监事会治理分地区总体描述

上市公司监事会治理指数排名前三位的地区是云南省(62.70)、新疆(61.68)和重庆市(61.32),监事会治理指数排名后三位的地区是浙江省(57.21)、黑龙江省(57.12)和西藏(56.38)。详情见表6.9。

表6.9 中国上市公司监事会治理指数分地区描述性统计

地区	数目	比例(%)	平均值	中位数	标准差	极差	最小值	最大值
北京市	282	9.30	59.51	57.51	5.87	32.21	45.96	78.17
天津市	45	1.48	59.35	57.80	5.68	19.75	51.49	71.24

续表

地　区	数目	比例(%)	平均值	中位数	标准差	极差	最小值	最大值
河北省	51	1.68	60.52	58.61	6.22	25.69	49.08	74.77
山西省	38	1.25	60.56	59.15	6.53	20.48	51.06	71.54
内蒙古	25	0.82	59.18	56.88	6.93	21.58	51.10	72.68
辽宁省	73	2.41	59.31	58.32	5.58	21.61	49.05	70.66
吉林省	41	1.35	58.90	57.32	6.21	21.99	50.49	72.48
黑龙江省	35	1.15	57.12	55.87	4.26	17.62	50.49	68.11
上海市	237	7.82	59.50	57.94	5.82	25.83	46.91	72.74
江苏省	316	10.43	57.48	56.04	5.57	25.05	48.12	73.17
浙江省	327	10.79	57.21	55.95	5.10	29.64	43.37	73.01
安徽省	93	3.07	58.90	55.87	6.81	28.49	43.66	72.15
福建省	106	3.50	58.48	57.02	5.56	22.84	49.43	72.27
江西省	37	1.22	60.83	62.03	6.56	25.02	48.18	73.20
山东省	169	5.58	58.13	55.93	6.39	28.93	47.49	76.42
河南省	74	2.44	59.57	58.21	6.20	26.64	48.99	75.63
湖北省	94	3.10	59.91	57.41	6.67	26.60	48.18	74.78
湖南省	84	2.77	59.36	57.47	5.69	22.99	50.24	73.23
广东省	471	15.54	58.12	56.69	5.24	26.26	48.06	74.32
广　西	36	1.19	59.25	58.37	5.38	21.45	50.11	71.56
海南省	28	0.92	60.44	60.70	5.92	26.81	44.12	70.93
重庆市	43	1.42	61.32	60.38	6.15	22.97	49.77	72.74
四川省	110	3.63	59.21	58.24	5.65	25.62	49.12	74.74
贵州省	23	0.76	58.07	56.94	4.69	16.20	51.12	67.32
云南省	32	1.06	62.70	63.28	6.78	25.08	49.77	74.85
西　藏	14	0.46	56.38	56.56	6.42	24.22	44.36	68.58
陕西省	45	1.48	59.89	58.18	5.72	21.80	51.27	73.07
甘肃省	30	0.99	58.82	58.78	6.13	20.77	47.37	68.14
青海省	12	0.40	60.58	60.26	5.45	15.20	52.93	68.13
宁　夏	12	0.40	60.70	61.34	5.80	17.45	50.55	68.00
新　疆	48	1.58	61.68	63.41	7.18	30.63	42.50	73.13
合　计	3 031	100.00	58.78	57.24	5.86	35.67	42.50	78.17

资料来源：南开大学公司治理数据库。

二、2012—2017 年中国上市公司监事会治理分地区比较

据表 6.10 可以看出,新疆、云南省、重庆市和山西省等地区的监事会治理状况总体相对较好,而西藏、黑龙江省、吉林省和广西等地区的监事会治理状况一般。

表 6.10 中国上市公司监事会治理指数分地区描述性统计六年比较

地 区	2012	2013	2014	2015	2016	2017
北京市	58.97	58.90	59.47	59.53	59.59	59.51
天津市	57.92	56.82	58.20	59.29	58.07	59.35
河北省	57.95	56.27	59.93	59.65	58.86	60.52
山西省	60.14	60.24	60.82	62.04	60.51	60.56
内蒙古	58.90	56.01	56.59	58.16	57.26	59.18
辽宁省	56.68	55.49	56.98	58.77	59.00	59.31
吉林省	57.21	57.31	55.96	56.91	58.52	58.90
黑龙江省	55.22	54.23	55.53	57.41	57.96	57.12
上海市	57.76	57.15	56.86	60.03	59.67	59.50
江苏省	55.29	55.76	56.47	56.27	57.10	57.48
浙江省	56.45	56.13	56.45	57.05	57.75	57.21
安徽省	56.97	56.46	57.52	58.80	58.65	58.90
福建省	56.41	56.50	57.96	58.20	58.61	58.48
江西省	59.11	60.97	59.24	60.37	60.98	60.83
山东省	56.90	57.01	57.81	58.59	58.22	58.13
河南省	57.41	58.24	59.33	59.27	59.25	59.57
湖北省	58.70	58.25	59.46	59.18	59.20	59.91
湖南省	58.24	58.17	58.72	58.75	58.31	59.36
广东省	56.95	57.24	58.10	57.55	58.40	58.12
广 西	55.89	56.01	59.32	57.45	57.77	59.25
海南省	55.97	57.05	58.10	58.79	58.68	60.44
重庆市	59.10	60.19	60.24	62.49	62.36	61.32
四川省	58.08	59.03	58.88	59.03	59.00	59.21
贵州省	56.94	58.25	58.41	58.24	58.84	58.07
云南省	60.95	61.59	60.51	63.40	62.81	62.70
西 藏	56.27	54.80	52.78	55.80	59.02	56.38

续表

地　区	2012	2013	2014	2015	2016	2017
陕西省	57.27	58.09	58.42	60.07	60.37	59.89
甘肃省	57.26	57.85	58.43	58.36	57.69	58.82
青海省	57.99	60.08	58.66	61.01	58.95	60.58
宁　夏	57.41	58.02	59.27	59.52	58.07	60.70
新　疆	61.51	62.59	60.95	62.74	63.24	61.68
合　计	57.35	57.38	57.99	58.54	58.76	58.78

资料来源：南开大学公司治理数据库。

第五节　中国上市公司监事会治理 100 佳评价

一、中国上市公司监事会治理 100 佳比较分析

如表 6.11 所示，监事会治理 100 佳上市公司监事会治理指数平均值为 72.35，监事会治理运行状况指数、规模结构指数、胜任能力指数的平均值依次为 76.90、74.40 和 66.39；100 佳上市公司的监事会治理水平更为集中，监事会治理水平的标准差为 1.34，最小值为 70.75，最大值为 78.17，极差为 7.42。

表 6.11　中国上市公司监事会治理 100 佳描述性统计

项　目	样　本	平均值	中位数	标准差	极差	最小值	最大值
监事会治理指数	100 佳	72.35	72.00	1.34	7.42	70.75	78.17
	样本总体	58.78	57.24	5.86	35.67	42.50	78.17
运行状况	100 佳	76.90	80.00	4.65	10.00	70.00	80.00
	样本总体	71.79	70.00	6.64	50.00	30.00	80.00
规模结构	100 佳	74.40	70.00	4.99	10.00	70.00	80.00
	样本总体	49.59	40.00	13.33	45.00	35.00	80.00
胜任能力	100 佳	66.39	65.81	3.35	16.85	57.92	74.77
	样本总体	56.82	56.79	6.45	53.34	21.43	74.77

资料来源：南开大学公司治理数据库。

二、中国上市公司监事会治理 100 佳公司行业分布

表 6.12 关于上市公司监事会治理 100 佳行业分布表明：从绝对数角度看，入选监

事会治理100佳上市公司最多的行业是制造业，有47家；从相对数角度，教育1家入选，占本行业比例为33.33%，比例最高；金融业次之，占比19.40%，再次是采矿业，占比为12.00%；住宿和餐饮业，租赁和商务服务业，科学研究和技术服务业，卫生和社会工作，文化、体育和娱乐业没有公司进入100佳。监事会治理较好的上市公司存在行业差异。

表6.12 中国上市公司监事会治理100佳公司行业分布

行业	样本总体		100佳		
	数目	比例(%)	数目	比例(%)	占本行业比例(%)
农、林、牧、渔业	45	1.48	1	1.00	2.22
采矿业	75	2.47	9	9.00	12.00
制造业	1 895	62.52	47	47.00	2.48
电力、热力、燃气及水生产和供应业	97	3.20	8	8.00	8.25
建筑业	88	2.90	5	5.00	5.68
批发和零售业	156	5.15	6	6.00	3.85
交通运输、仓储和邮政业	89	2.94	3	3.00	3.37
住宿和餐饮业	11	0.36	—	—	—
信息传输、软件和信息技术服务业	203	6.70	1	1.00	0.49
金融业	67	2.21	13	13.00	19.40
房地产业	125	4.12	4	4.00	3.20
租赁和商务服务业	42	1.39	—	—	—
科学研究和技术服务业	27	0.89	—	—	—
水利、环境和公共设施管理业	33	1.09	1	1.00	3.03
教育	3	0.10	1	1.00	33.33
卫生和社会工作	7	0.23	—	—	—
文化、体育和娱乐业	45	1.48	—	—	—
综合	23	0.76	1	1.00	4.35
合计	3 031	100.00	1	1.00	3.30

资料来源：南开大学公司治理数据库。

三、中国上市公司监事会治理100佳公司控股股东性质分布

表6.13显示，较高比例的监事会治理100佳上市公司控股股东性质为国有控股和

民营控股，其所占比例分别为 83.00% 和 13.00%，分别占国有控股上市公司的 7.95% 和民营控股上市公司的 0.69%。

表 6.13　中国上市公司监事会治理 100 佳公司控股股东分布

控股股东性质	样本总体		100 佳		
	数目	比例(%)	数目	比例(%)	占本组比例(%)
国有控股	1 044	34.44	83	83.00	7.95
集体控股	18	0.59	1	1.00	5.56
民营控股	1 877	61.93	13	13.00	0.69
社会团体控股	13	0.43	—	—	—
外资控股	45	1.48	2	2.00	4.44
职工持股会控股	4	0.13	—	—	—
其他类型	30	0.99	1	1.00	3.33
合　　计	3 031	100.00	100	100.00	3.30

资料来源：南开大学公司治理数据库。

四、中国上市公司监事会治理 100 佳公司地区分布

在入选监事会治理 100 佳上市公司中，100 佳上市公司占本地区上市公司的比例位居前三位的是新疆、云南省和重庆市，依次为 12.50%、12.50% 和 11.63%；其次是安徽省、内蒙古和湖北省，分别为 8.60%、8.00% 和 6.38%。而辽宁省、黑龙江省、贵州省、西藏、青海省、甘肃省和宁夏均没有公司进入 100 佳。见表 6.14。

表 6.14　中国上市公司监事会治理 100 佳公司地区分布

地　区	样本总体		100 佳		
	数目	比例(%)	数目	比例(%)	占本地区比例(%)
北京市	282	9.30	13	13.00	4.61
天津市	45	1.48	1	1.00	2.22
河北省	51	1.68	3	3.00	5.88
山西省	38	1.25	2	2.00	5.26
内蒙古	25	0.82	2	2.00	8.00
辽宁省	73	2.41	—	—	—
吉林省	41	1.35	2	2.00	4.88
黑龙江省	35	1.15	—	—	—
上海市	237	7.82	7	7.00	2.95

续表

地　区	样本总体		100 佳		
	数目	比例(%)	数目	比例(%)	占本地区比例(%)
江苏省	316	10.43	7	7.00	2.22
浙江省	327	10.79	4	4.00	1.22
安徽省	93	3.07	8	8.00	8.60
福建省	106	3.50	2	2.00	1.89
江西省	37	1.22	1	1.00	2.70
山东省	169	5.58	6	6.00	3.55
河南省	74	2.44	4	4.00	5.41
湖北省	94	3.10	6	6.00	6.38
湖南省	84	2.77	1	1.00	1.19
广东省	471	15.54	9	9.00	1.91
广　西	36	1.19	1	1.00	2.78
海南省	28	0.92	1	1.00	3.57
重庆市	43	1.42	5	5.00	11.63
四川省	110	3.63	3	3.00	2.73
贵州省	23	0.76	—	—	—
云南省	32	1.06	4	4.00	12.50
西　藏	14	0.46	—	—	—
陕西省	45	1.48	2	2.00	4.44
甘肃省	30	0.99	—	—	—
青海省	12	0.40	—	—	—
宁　夏	12	0.40	—	—	—
新　疆	48	1.58	6	6.00	12.50
合　计	3 031	100.00	13	13.00	3.30

资料来源:南开大学公司治理数据库。

主 要 结 论

第一,2017 年中国上市公司样本量为 3 031 家,监事会治理指数的平均值为 58.78,标准差为 5.86,监事会治理指数基本服从正态分布,在公司治理的六个维度中仍然处于较低位置。

第二,从 2012—2017 年连续六年监事会治理指数的发展趋势看,其呈现逐年上升的趋势。三个分指数中,运行状况指数六年间都呈现出逐年上升趋势;规模结构指数在 50.00 附近上下浮动;胜任能力指数 2012—2015 年逐渐提升,其中 2014 年呈现较大幅度的提升,从 2015—2017 年保持小幅增长。

第三,中国上市公司的监事会治理水平,因公司行业、股权性质和地区不同而呈现一定的差异。

第四,从行业来看,教育,金融业,电力、热力、燃气及水生产和供应业,交通运输、仓储和邮政业,采矿业,住宿和餐饮业,房地产业,文化、体育和娱乐业,水利、环境和公共设施管理业的监事会治理水平较高;而科学研究和技术服务业,信息传输、软件和信息技术服务业的指数较低等行业治理水平最低,差距较大;其他行业平均值在 58.00—60.00 之间,仍有待提高。

第五,从股权性质来看,2017 年国有控股上市公司监事会治理平均水平与往年类似,明显高于民营控股上市公司;从分指数看,导致国有控股监事会治理指数高于其他上市公司的原因是国有控股上市公司的三项分指数比较高且较为均衡,说明国有控股上市公司监事会治理的各方面相对比较完善。

第六,从地区来看,2017 年各地区上市公司监事会治理水平分布不平衡:新疆、云南省和重庆市等地区的监事会治理状况总体相对较好,而浙江省、黑龙江省和西藏等地区的监事会治理状况一般。

第七,中国上市公司监事会治理 100 佳监事会治理水平显著高于全部样本。从 100 佳行业分布来看,制造业绝对数最多,但教育,金融、保险业的行业内相对占比最高。同往年,中国上市公司监事会治理 100 佳上市公司中国有控股上市公司所占比例高于民营控股上市公司。从地区来看,上海市、北京市和广东省的绝对数量较多,新疆、云南省和重庆市等地区 100 佳占比较高。

第七章　中国上市公司经理层治理评价

第一节　中国上市公司经理层治理总体分析

一、2017 年中国上市公司经理层治理状况总体描述

2017 年样本上市公司的经理层治理指数最高值为 78.00,最低值为 40.42,平均值为 58.92,标准差为 6.73。从经理层评价的三个主因素层面来看,样本公司经理层任免制度指数平均值为 60.74,样本标准差为 6.03;执行保障指数的平均值为 63.08,样本标准差 9.13,极差最大,为 60.00;激励与约束机制指数平均值为 53.67,样本离散程度最大,标准差为 15.70。相比较上一年度,上市公司样本增加了 224 家,经理层治理指数上升了 0.91,其中任免制度较 2016 年上升 1.42,执行保障指数和激励约束指数的平均值与 2016 年相比,分别上升了 0.76 和 0.55。样本公司经理层总体治理状况呈现平稳趋势。

表 7.1　中国上市公司经理层治理总体状况描述性统计

项　目	平均值	中位数	标准差	极差	最小值	最大值
经理层治理指数	58.92	59.18	6.73	37.58	40.42	78.00
任免制度	60.74	61.11	6.03	45.56	36.67	82.22
执行保障	63.08	63.33	9.13	60.00	31.67	91.67
激励约束	53.67	55.71	15.70	57.14	25.71	82.86

资料来源:南开大学公司治理数据库。

二、2012—2017 年中国上市公司经理层治理比较

图 7.1 和表 7.2 列明了 2012—2017 年连续六年中国上市公司经理层治理状况与趋势特征。

2012 年至 2017 年连续六年经理层治理指数的发展趋势显示,样本公司经理层治理指数平均值分别为 58.92(2017 年)、58.01(2016 年)、57.80(2015 年)、57.12(2014 年)、57.21(2013 年)和 57.27(2012 年)。六年中经理层治理指数 2014 年最低,

值为57.12,近六年指数较平稳。任免制度指数和执行保障指数近三年呈现平稳变化趋势。激励约束指数近六年上升幅度较大,在2012年出现最低点,总体呈现上升趋势,2017年达到53.67。

表7.2 中国上市公司经理层治理指数描述性统计六年比较

项　目	2012	2013	2014	2015	2016	2017
经理层治理指数	57.27	57.21	57.12	57.80	58.01	58.92
任免制度	61.84	61.44	61.29	61.10	59.32	60.74
执行保障	64.50	63.33	63.76	63.75	62.32	63.08
激励约束	46.85	48.07	47.58	49.65	53.12	53.67

资料来源:南开大学公司治理数据库。

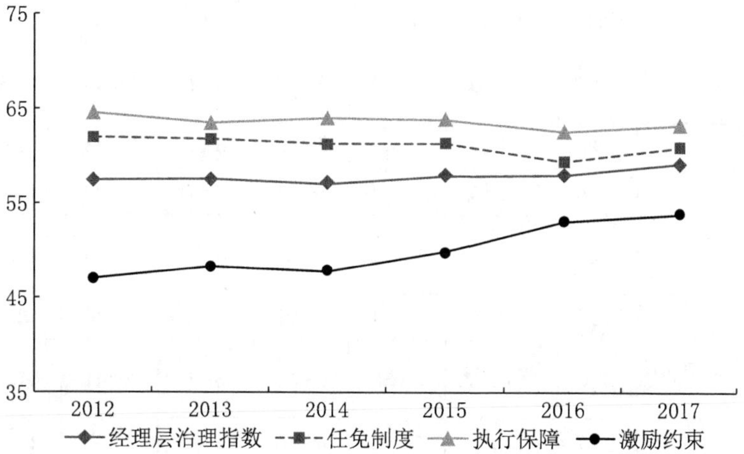

资料来源:南开大学公司治理数据库。

图7.1 中国上市公司经理层治理指数平均值六年折线图比较

第二节　中国上市公司经理层治理分行业评价

一、2017年中国上市公司经理层治理分行业总体描述

表7.3显示2017年度样本公司在经理层治理评价指数行业分布情况。样本公司的平均值为58.92,信息传输、软件和信息技术服务业,科学研究和技术服务业,制造业以及卫生和社会工作的经理层治理状况高于样本公司的平均水平,指数均值分别为62.55、62.31、59.41和59.05。交通运输、仓储和邮政业,采矿业,教育以及电力、热力、

燃气及水生产和供应业的经理层平均治理水平列于样本公司平均治理指数的最后四位，且均低于56.00。在全部上市公司样本中，经理层治理状况最佳的上市公司分别出现在制造业，房地产业以及交通运输、仓储和邮政业，这些行业样本公司的经理层治理指数最大值分别达到78.00、76.59和76.47。经理层治理评价指数平均值最高的大类行业为信息传输、软件和信息技术服务业，均值为62.55；而经理层治理评价指数平均值最低的行业则为交通运输、仓储和邮政业，均值为54.84，相差7.71，这说明各行业上市公司之间的经理层治理状况差距加大。

表7.3 中国上市公司经理层治理指数分行业描述性统计

行业	数目	比例(%)	平均值	中位数	标准差	极差	最小值	最大值
农、林、牧、渔业	45	1.48	58.39	57.51	5.32	20.25	48.70	68.95
采矿业	75	2.47	55.19	53.54	6.35	26.30	44.20	70.51
制造业	1 895	62.52	59.41	59.84	6.65	37.58	40.42	78.00
电力、热力、燃气及水生产和供应业	97	3.20	55.62	54.59	5.61	28.46	42.55	71.00
建筑业	88	2.90	58.47	59.20	6.49	30.43	42.00	72.44
批发和零售业	156	5.15	57.17	56.33	6.67	30.20	42.01	72.22
交通运输、仓储和邮政业	89	2.94	54.84	53.62	5.77	31.75	44.72	76.47
住宿和餐饮业	11	0.36	56.74	57.21	4.33	17.48	48.41	65.89
信息传输、软件和信息技术服务业	203	6.70	62.55	63.61	5.71	28.41	44.05	72.47
金融业	67	2.21	56.78	56.16	5.96	25.47	46.13	71.60
房地产业	125	4.12	57.96	56.49	7.13	30.81	45.78	76.59
租赁和商务服务业	42	1.39	58.42	59.51	7.13	28.94	41.49	70.43
科学研究和技术服务业	27	0.89	62.31	63.51	7.17	27.06	47.22	74.28
水利、环境和公共设施管理业	33	1.09	57.41	57.96	6.06	23.38	45.71	69.09
教育	3	0.10	55.22	54.01	4.55	10.94	50.35	61.30
卫生和社会工作	7	0.23	59.05	61.01	8.68	26.23	44.63	70.86
文化、体育和娱乐业	45	1.48	57.82	58.09	6.81	28.72	42.29	71.01
综合	23	0.76	57.21	55.56	7.24	24.52	43.61	68.12
合计	3 031	100.00	58.92	59.18	6.73	37.58	40.42	78.00

资料来源：南开大学公司治理数据库。

表 7.4 显示样本公司在经理层治理评价三个维度分指数行业分布情况。

任免制度指数平均值为 60.74，排在前三位的行业是农、林、牧、渔业，电力、热力、燃气及水生产和供应业以及金融业，任免指数均值分别为 61.64、61.40 和 61.40。而住宿和餐饮业，文化、体育和娱乐业以及制造业等也处于平均水平以上。任免制度指数最低的三个行业依次为租赁和商务服务业、教育以及卫生和社会工作，指数均值分别仅为 59.25、58.52 和 57.36，这些相关行业无论在高管行政任职还是高管变更等方面均有较大改进空间。

样本上市公司在执行保障维度表现较好的行业依次是金融业，科学研究和技术服务业，综合，住宿和餐饮业，房地产业，水利、环境和公共设施管理业，信息传输、软件和信息技术服务业，文化、体育和娱乐业，电力、热力、燃气及水生产和供应业，以及租赁和商务服务业等行业，执行保障指数平均值都高于样本总体平均水平 63.08。而采矿业，建筑业，交通运输、仓储和邮政业，制造业，教育，农、林、牧、渔业，批发和零售业以及卫生和社会工作等均低于样本平均水平，这些相关行业在执行保障维度上还有较大的改善空间。

激励约束指数平均值排名前三位的行业分别为信息传输、软件和信息技术服务业，科学研究和技术服务业以及卫生和社会工作，激励约束指数的平均水平为 53.67，其他高于平均水平的还有制造业，它们的指数分别为 63.00、59.84、59.8 和 55.28。激励约束指数最高值出现在制造业，信息传输、软件和信息技术服务业，科学研究和技术服务业以及文化、体育和娱乐业，达到 82.86。

表 7.4　中国上市公司经理层治理分指数分行业描述性统计

行　业	数目	比例(%)	经理层治理指数	任免制度	执行保障	激励约束
农、林、牧、渔业	45	1.48	58.39	61.64	62.00	52.29
采矿业	75	2.47	55.19	60.12	63.00	43.96
制造业	1 895	62.52	59.41	60.99	62.53	55.28
电力、热力、燃气及水生产和供应业	97	3.20	55.62	61.40	63.81	43.25
建筑业	88	2.90	58.47	60.35	62.77	53.05
批发和零售业	156	5.15	57.17	60.74	61.78	49.92
交通运输、仓储和邮政业	89	2.94	54.84	60.09	62.70	43.26
住宿和餐饮业	11	0.36	56.74	61.31	66.21	44.42
信息传输、软件和信息技术服务业	203	6.70	62.55	59.79	65.00	63.00

续表

行　业	数目	比例(%)	经理层治理指数	任免制度	执行保障	激励约束
金融业	67	2.21	56.78	61.40	67.16	43.62
房地产业	125	4.12	57.96	59.65	65.44	50.00
租赁和商务服务业	42	1.39	58.42	59.25	63.69	53.16
科学研究和技术服务业	27	0.89	62.31	60.62	67.04	59.84
水利、环境和公共设施管理业	33	1.09	57.41	59.48	65.35	48.70
教育	3	0.10	55.22	58.52	62.22	46.19
卫生和社会工作	7	0.23	59.05	57.36	60.00	59.80
文化、体育和娱乐业	45	1.48	57.82	61.25	64.04	49.33
综合	23	0.76	57.21	59.29	66.30	47.52
合　计	3 031	100.00	58.92	60.74	63.08	53.67

资料来源:南开大学公司治理数据库。

二、2013—2017 年中国上市公司经理层治理分行业比较

表 7.5 显示样本公司在经理层治理评价 2013—2017 年行业分布及发展趋势情况。2013—2017 年的五年间,经理层治理状况最好的三个行业为教育,科学研究和技术服务业以及信息传输、软件和信息技术服务业,而经理层治理指数较低的行业为采矿业,电力、热力、燃气及水生产和供应业以及金融业。近五年来,所有行业上市公司经理层治理指数平均水平基本呈平稳提升趋势,2016 年值为 58.01, 2017 年度达到最高值 58.92。

表 7.5 中国上市公司经理层治理指数分行业描述性统计五年比较

行　业	2013	2014	2015	2016	2017
农、林、牧、渔业	56.36	55.44	56.91	57.67	58.39
采矿业	55.42	55.74	54.94	54.91	55.19
制造业	57.34	57.19	58.16	58.51	59.41
电力、热力、燃气及水生产和供应业	55.23	55.30	54.82	54.73	55.62
建筑业	57.23	57.36	57.30	57.12	58.47
批发和零售业	56.24	56.92	56.69	56.69	57.17
交通运输、仓储和邮政业	55.63	56.12	55.86	56.10	54.84

续表

行　业	2013	2014	2015	2016	2017
住宿和餐饮业	55.81	55.37	54.28	55.12	56.74
信息传输、软件和信息技术服务业	61.77	60.12	61.85	61.14	62.55
金融业	57.54	58.96	56.41	54.55	56.78
房地产业	56.30	56.78	56.95	56.80	57.96
租赁和商务服务业	57.09	56.58	57.01	57.44	58.42
科学研究和技术服务业	63.83	60.06	63.38	61.19	62.31
水利、环境和公共设施管理业	57.29	56.39	56.28	57.72	57.41
教育	54.36	58.47	57.58	66.59	55.22
卫生和社会工作	60.88	60.13	63.50	60.27	59.05
文化、体育和娱乐业	54.52	55.02	55.61	56.86	57.82
综合	52.97	54.44	53.90	55.46	57.21
合　计	57.21	57.12	57.80	58.01	58.92

资料来源：南开大学公司治理数据库。

第三节　中国上市公司经理层治理分控股股东性质评价

一、2017 年中国上市公司经理层治理分控股股东性质总体描述

表 7.6 给出了按控股股东性质分类的 2017 年评价中各组样本公司的经理层治理指数统计指标。控股股东性质为其他类型的上市公司经理层治理指数最高，为 61.97。其次是民营控股上市公司，其经理层治理指数为 60.41。最低的为社会团体控股的上市公司，其经理层治理指数为 51.57。外资控股、集体控股、职工持股会控股和国有控股的上市公司的经理层治理指数分别为 58.31、57.91、57.60 和 56.29。

表 7.6　中国上市公司经理层治理指数分控股股东性质描述性统计

控股股东性质	数目	比例(%)	平均值	中位数	标准差	极差	最小值	最大值
国有控股	1 044	34.44	56.29	55.01	6.54	37.58	40.42	78.00
集体控股	18	0.59	57.91	58.62	6.48	24.98	42.75	67.72
民营控股	1 877	61.93	60.41	61.10	6.36	34.32	42.27	76.59

续表

控股股东性质	数目	比例(%)	平均值	中位数	标准差	极差	最小值	最大值
社会团体控股	13	0.43	51.57	52.63	5.69	19.09	41.49	60.59
外资控股	45	1.48	58.31	58.31	6.36	27.03	46.25	73.28
职工持股会控股	4	0.13	57.60	58.42	4.08	11.31	51.12	62.43
其他类型	30	0.99	61.97	62.53	6.09	25.52	45.78	71.30
合　　计	3 031	100.00	58.92	59.18	6.73	37.58	40.42	78.00

资料来源:南开大学公司治理数据库。

表 7.7　中国上市公司经理层治理分指数分控股股东性质描述性统计

控股股东性质	数目	比例(%)	经理层治理指数	任免制度	执行保障	激励约束
国有控股	1 044	34.44	56.29	61.14	63.86	45.33
集体控股	18	0.59	57.91	62.30	60.56	51.59
民营控股	1 877	61.93	60.41	60.56	62.59	58.41
社会团体控股	13	0.43	51.57	54.76	62.69	39.12
外资控股	45	1.48	58.31	61.10	62.89	51.81
职工持股会控股	4	0.13	57.60	57.78	51.25	62.86
其他类型	30	0.99	61.97	60.24	70.28	56.48
合　　计	3 031	100.00	58.92	60.74	63.08	53.67

资料来源:南开大学公司治理数据库。

二、2012—2017 年中国上市公司经理层治理分控股股东性质比较

见表 7.8,2012—2017 年,国有控股上市公司样本经理层治理均值分别为56.76、55.82、56.09、56.23、56.03 和 56.29,民营控股上市公司经理层治理均值分别为 57.53、58.26、57.92、58.97、59.2 和 60.41。民营控股上市公司从最初治理水平落后于国有控股公司,经过近年来中国资本市场环境的规范管理,在治理质量上已不存在差异。2012 年,民营控股上市公司激励约束指数高于国有控股上市公司,2016 年高出国有控股上市公司 12.15,2017 年高出国有控股上市公司 13.08,民营控股上市公司在激励约束指数上有了较大的提高,且呈现逐步提高的态势。民营控股上市公司和国有控股上市公司在任免制度指数方面近三年发展趋势较平稳。国有控股上市公司执行保障指数发展呈平稳趋势,民营控股上市公司的执行保障制度较国有控股上市公司相比有很大的上升空间。综上所述,民营控股上市公司在经理层治理总体状况和激励与约束机制

方面超过国有控股上市公司,任免制度方面差别不显著,民营控股上市公司执行保障制度较国有控股上市公司还需要进一步加强。

表 7.8 中国国有和民营控股公司经理层治理指数描述性统计六年比较

年 份	控股股东性质	经理层治理指数	任免制度	执行保障	激励约束
2012	国有	56.76	62.10	67.47	42.67
	民营	57.53	61.72	62.23	49.63
2013	国有	55.82	61.65	65.37	42.28
	民营	58.26	61.22	61.69	52.59
2014	国有	56.09	61.02	66.57	42.58
	民营	57.92	61.49	61.62	51.46
2015	国有	56.23	61.76	66.36	42.45
	民营	58.97	60.60	61.95	54.91
2016	国有	56.03	59.37	64.55	45.65
	民营	59.26	59.31	60.91	57.80
2017	国有	56.29	61.14	63.86	45.33
	民营	60.41	60.56	62.59	58.41

资料来源:南开大学公司治理数据库。

第四节 中国上市公司经理层治理分地区评价

一、2017 年中国上市公司经理层治理分地区总体描述

表 7.9 显示,经理层治理指数各地区有一定差异,平均值最高的广东省和最低的宁夏指数相差 8.12,治理指数均值排名前十位的地区依次为广东省、北京市、浙江省、河南省、湖南省、吉林省、江苏省、广西、湖北省和四川省。各地区经理层治理指数平均值分别为 61.31、60.61、59.78、59.56、59.26、59.05、59.02、58.88、58.81 和 58.58,前七名地区的上市公司经理层治理指数高于上市公司总体样本指数均值 58.92。2017 年指数最低的五个地区分别是宁夏、青海省、海南省、山西省和黑龙江省,经理层治理指数平均值分别为 53.19、53.26、54.15、54.47 和 54.80。

表 7.9 中国上市公司经理层治理指数分地区描述性统计

地 区	数目	比例(%)	平均值	中位数	标准差	极差	最小值	最大值
北京市	282	9.30	60.61	61.14	6.42	28.51	44.35	72.85
天津市	45	1.48	56.95	55.31	6.35	23.73	44.94	68.67
河北省	51	1.68	57.25	56.47	7.06	25.37	45.48	70.85
山西省	38	1.25	54.47	52.63	7.03	25.80	44.63	70.43
内蒙古	25	0.82	56.07	55.01	7.32	27.69	45.22	72.92
辽宁省	73	2.41	57.96	57.15	6.58	25.71	45.46	71.17
吉林省	41	1.35	59.05	59.20	7.17	28.89	46.82	75.71
黑龙江省	35	1.15	54.80	53.31	5.07	24.90	42.00	66.90
上海市	237	7.82	57.88	57.83	6.97	30.62	42.01	72.63
江苏省	316	10.43	59.02	59.60	6.32	31.54	42.75	74.28
浙江省	327	10.79	59.78	60.27	5.91	29.39	44.12	73.51
安徽省	93	3.07	58.40	59.27	7.17	30.02	42.29	72.32
福建省	106	3.50	58.45	57.91	6.88	36.17	40.42	76.59
江西省	37	1.22	58.17	57.35	6.01	21.34	49.01	70.35
山东省	169	5.58	58.24	57.43	6.46	30.20	45.23	75.42
河南省	74	2.44	59.56	60.41	6.45	25.86	47.07	72.94
湖北省	94	3.10	58.81	58.72	6.18	26.70	45.70	72.40
湖南省	84	2.77	59.26	59.66	6.61	35.46	42.55	78.00
广东省	471	15.54	61.31	61.99	6.54	32.94	43.52	76.47
广 西	36	1.19	58.88	60.36	6.97	29.79	46.33	76.12
海南省	28	0.92	54.15	53.73	6.06	23.09	44.63	67.72
重庆市	43	1.42	57.10	54.14	7.41	30.70	45.48	76.18
四川省	110	3.63	58.58	58.77	6.56	28.15	46.71	74.86
贵州省	23	0.76	57.37	58.03	6.31	23.60	46.91	70.52
云南省	32	1.06	55.47	55.68	6.70	24.80	42.29	67.09
西 藏	14	0.46	56.97	56.30	6.11	19.62	48.02	67.64
陕西省	45	1.48	57.04	58.03	6.55	28.96	41.49	70.45
甘肃省	30	0.99	55.61	55.07	5.92	26.62	42.27	68.89
青海省	12	0.40	53.26	53.28	6.39	20.67	45.23	65.90
宁 夏	12	0.40	53.19	52.33	3.49	12.18	48.19	60.37
新 疆	48	1.58	56.24	55.62	6.62	27.03	44.20	71.23
合 计	3 031	100.00	58.92	59.18	6.73	37.58	40.42	78.00

资料来源:南开大学公司治理数据库。

二、2012—2017 年中国上市公司经理层治理分地区比较

表 7.10 反映了各地区经理层治理指数均值 2012—2017 年的变化趋势。2012—2017 年六年间，经理层治理状况连续年度较好的是广东省、北京市、浙江省、上海市和河南省，这些地区连续年度的经理层治理趋势水平高于全部样本公司六年间的趋势平均水平。西藏、贵州省、四川省和新疆等地区的上市公司治理状况 2017 年较 2016 年有一定程度的改善。但青海省、新疆、黑龙江省近三年综合排名依然在全部地区样本的后列，经理层治理状况需要进一步改善。从近三年变化趋势来看，江西省、海南省和甘肃省的经理层治理水平有下降趋势。

表 7.10　中国上市公司经理层治理指数分地区描述性统计六年比较

地　区	2012	2013	2014	2015	2016	2017
北京市	59.32	56.56	58.93	59.77	59.46	60.61
天津市	58.10	55.72	56.90	56.37	56.40	56.95
河北省	56.24	56.04	55.63	56.83	57.16	57.25
山西省	55.16	55.46	54.22	53.54	52.86	54.47
内蒙古	56.13	56.08	56.42	55.58	57.28	56.07
辽宁省	56.25	56.87	56.51	57.61	57.46	57.96
吉林省	56.65	55.37	56.40	56.48	56.46	59.05
黑龙江省	54.81	54.75	54.83	55.57	55.95	54.80
上海市	59.17	57.76	57.50	58.26	57.35	57.88
江苏省	57.62	56.98	57.83	58.04	58.55	59.02
浙江省	58.37	58.30	58.20	58.74	59.21	59.78
安徽省	58.10	56.59	56.31	57.95	57.42	58.40
福建省	57.60	57.12	56.72	57.09	57.72	58.45
江西省	54.85	56.63	56.66	59.17	58.94	58.17
山东省	56.18	57.03	56.52	56.81	57.63	58.24
河南省	57.14	57.99	57.92	58.17	59.02	59.56
湖北省	57.34	56.95	55.68	56.80	57.02	58.81
湖南省	56.39	57.01	57.25	58.28	57.71	59.26
广东省	57.23	58.37	58.40	59.36	59.73	61.31
广　西	55.09	55.48	55.86	56.23	56.90	58.88
海南省	57.14	55.12	53.77	55.18	54.69	54.15
重庆市	56.22	55.89	56.21	57.29	56.80	57.10

续表

地　区	2012	2013	2014	2015	2016	2017
四川省	55.75	56.07	54.77	56.06	57.12	58.58
贵州省	55.58	55.75	54.99	56.02	57.60	57.37
云南省	55.22	55.35	55.81	55.26	54.63	55.47
西　藏	56.03	54.73	54.33	54.37	56.22	56.97
陕西省	55.08	54.97	56.89	55.00	55.12	57.04
甘肃省	55.38	54.79	54.01	55.86	55.62	55.61
青海省	54.14	52.66	52.16	51.46	50.78	53.26
宁　夏	57.00	54.58	54.67	54.26	53.39	53.19
新　疆	56.05	54.32	53.62	54.55	55.57	56.24
合　计	57.27	57.21	57.12	57.80	58.01	58.92

资料来源:南开大学公司治理数据库。

第五节　中国上市公司经理层治理100佳评价

一、中国上市公司经理层治理100佳比较分析

表7.11是样本公司和100佳公司经理层治理指数以及各分项指标的描述统计结果,经理层治理100佳上市公司经理层治理指数平均值为72.08,任免制度、执行保障机制、和激励约束指数的均值依次为66.97、74.88和74.41。100佳公司各项指标的平均水平显著高于全体样本。

表7.11　上市公司经理层治理指数100佳描述性统计

项　　目	样本	平均值	中位数	标准差	极差	最小值	最大值
经理层治理指数	100佳	72.08	71.62	1.62	7.66	70.35	78.00
	样本总体	58.92	59.18	6.73	37.58	40.42	78.00
任免制度	100佳	66.97	66.67	5.71	26.67	55.56	82.22
	样本总体	60.74	61.11	6.03	45.56	36.67	82.22
执行保障	100佳	74.88	75.00	5.14	28.33	61.67	90.00
	样本总体	63.08	63.33	9.13	60.00	31.67	91.67
激励约束	100佳	74.41	74.29	4.93	24.29	58.57	82.86
	样本总体	53.67	55.71	15.70	57.14	25.71	82.86

资料来源:南开大学公司治理数据库。

二、中国上市公司经理层治理 100 佳公司行业分布

表 7.12 显示，经理层治理 100 佳上市公司的行业分布有较大的差异。制造业中有 3.43%，即 65 家上市公司进入 100 佳，数量比 2016 年多 2 家。紧跟其后的是房地产业，有 9 家。信息传输、软件和信息技术服务业有 7 家，批发和零售业有 6 家。建筑业、科学研究和技术服务业均有 3 家公司入选经理层治理 100 佳。另外，100 佳中，采矿业，电力、热力、燃气及水生产和供应业，交通运输、仓储和邮政业，金融业，租赁和商务服务业，卫生和社会工作以及文化、体育和娱乐业都有 1 家公司入选。

卫生和社会工作有 14.29%的上市公司进入了全部样本公司的 100 佳行列，是入选的 100 佳上市公司占本行业百分比最高的行业，排在其后的是科学研究和技术服务业，达到 11.11%。房地产业，批发和零售业，信息传输、软件和信息技术服务业，制造业和建筑业进入总样本经理层治理 100 佳的公司均超过各行业样本公司总数 3%，分别是 7.20%、3.85%、3.45%、3.43%和 3.41%。

表 7.12　中国上市公司经理层治理 100 佳公司行业分布

行　　业	样本总体		100 佳		
	数目	比例(%)	数目	比例(%)	占本行业比例(%)
农、林、牧、渔业	45	1.48	—	—	—
采矿业	75	2.47	1	1.00	1.33
制造业	1 895	62.52	65	65.00	3.43
电力、热力、燃气及水生产和供应业	97	3.20	1	1.00	1.03
建筑业	88	2.90	3	3.00	3.41
批发和零售业	156	5.15	6	6.00	3.85
交通运输、仓储和邮政业	89	2.94	1	1.00	1.12
住宿和餐饮业	11	0.36	—	—	—
信息传输、软件和信息技术服务业	203	6.70	7	7.00	3.45
金融业	67	2.21	1	1.00	1.49
房地产业	125	4.12	9	9.00	7.20
租赁和商务服务业	42	1.39	1	1.00	2.38
科学研究和技术服务业	27	0.89	3	3.00	11.11
水利、环境和公共设施管理业	33	1.09	—	—	—
教育	3	0.10	—	—	—

续表

行业	样本总体		100 佳		
	数目	比例(%)	数目	比例(%)	占本行业比例(%)
卫生和社会工作	7	0.23	1	1.00	14.29
文化、体育和娱乐业	45	1.48	1	1.00	2.22
综合	23	0.76	—	—	—
合计	3 031	100.00	100	100.00	3.30

资料来源:南开大学公司治理数据库。

三、中国上市公司经理层治理 100 佳公司控股股东性质分布

表 7.13 显示,经理层治理 100 佳上市公司中比例较高的是控股股东性质为民营控股和国有控股的上市公司,其所占比例分别为 68.00%和 28.00%,与 2016 年的数据相比,国有控股上市公司中进入 100 佳的公司增加了 2 家,而民营控股的 100 佳上市公司减少了 2 家。外资控股上市公司进入 100 佳的比例为 2.00%,其他类型上市公司有 2 家进入 100 佳。

表 7.13 中国上市公司经理层治理 100 佳公司控股股东性质分布

控股股东性质	样本总体		100 佳		
	数目	比例(%)	数目	比例(%)	占本组比例(%)
国有控股	1 044	34.44	28	28.00	2.68
集体控股	18	0.59	—	—	—
民营控股	1 877	61.93	68	68.00	3.62
社会团体控股	13	0.43	—	—	—
外资控股	45	1.48	2	2.00	4.44
职工控股会控股	4	0.13	—	—	—
其他类型	30	0.99	2	2.00	6.67
合计	3 031	100.00	100	100.00	3.30

资料来源:南开大学公司治理数据库。

四、中国上市公司经理层治理 100 佳公司地区分布

表 7.14 表明,广东省样本公司中入选经理层治理 100 佳的公司数量最多,有 29 家公司入选。其次是北京市,有 12 家上市公司入选经理层治理 100 佳。浙江省、上海市、江苏省、山东省在 100 佳公司中所占的数目依次为 9 家、8 家、5 家、5 家。辽宁省、吉林

省、河南省、湖南省、广西和重庆市均有 3 家入选 100 佳。内蒙古、福建省和四川省有 2 家公司入选 100 佳。河北省、山西省、安徽省、江西省、湖北省、贵州省、陕西省和新疆均有 1 家上市公司入选经理层治理 100 佳。

表 7.14 中国上市公司经理层治理 100 佳公司地区分布

地 区	样本总体		100 佳		
	数目	比例(%)	数目	比例(%)	占本地区比例(%)
北京市	282	9.30	12	12.00	4.26
天津市	45	1.48	—	—	—
河北省	51	1.68	1	1.00	1.96
山西省	38	1.25	1	1.00	2.63
内蒙古	25	0.82	2	2.00	8.00
辽宁省	73	2.41	3	3.00	4.11
吉林省	41	1.35	3	3.00	7.32
黑龙江省	35	1.15	—	—	—
上海市	237	7.82	8	8.00	3.38
江苏省	316	10.43	5	5.00	1.58
浙江省	327	10.79	9	9.00	2.75
安徽省	93	3.07	1	1.00	1.08
福建省	106	3.50	2	2.00	1.89
江西省	37	1.22	1	1.00	2.70
山东省	169	5.58	5	5.00	2.96
河南省	74	2.44	3	3.00	4.05
湖北省	94	3.10	1	1.00	1.06
湖南省	84	2.77	3	3.00	3.57
广东省	471	15.54	29	29.00	6.16
广 西	36	1.19	3	3.00	8.33
海南省	28	0.92	—	—	—
重庆市	43	1.42	3	3.00	6.98
四川省	110	3.63	2	2.00	1.81
贵州省	23	0.76	1	1.00	4.34
云南省	32	1.06	—	—	—
西 藏	14	0.46	—	—	—
陕西省	45	1.48	1	1.00	2.22

续表

地　区	样本总体		100 佳		
	数目	比例(%)	数目	比例(%)	占本地区比例(%)
甘肃省	30	0.99	—	—	—
青海省	12	0.40	—	—	—
宁　夏	12	0.40	—	—	—
新　疆	48	1.58	1	1.00	2.08
合　计	3 031	100.00	100	100.00	3.30

资料来源:南开大学公司治理数据库。

主 要 结 论

第一,2017 年样本上市公司的经理层治理指数最高值为 78.00,最低值为 40.42,平均值为 58.92,标准差为 6.73。从经理层评价的三个主因素层面来看,样本公司经理层任免制度指数平均值为 60.74,样本标准差为 6.03;执行保障指数的平均值为 63.08,样本标准差 9.13,极差最大,为 60.00;激励与约束机制指数平均值为 53.67,样本离散程度最大,标准差为 15.70。相比较上一年度,上市公司样本增加了 224 家,经理层治理指数上升了 0.91,其中激励约束指数较 2016 年上升 1.42,任免制度指数和执行保障指数的平均值与 2016 年相比,分别上升了 0.76 和 0.55。样本公司经理层总体治理状况呈现平稳趋势。

第二,2012—2017 年连续六年经理层治理指数的发展趋势显示,样本公司经理层治理指数平均值分别为 58.92(2017 年)、58.01(2016 年)、57.80(2015 年)、57.12(2014 年)、57.21(2013 年)和 57.27(2012 年)。六年中经理层治理指数 2014 年最低,值为 57.12,近六年指数较平稳。任免制度指数和执行保障指数近三年呈现平稳变化趋势。激励约束指数近六年上升幅度较大,在 2012 年出现最低点,总体呈现上升趋势,2017 年达到 53.67。

第三,2017 年度样本公司在经理层治理评价指数行业分布情况显示,样本公司的平均值为 58.92,信息传输、软件和信息技术服务业,科学研究和技术服务业,制造业以及卫生和社会工作的经理层治理状况高于样本公司的平均水平,指数均值分别为 62.55、62.31、59.41 和 59.05。交通运输、仓储和邮政业,采矿业,教育以及电力、热力、燃气及水生产和供应业的经理层平均治理水平列于样本公司平均治理指数的最后四位,且均低于 56.00。在全部上市公司样本中,经理层治理状况最佳的上市公司分别出现在制造业，房地产业以及交通运输、仓储和邮政业，这些行业样本公司的经理层治理指数最大值分别达到 78.00、76.59 和 76.47。经理层治理评价指数平均值最高的大类行业为信息传输、软件和信息技术服务业，均值为 62.55；而经理层治理评价指数平均值最低的行业则为交通运输、仓储和邮政业，均值为 54.84，相差 7.71，这说明各行业上市公司之间的经理层治理状况差距加大。

第四，任免制度指数平均值为 60.74，排在前三位的行业是农、林、牧、渔业，电力、热力、燃气及水生产和供应业以及金融业，任免指数均值分别为 61.64、61.40 和 61.40。而住宿和餐饮业，文化、体育和娱乐业，制造业等也处于平均水平以上。任免制度指数最低的三个行业依次为租赁和商务服务业、教育以及卫生和社会工作，指数均值分别仅为 59.25、58.52 和 57.36，这些相关行业无论在高管行政任职还是高管变更等方面均有较大改进空间。

样本上市公司在执行保障维度表现较好的行业依次是金融业，科学研究和技术服务业，综合，住宿和餐饮业，房地产业，水利、环境和公共设施管理业，信息传输、软件和信息技术服务业，文化、体育和娱乐业，电力、热力、燃气及水生产和供应业，以及租赁和商务服务业等行业，执行保障指数平均值都高于样本总体平均水平 63.08。而采矿业，建筑业，交通运输、仓储和邮政业，制造业，教育，农、林、牧、渔业，批发和零售业以及卫生和社会工作等均低于样本平均水平，这些相关行业在执行保障维度上还有较大的改善空间。

激励约束指数平均值排名前三位的行业分别为信息传输、软件和信息技术服务业，科学研究和技术服务业以及卫生和社会工作，激励约束指数的平均水平为 53.67，其他高于平均水平的还有制造业，它们的指数分别为 63、59.84、59.8 和 55.28。激励约束指数最高值出现在制造业，信息传输、软件和信息技术服务业，科学研究和技术服务业以及文化、体育和娱乐业，达到 82.86。

第五，样本公司在经理层治理评价 2013—2017 年行业分布及发展趋势情况表明，2013—2017 年的五年间，经理层治理状况最好的三个行业为教育，科学研究和技术服务业以及信息传输、软件和信息技术服务业，而经理层治理指数较低的行业为采矿业，电力、热力、燃气及水生产和供应业以及金融业。近五年来，所有行业上市公司经理层治理指数平均水平基本呈平稳提升趋势，2016 年值为 58.01，2017 年度达到最高值 58.92。

第六，2017 年评价中，各组样本公司的经理层治理指数统计指标，控股股东性质为其他类型的上市公司经理层治理指数最高，为 61.97。其次是民营控股上市公司，其经理层治理指数为 60.41。最低的为社会团体控股的上市公司，其经理层治理指数为

51.57。外资控股、集体控股、职工持股会控股和国有控股的上市公司的经理层治理指数分别为58.31、57.91、57.60和56.29。

第七,2012—2017年,国有控股上市公司样本经理层治理均值分别为56.76、55.82、56.09、56.23、56.03和56.29,民营控股上市公司经理层治理均值分别为57.53、58.26、57.92、58.97、59.2和60.41。民营控股上市公司从最初治理水平落后于国有控股上市公司,经过近年来中国资本市场环境的规范管理,在治理质量上已不存在差异。2012年,民营控股上市公司激励约束指数高于国有控股上市公司,2016年高出国有控股上市公司12.15, 2017年高出国有控股上市公司13.08,民营控股上市公司在激励约束指数上有了较大的提高,且呈现逐步提高的态势。民营控股上市公司和国有控股上市公司在任免制度指数近三年发展趋势较平稳。国有控股上市公司执行保障指数发展呈平稳趋势,民营控股上市公司的执行保障制度较国有控股上市公司相比有很大的上升空间。综上所述,民营控股上市公司在经理层治理总体状况和激励与约束机制方面超过国有控股上市公司,任免制度方面差别不显著,民营控股上市公司执行保障制度较国有控股上市公司还需要进一步加强。

第八,经理层治理指数各地区有一定差异,平均值最高的广东省和最低的宁夏指数相差8.12,治理指数均值排名前十位的地区依次为广东省、北京市、浙江省、河南省、湖南省、吉林省、江苏省、广西、湖北省和四川省。各地区经理层治理指数平均值分别为61.31、60.61、59.78、59.56、59.26、59.05、59.02、58.88、58.81和58.58,前七名地区的上市公司经理层治理指数高于上市公司总体样本指数均值58.92。2017年指数最低的五个地区分别是宁夏、青海省、海南省、山西省和黑龙江省,经理层治理指数平均值分别为53.19、53.26、54.15、54.47和54.80。

2012—2017年六年间,经理层治理状况连续年度较好的是广东省、北京市、浙江省、上海市和河南省,这些地区连续年度的经理层治理趋势水平高于全部样本公司六年间的趋势平均水平。西藏、贵州省、四川省和新疆等地区的上市公司治理状况2017年较2016年有一定程度的改善。但青海省、新疆、黑龙江省近三年综合排名依然在全部地区样本的后列,经理层治理状况需要进一步改善。从近三年变化趋势来看,江西省、海南省和甘肃省的经理层治理水平有下降趋势。

第九,经理层治理100佳上市公司经理层治理指数平均值为72.08,任免制度、执行保障机制、激励约束指数的均值依次为66.97、74.88和74.41。100佳公司各项指标的平均水平显著高于全体样本。

经理层治理100佳上市公司的行业分布有较大的差异。制造业中有3.43%,即65家上市公司进入100佳,数量比2016年多2家。紧跟其后的是房地产业,有9家。

信息传输、软件和信息技术服务业有7家，批发和零售业有6家。建筑业、科学研究和技术服务业均有3家公司入选经理层治理100佳。另外，100佳中，采矿业，电力、热力、燃气及水生产和供应业，交通运输、仓储业，金融业，租赁和商务服务业，卫生和社会工作以及文化、体育和娱乐业均分别有1家公司入选。

卫生和社会工作有14.29%的上市公司进入了全部样本公司的100佳行列，是入选的100佳上市公司占本行业百分比最高的行业，排在其后的是科学研究和技术服务业，达到11.11%。房地产业，批发和零售业，信息传输、软件和信息技术服务业，制造业和建筑业进入总样本经理层治理100佳的公司均超过各行业样本公司总数3%，分别是7.20%、3.85%、3.45%、3.43%和3.41%。

经理层治理100佳上市公司中比例较高的是控股股东性质为民营控股和国有控股的上市公司，其所占比例分别为68.00%和28.00%，与2016年的数据相比，国有控股的上市公司中进入100佳的公司增加了2家，而民营控股的100佳上市公司减少了2家。外资控股上市公司进入100佳公司的比例为2.00%，其他类型控股的上市公司有2家进入100佳。

广东省样本公司中入选经理层治理100佳的公司数量最多，有29家公司入选。其次是北京市，有12家上市公司入选经理层治理100佳。浙江省、上海市、江苏省、山东省在100佳公司中所占的数目依次为9家、8家、5家、5家。辽宁省、吉林省、河南省、湖南省、广西和重庆市均有3家入选100佳。内蒙古、福建省和四川省有2家公司入选100佳。河北省、山西省、安徽省、江西省、湖北省、贵州省、陕西省和新疆均有1家上市公司入选经理层治理100佳。

第八章　中国上市公司信息披露评价

第一节　中国上市公司信息披露总体分析

一、2017 年中国上市公司信息披露总体描述

2017 年中国上市公司样本量为 3 031 家，信息披露指数的平均值为 65.04，标准差为 7.55，信息披露指数服从正态分布。从标准差来看，信息披露总体水平较为集中，上市公司之间的信息披露差距不是很大。但从极差 41.91 来看，信息披露最好和最差的公司存在较大差距。

表 8.1　中国上市公司信息披露总体状况描述性统计

项　　目	平均值	中位数	标准差	极差	最小值	最大值
信息披露指数	65.04	65.21	7.55	41.91	44.13	86.04
可靠性	64.74	63.00	11.89	45.50	43.00	88.50
相关性	64.54	65.15	6.26	57.96	31.67	89.63
及时性	66.57	66.28	14.85	44.63	47.25	91.88

资料来源：南开大学公司治理数据库。

从信息披露的三个主要因素来看，中国上市公司信息披露的可靠性、相关性和及时性的平均值依次为 64.74、64.54 和 66.57，信息披露的及时性表现最好，各指标之间的差异不大；从标准差来看，中国上市公司信息披露的可靠性、相关性和及时性的标准差依次为 11.89、6.26 和 14.85，及时性分散程度最大，上市公司信息披露的及时程度存在较大差异；从极差来看，中国上市公司信息披露的可靠性、相关性和及时性的极差依次为 45.50、57.96 和 44.63，信息披露最好和最差的公司在可靠性、相关性和及时性方面都存在非常大的差距。

二、2012—2017 年中国上市公司信息披露比较

图 8.1 和表 8.2 列明了 2012—2017 年连续六年中国上市公司治理信息披露状况与

趋势特征。2012—2017 年连续六年信息披露指数的发展趋势显示,六年指数平均值呈现出逐年上升的趋势,从 2012 年的 63.14 提高到 2017 年的 65.04。三个分指数中,可靠性指数六年间呈现出逐年上升趋势,从 2012 年的 62.09 提高到 2017 年的 64.74;相关性指数六年间呈现出逐年上升趋势,从 2012 年的 61.84 提高到 2017 年的 64.54;及时性指数从 2012 年到 2017 年变化幅度较小,其中 2015 年达到最高值 66.78, 2017 年为66.57,相比 2016 年上升了 0.93。

从信息披露指数的横向比较来看,上市公司在信息披露方面及时性做得最好,2012—2017 年连续六年都是及时性指数最大,可靠性次之,相关性最低。

表 8.2　中国上市公司信息披露指数描述性统计六年比较

项　目	2012	2013	2014	2015	2016	2017
信息披露指数	63.14	63.18	63.29	64.27	64.53	65.04
可靠性	62.09	62.11	63.28	64.03	64.34	64.74
相关性	61.84	61.94	62.17	63.54	64.10	64.54
及时性	65.84	65.83	65.92	66.78	65.64	66.57

资料来源:南开大学公司治理数据库。

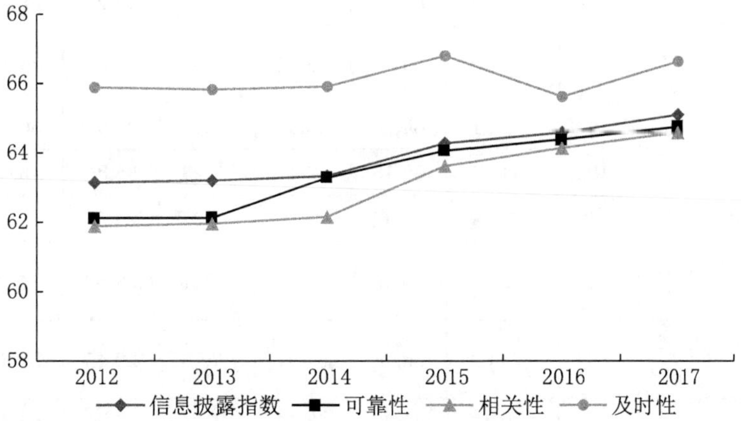

资料来源:南开大学公司治理数据库。

图 8.1　中国上市公司信息披露指数平均值六年折线图比较

第二节　中国上市公司信息披露分行业评价

一、2017 年中国上市公司信息披露分行业总体描述

表 8.3 显示 2017 年样本公司在信息披露指数分行业分布情况。样本公司的平均

值为65.04,从行业分布状况可以看出,各行业信息披露指数存在差异,但并不十分明显。其中平均值居于前三位的为卫生和社会工作,住宿和餐饮业以及电力、热力、燃气及水生产和供应业,指数分别为67.69、67.41和66.55;平均值最低的三个行业是租赁和商务服务业、房地产业以及批发和零售业,但指数均高于60.00,分别为61.42、62.15和62.27。

表8.3 中国上市公司信息披露指数分行业描述性统计

行业	数目	比例(%)	平均值	中位数	标准差	极差	最小值	最大值
农、林、牧、渔业	45	1.48	62.28	63.15	6.95	25.62	49.05	74.67
采矿业	75	2.47	62.50	61.24	7.23	33.54	45.14	78.68
制造业	1 895	62.52	65.58	65.86	7.57	39.34	44.80	84.14
电力、热力、燃气及水生产和供应业	97	3.20	66.55	66.17	7.55	38.10	47.94	86.04
建筑业	88	2.90	64.00	63.66	6.87	34.60	49.31	83.91
批发和零售业	156	5.15	62.27	62.38	7.53	39.20	46.68	85.88
交通运输、仓储和邮政业	89	2.94	65.80	65.38	6.60	30.57	50.94	81.51
住宿和餐饮业	11	0.36	67.41	66.20	11.34	28.21	52.96	81.17
信息传输、软件和信息技术服务业	203	6.70	65.15	65.34	7.60	38.61	45.44	84.05
金融业	67	2.21	64.40	64.64	5.73	24.91	50.18	75.09
房地产业	125	4.12	62.15	62.41	7.23	35.34	45.64	80.98
租赁和商务服务业	42	1.39	61.42	60.70	7.27	23.50	50.43	73.93
科学研究和技术服务业	27	0.89	66.46	66.68	7.51	28.59	51.09	79.68
水利、环境和公共设施管理业	33	1.09	66.24	64.94	7.13	28.45	52.84	81.29
教育	3	0.10	65.36	63.32	4.21	7.64	62.56	70.20
卫生和社会工作	7	0.23	67.69	65.18	10.56	24.18	56.50	80.68
文化、体育和娱乐业	45	1.48	65.08	66.11	6.82	33.60	44.13	77.73
综合	23	0.76	65.78	65.71	8.19	32.17	50.92	83.09
合计	3 031	100.00	65.04	65.21	7.55	41.91	44.13	86.04

资料来源:南开大学公司治理数据库。

从表8.4的分指数可以看出,卫生和社会工作,住宿和餐饮业以及电力、热力、燃气及水生产和供应业居于前列的主要因素是三个行业的信息披露可靠性指数相对较高,但相关性和及时性表现一般。可靠性指数整体平均值为64.74,三个行业分别为71.20、67.40和68.10;相关性指数整体平均值为64.54,三个行业分别为63.75、68.09和63.23;及时性指数整体平均值为66.57,三个行业分别为64.80、66.42和67.64。

导致租赁和商务服务业、房地产业以及批发和零售业分值较低的原因是这三个行业的信息披露可靠性远低于均值。可靠性、相关性与及时性的整体均值分别为64.74、64.54和66.57,但三个行业可靠性分别为59.80、58.80和60.65,相关性分别为65.41、65.13和63.83,及时性分别为59.49、66.05和63.97。可以看出,三个行业的可靠性较差,但相关性和及时性存在一定互补效应。

表8.4 中国上市公司信息披露分指数分行业描述性统计

行业	数目	比例(%)	信息披露指数	可靠性	相关性	及时性
农、林、牧、渔业	45	1.48	62.28	60.17	64.58	64.13
采矿业	75	2.47	62.50	61.81	62.51	64.23
制造业	1 895	62.52	65.58	65.33	64.94	67.17
电力、热力、燃气及水生产和供应业	97	3.20	66.55	68.10	63.23	67.64
建筑业	88	2.90	64.00	63.31	65.29	63.80
批发和零售业	156	5.15	62.27	60.65	63.83	63.97
交通运输、仓储和邮政业	89	2.94	65.80	67.20	62.97	66.54
住宿和餐饮业	11	0.36	67.41	67.40	68.09	66.42
信息传输、软件和信息技术服务业	203	6.70	65.15	64.67	64.29	67.65
金融业	67	2.21	64.40	67.72	57.07	67.08
房地产业	125	4.12	62.15	58.80	65.13	66.05
租赁和商务服务业	42	1.39	61.42	59.80	65.41	59.49
科学研究和技术服务业	27	0.89	66.46	67.04	64.34	68.21
水利、环境和公共设施管理业	33	1.09	66.24	65.76	66.58	66.95
教育	3	0.10	65.36	73.33	59.92	53.60
卫生和社会工作	7	0.23	67.69	71.20	63.75	64.80
文化、体育和娱乐业	45	1.48	65.08	65.57	64.79	64.30
综合	23	0.76	65.78	66.74	66.68	62.01
合计	3 031	100.00	65.04	64.74	64.54	66.57

资料来源:南开大学公司治理数据库。

二、2013—2017 中国上市公司信息披露分行业比较

从表 8.5 的统计数据可以看出,除制造业 2013—2017 年五年间呈现每年逐渐升高的趋势之外,其他各行业的信息披露指数平均水平时而提高时而下降,各年度间波动较大。整体而言,五年各行业信息披露水平差异较大。卫生和社会工作以及制造业 2 个行业在五年间表现较好,各年信息披露指数均大于整体平均值。而农、林、牧、渔业,批发和零售业,房地产业,租赁和商务服务业 4 个行业各年信息披露指数均小于整体平均值。

与 2016 年信息披露指数平均水平相比,2017 年卫生和社会工作下降最多,下降了 2.62,水利、环境和公共设施管理业,建筑业,信息传输、软件和信息技术服务业,租赁和商务服务业以及科学研究和技术服务业 5 个行业也有一定幅度的降低,但降幅不大。其他 12 个行业 2017 年信息披露指数水平各有不同程度的提高,升高幅度排名前三的是综合、住宿和餐饮业、金融业,分别提高了 6.47、5.02 和 3.99。

表 8.5 中国上市公司信息披露指数分行业描述性统计五年比较

行业	2013	2014	2015	2016	2017
农、林、牧、渔业	61.13	59.68	61.34	58.64	62.28
采矿业	64.23	63.65	62.63	60.57	62.50
制造业	63.66	64.21	65.10	65.54	65.58
电力、热力、燃气及水生产和供应业	65.25	63.26	61.66	64.89	66.55
建筑业	64.45	61.47	64.59	64.40	64.00
批发和零售业	61.35	61.78	62.39	60.44	62.27
交通运输、仓储和邮政业	62.80	64.31	63.96	65.42	65.80
住宿和餐饮业	61.91	66.13	61.01	62.39	67.41
信息传输、软件和信息技术服务业	62.01	60.69	63.67	66.09	65.15
金融业	57.20	65.22	65.58	60.41	64.40
房地产业	62.34	59.67	60.69	59.51	62.15
租赁和商务服务业	62.06	57.81	61.75	63.12	61.42
科学研究和技术服务业	62.78	63.24	69.97	68.86	66.46
水利、环境和公共设施管理业	62.54	64.82	64.94	66.32	66.24
教育	52.93	75.42	59.36	65.23	65.36
卫生和社会工作	67.51	64.43	65.74	70.31	67.69

续表

行　　业	2013	2014	2015	2016	2017
文化、体育和娱乐业	62.42	59.60	62.19	62.48	65.08
综合	59.37	54.07	60.39	59.31	65.78
合　　计	63.18	63.29	64.27	64.53	65.04

资料来源:南开大学公司治理数据库。

第三节　中国上市公司信息披露分控股股东性质评价

一、2017 年中国上市公司信息披露分控股股东性质总体描述

表 8.6 给出了按控股股东性质分类的 2017 年评价中各组样本公司的信息披露指数统计指标。控股股东性质为国有控股的上市公司信息披露指数为 64.69、集体控股为 62.98、民营控股为 65.28、社会团体控股为 60.97、外资控股为 66.35、职工持股为63.17和其他类型为 64.10。我国控股股东性质主要为国有控股和民营控股,占样本企业总比例达 96.40%。其中国有控股和民营控股上市公司的信息披露指数最高的分别为 85.88 和 86.04,极差分别为 41.75 和 40.60,标准差分别为 7.53 和 7.52,表明民营控股上市公司信息披露水平高于国有控股上市公司信息披露水平。

表 8.6　中国上市公司信息披露指数分控股股东性质描述性统计

控股股东性质	数目	比例(%)	平均值	中位数	标准差	极差	最小值	最大值
国有控股	1 044	34.44	64.69	64.99	7.53	41.75	44.13	85.88
集体控股	18	0.59	62.98	61.84	8.61	28.97	51.62	80.59
民营控股	1 877	61.93	65.28	65.38	7.52	40.60	45.44	86.04
社会团体控股	13	0.43	60.97	58.63	8.22	30.15	47.68	77.83
外资控股	45	1.48	66.35	67.70	8.02	35.83	46.69	82.52
职工持股会控股	4	0.13	63.17	60.39	6.81	14.67	58.62	73.29
其他类型	30	0.99	64.10	64.63	7.73	33.56	44.80	78.36
合　　计	3 031	100.00	65.04	65.21	7.55	41.91	44.13	86.04

资料来源:南开大学公司治理数据库。

从分指数看,民营控股上市公司信息披露治理指数高于国有控股上市公司的原因是民营控股上市公司的相关性和可靠性分指数较高,分别高出国有控股上市公司

1.68和0.27,及时性相差不大,反映出民营控股上市公司有较好的相关性信息披露水平。这与创业板公司大部分是民营公司有一定的关系,监管部门对风险较高的创业板公司有更高的信息披露要求。导致外资控股上市公司信息披露水平较高的原因是这两类公司的可靠性和及时性分指数较高。

表 8.7 中国上市公司信息披露分指数分控股股东性质描述性统计

控股股东性质	信息披露指数	可靠性	相关性	及时性
国有控股	64.69	64.59	63.55	66.65
集体控股	62.98	60.58	63.01	68.96
民营控股	65.28	64.85	65.22	66.42
社会团体控股	60.97	59.69	64.18	59.36
外资控股	66.35	66.65	63.36	70.09
职工持股会控股	63.17	64.15	60.78	64.32
其他类型	64.10	64.50	59.84	69.49
合 计	65.04	64.74	64.54	66.57

资料来源:南开大学公司治理数据库。

二、2012—2017 年中国上市公司信息披露分控股股东性质比较

表 8.8 主要呈现了国有控股和民营控股上市公司信息披露指数在 2012—2017 年之间的变动。从信息披露指数总体来看,国有控股上市公司五年内信息披露指数比较稳定,2017 年有较大幅度提高。民营控股上市公司前三年信息披露指数在 63.00 上下波动,但 2015 年、2016 年和 2017 年连续三年有较大幅度提高。横向比较来看,2013 年、2014 年,国有控股上市公司的信息披露水平略高于民营控股上市公司的信息披露水平,而 2012 年、2015 年、2016 年和 2017 年,民营控股上市公司信息披露水平高于国有控股上市公司。

表 8.8 中国国有和民营控股公司信息披露指数描述性统计六年比较

年 份	控股股东性质	信息披露指数	可靠性	相关性	及时性
2012	国有	62.66	62.42	61.28	64.35
	民营	63.16	61.84	61.75	66.32
2013	国有	63.90	62.48	63.06	66.63
	民营	62.67	61.85	61.14	65.31

续表

年　份	控股股东性质	信息披露指数	可靠性	相关性	及时性
2014	国有	63.43	63.56	62.26	65.73
	民营	63.03	62.85	62.01	66.00
2015	国有	63.57	64.00	61.39	67.22
	民营	64.75	63.99	65.09	66.50
2016	国有	63.05	64.56	59.95	63.91
	民营	65.50	64.24	66.72	66.80
2017	国有	64.69	64.59	63.55	66.65
	民营	65.28	64.85	65.22	66.42

资料来源：南开大学公司治理数据库。

第四节　中国上市公司信息披露分地区评价

一、2017 年中国上市公司信息披露分地区总体描述

表 8.9 显示，上市公司信息披露指数排名前五位的是云南省（66.90）、河北省（66.86）、江苏省（65.99）、安徽省（65.88）和浙江省（65.87）的上市公司。云南省排名靠前的主要原因在于及时性表现突出，均值为 72.45，远高于整体信息披露指数均值 65.04，可靠性与相关性表现一般。信息披露指数排名后五位的是青海省（59.47）、黑龙江省（61.45）、山西省（61.55）、广西（61.98）和宁夏（62.30）的上市公司。关注各地区的指数极差和标准差可以发现，排名在前和排名在后的地区信息披露指数的极差和标准差较大，说明各地区上市公司信息披露水平分布不平衡。

表 8.9　中国上市公司信息披露指数分地区描述性统计

地　区	数目	比例（%）	平均值	中位数	标准差	极差	最小值	最大值
北京市	282	9.30	64.78	64.81	7.43	37.37	44.13	81.50
天津市	45	1.48	64.81	64.64	7.79	32.02	48.81	80.83
河北省	51	1.68	66.86	65.76	7.76	31.03	50.46	81.49
山西省	38	1.25	61.55	60.24	7.57	29.59	48.24	77.83
内蒙古	25	0.82	62.91	62.31	7.00	27.73	50.95	78.68
辽宁省	73	2.41	64.25	64.03	7.95	33.29	47.36	80.65

续表

地 区	数目	比例(%)	平均值	中位数	标准差	极差	最小值	最大值
吉林省	41	1.35	62.93	63.69	7.39	33.35	47.94	81.29
黑龙江省	35	1.15	61.45	61.61	6.71	28.63	48.28	76.91
上海市	237	7.82	63.34	63.59	7.29	33.46	46.18	79.64
江苏省	316	10.43	65.99	65.79	8.00	38.37	44.80	83.17
浙江省	327	10.79	65.87	66.31	6.88	36.93	47.21	84.14
安徽省	93	3.07	65.88	65.62	7.37	40.74	45.14	85.88
福建省	106	3.50	64.44	65.53	7.15	33.15	46.53	79.68
江西省	37	1.22	65.32	64.81	8.23	30.49	49.91	80.40
山东省	169	5.58	65.09	64.36	7.66	32.18	48.50	80.68
河南省	74	2.44	65.87	66.02	6.97	31.30	47.76	79.06
湖北省	94	3.10	65.35	64.69	7.27	30.39	49.51	79.90
湖南省	84	2.77	64.84	63.57	6.98	32.46	50.18	82.64
广东省	471	15.54	65.87	65.92	7.00	35.16	48.89	84.05
广 西	36	1.19	61.98	63.24	7.41	28.76	45.44	74.20
海南省	28	0.92	65.13	67.29	8.77	32.07	47.68	79.75
重庆市	43	1.42	63.80	66.09	8.84	34.74	45.81	80.55
四川省	110	3.63	65.71	66.29	8.76	35.02	46.63	81.65
贵州省	23	0.76	65.50	66.98	6.78	28.34	50.87	79.21
云南省	32	1.06	66.90	66.90	7.39	29.62	49.69	79.31
西 藏	14	0.46	65.69	67.21	7.11	24.33	52.79	77.12
陕西省	45	1.48	64.80	64.99	7.42	29.78	50.61	80.39
甘肃省	30	0.99	64.45	64.66	9.95	30.89	49.05	79.94
青海省	12	0.40	59.47	61.42	6.96	19.85	48.93	68.78
宁 夏	12	0.40	62.30	60.36	9.85	28.69	49.44	78.13
新 疆	48	1.58	63.52	62.88	8.49	36.99	49.05	86.04
合 计	3 031	100.00	65.04	65.21	7.55	41.91	44.13	86.04

资料来源:南开大学公司治理数据库。

二、2012—2017 年中国上市公司信息披露分地区比较

从表 8.10 中国分地区信息披露指数平均值的六年比较中可以看出,广东省、浙江省、江苏省和安徽省信息披露质量表现较好,分别都有三个年份以上位列地区前五名。

其中，浙江省在六年中有五年排名在前，江苏省在六年中有四年排名在前，并且其他年份披露水平也都排名较靠前。北京市、河北省和河南省两次进入信息披露前五位。2017年信息披露指数中，云南省新晋前五位水平，居于首位，但与居于第二位的河北省差距较小。

相比较而言，广西、宁夏和黑龙江省的信息披露水平最差，六个年度当中有四年排名在最后五名。西藏、吉林省和山西省的信息披露质量也较差，在六年中有三年排名都在地区排名的最后五名之内。山西省自2015年首次跌入后五位并且垫底后，2016年排名为倒数第二位，2017年排名为倒数第三位，反映出地区的反腐力度会对上市公司治理及信息披露水平有一定的影响。另外，青海省2016年首次落入后五位，并且垫底，2017年继续垫底。

总体上来看，通过以上分地区分析可以看出，信息披露水平与相应地区经济社会的发展水平有一定的关联。

表8.10 中国上市公司信息披露指数分地区描述性统计六年比较

地　区	2012	2013	2014	2015	2016	2017
北京市	64.39	63.32	62.29	65.78	65.40	64.78
天津市	63.12	64.89	59.92	62.41	63.52	64.81
河北省	61.88	64.77	62.19	63.34	64.78	66.86
山西省	60.03	61.34	62.77	60.04	56.69	61.55
内蒙古	57.10	62.39	61.41	62.21	60.35	62.91
辽宁省	61.59	64.48	61.42	62.90	62.12	64.25
吉林省	59.78	61.11	57.44	64.49	59.89	62.93
黑龙江省	60.56	58.79	60.10	60.65	60.17	61.45
上海市	61.42	61.59	63.89	64.06	61.88	63.34
江苏省	62.22	64.25	64.98	65.23	66.13	65.99
浙江省	65.40	64.07	64.95	65.93	66.61	65.87
安徽省	65.02	63.82	66.49	64.20	65.00	65.88
福建省	66.64	63.16	64.11	65.85	65.28	64.44
江西省	62.16	64.66	62.11	64.38	65.54	65.32
山东省	63.23	62.57	64.00	63.54	64.72	65.09
河南省	63.28	63.74	63.12	62.33	65.82	65.87

续表

地　区	2012	2013	2014	2015	2016	2017
湖北省	62.26	61.61	61.91	63.11	62.56	65.35
湖南省	62.24	63.46	62.79	63.34	64.05	64.84
广东省	64.47	63.90	62.82	65.33	66.99	65.87
广　西	59.93	60.64	60.77	61.13	59.83	61.98
海南省	64.03	59.20	61.05	62.04	63.00	65.13
重庆市	59.08	64.25	62.08	62.83	63.68	63.80
四川省	63.93	62.99	62.83	63.03	64.42	65.71
贵州省	61.55	65.29	64.70	62.29	64.56	65.50
云南省	64.31	63.17	63.12	64.47	59.41	66.90
西　藏	59.46	59.81	66.75	62.75	59.12	65.69
陕西省	64.15	62.06	64.92	62.33	63.31	64.80
甘肃省	60.01	61.16	62.37	62.67	62.17	64.45
青海省	60.10	61.48	64.56	63.05	53.55	59.47
宁　夏	59.66	62.30	59.42	62.56	57.76	62.30
新　疆	61.06	62.32	65.27	62.11	62.38	63.52
合　计	63.14	62.66	63.29	64.27	64.53	65.04

资料来源：南开大学公司治理数据库。

第五节　中国上市公司信息披露100佳评价

一、中国上市公司信息披露100佳比较分析

表8.11是样本公司和100佳公司信息披露指数以及各分项指标的描述统计结果。信息披露100佳上市公司信息披露评价指数平均值为80.29，比全部样本均值高出15.25。信息披露可靠性、相关性和及时性的平均值依次为83.49、70.00和87.72，分别高出全部样本18.75、5.46和21.15。100佳公司的可靠性披露指标和及时性指标，比全部样本均值高出很多。总体样本的信息披露水平的标准差为7.55，极差为41.91，100佳上市公司信息披露水平的标准差为1.48，极差为7.36，说明100佳上市公司的信息披露水平相比总体样本来说更为集中。

表8.11　中国上市公司信息披露100佳描述性统计

项　　目	样本	平均值	中位数	标准差	极差	最小值	最大值
信息披露指数	100佳	80.29	79.96	1.48	7.36	78.68	86.04
	样本总体	65.04	65.21	7.55	41.91	44.13	86.04
可靠性	100佳	83.49	84.96	2.84	18.50	70.00	88.50
	样本总体	64.74	63.00	11.89	45.50	43.00	88.50
相关性	100佳	70.00	67.55	6.79	26.67	61.71	88.38
	样本总体	64.54	65.15	6.26	57.96	31.67	89.63
及时性	100佳	87.72	89.38	5.54	26.91	64.97	91.88
	样本总体	66.57	66.28	14.85	44.63	47.25	91.88

资料来源:南开大学公司治理数据库。

二、中国上市公司信息披露100佳公司行业分布

表8.12关于上市公司信息披露100佳行业分布表明,信息披露最好的上市公司主要集中在制造业,其他行业涉及数量较少。从绝对数角度来看,入选信息披露100佳上市公司最多的行业是制造业,有72家,占制造业的3.80%;电力、热力、燃气及水生产和供应业次之,为5家,占该行业比例5.15%。从相对数角度,住宿和餐饮业入选100佳占该行业比例27.27%,相对比例最高,但绝对数为3家。农、林、牧、渔业,金融业,租赁和商务服务业,教育,文化、体育和娱乐业5个行业没有1家入选100佳公司。

表8.12　中国上市公司信息披露100佳公司行业分布

行　　业	样本总体		100佳		
	数目	比例(%)	数目	比例(%)	占本行业比例(%)
农、林、牧、渔业	45	1.48	—	—	—
采矿业	75	2.47	1	1.00	1.33
制造业	1 895	62.52	72	72.00	3.80
电力、热力、燃气及水生产和供应业	97	3.20	5	5.00	5.15
建筑业	88	2.90	3	3.00	3.41
批发和零售业	156	5.15	1	1.00	0.64
交通运输、仓储和邮政业	89	2.94	4	4.00	4.49
住宿和餐饮业	11	0.36	3	3.00	27.27
信息传输、软件和信息技术服务业	203	6.70	4	4.00	1.97

续表

行业	样本总体		100 佳		
	数目	比例(%)	数目	比例(%)	占本行业比例(%)
金融业	67	2.21	—	—	—
房地产业	125	4.12	1	1.00	0.80
租赁和商务服务业	42	1.39	—	—	—
科学研究和技术服务业	27	0.89	2	2.00	7.41
水利、环境和公共设施管理业	33	1.09	2	2.00	6.06
教育	3	0.10	—	—	—
卫生和社会工作	7	0.23	1	1.00	14.29
文化、体育和娱乐业	45	1.48	—	—	—
综合	23	0.76	1	1.00	4.35
合计	3 031	100.00	100	100.00	3.30

资料来源：南开大学公司治理数据库。

三、中国上市公司信息披露 100 佳公司控股股东性质分布

表 8.13 显示，按控股股东性质分，入选信息披露 100 佳的上市公司绝大多数为民营控股上市公司，有 66 家，占民营控股企业的 3.52%。国有控股上市公司次之，有 31 家，占国有控股企业的 2.97%。另外，外资控股上市公司有 2 家入选，集体控股上市公司有 1 家入选，分别占相应控股股东性质公司的 4.44%和 5.56%。

表 8.13 信息披露 100 佳公司控股股东分布

控股股东性质	样本总体		100 佳		
	数目	比例(%)	数目	比例(%)	占本组比例(%)
国有控股	1 044	34.44	31	31.00	2.97
集体控股	18	0.59	1	1.00	5.56
民营控股	1 877	61.93	66	66.00	3.52
社会团体控股	13	0.43	—	—	—
外资控股	45	1.48	2	2.00	4.44
职工持股会控股	4	0.13	—	—	—
其他类型	30	0.99	—	—	—
合计	3 031	100.00	100	100.00	3.30

资料来源：南开大学公司治理数据库。

四、中国上市公司信息披露 100 佳公司地区分布

表 8.14 明显表现，公司信息披露水平高的企业具有区域分散的特征。在入选信息披露 100 佳上市公司中，来自江苏省、广东省、浙江省、四川省和河北省五个地区的上市公司共占到 56%，依次有 15 家、15 家、10 家、9 家、7 家，分别占各地区样本的 4.75%、3.18%、3.06%、8.18%、13.73%。100 佳公司地区分布与分地区分析信息披露质量表现较好的为广东省、浙江省、江苏省，与往年结果一致。

另外，从占本行业相对数比例来看，比例居前三位的是河北省、甘肃省和四川省，分别为 13.73%、10.00%和 8.18%。而山西省、黑龙江省、青海省以及宁夏、广西和西藏 3 个自治区，没有 1 家公司入选 100 佳公司。按地区分布见表 8.14。

表 8.14　信息披露 100 佳公司地区分布

地　区	样本总体		100 佳		
	数目	比例(%)	数目	比例(%)	占本地区比例(%)
北京市	282	9.30	6	6.00	2.13
天津市	45	1.48	3	3.00	6.67
河北省	51	1.68	7	7.00	13.73
山西省	38	1.25	—	—	—
内蒙古	25	0.82	1	1.00	4.00
辽宁省	73	2.41	1	1.00	1.37
吉林省	41	1.35	1	1.00	2.44
黑龙江省	35	1.15	—	—	—
上海市	237	7.82	1	1.00	0.42
江苏省	316	10.43	15	15.00	4.75
浙江省	327	10.79	10	10.00	3.06
安徽省	93	3.07	4	4.00	4.30
福建省	106	3.50	2	2.00	1.89
江西省	37	1.22	2	2.00	5.41
山东省	169	5.58	6	6.00	3.55
河南省	74	2.44	2	2.00	2.70
湖北省	94	3.10	3	3.00	3.19
湖南省	84	2.77	2	2.00	2.38
广东省	471	15.54	15	15.00	3.18

续表

地　区	样本总体		100 佳		
	数目	比例(%)	数目	比例(%)	占本地区比例(%)
广　西	36	1.19	—	—	—
海南省	28	0.92	1	1.00	3.57
重庆市	43	1.42	1	1.00	2.33
四川省	110	3.63	9	9.00	8.18
贵州省	23	0.76	1	1.00	4.35
云南省	32	1.06	1	1.00	3.13
西　藏	14	0.46	—	—	—
陕西省	45	1.48	1	1.00	2.22
甘肃省	30	0.99	3	3.00	10.00
青海省	12	0.40	—	—	—
宁　夏	12	0.40	—	—	—
新　疆	48	1.58	2	2.00	4.17
合　计	3 031	100.00	100	100.00	3.30

资料来源:南开大学公司治理数据库。

主 要 结 论

过去的六年里,在经济全球化背景之下,世界经济的变化影响到中国经济,并进一步导致中国上市公司的治理情况也随之发生一些改变。在信息披露方面整体有以下结论。

第一,2017 年中国上市公司样本量为 3 031 家,信息披露指数的平均值为 65.04,标准差为 7.55,其中可靠性、相关性和及时性的均值依次为 64.74、64.54 和 66.57,标准差依次为 11.89、6.26 和 14.85,指数基本服从正态分布,在公司治理的六个维度中仍然处于中上位置。2017 年信息披露指数值以及各分指数都所提高。

第二,从连续六年信息披露指数的发展趋势看,样本公司信息披露指数均值分别为 65.04(2017 年)、64.53(2016 年)、64.27(2015 年)、63.29(2014 年)、63.18(2013 年)和 63.14(2012 年),呈现逐年上升的趋势。三个分指数中,可靠性和相关性指数六年间都呈现出上升趋势指数六年间都呈现出逐年上升趋势,尤其是相关性指数近三年有较大提高。及时性指数六年间变化幅度较小,2017 年较上一年上升了 0.93。

第三,从信息披露指数的横向比较来看,上市公司在信息披露方面及时性做得最好,2012—2017 年连续六年都是及时性指数最大,可靠性次之,相关性最低。

第四，从行业来看，2017 年表现最好的三个行业为卫生和社会工作，住宿和餐饮业以及电力、热力、燃气及水生产和供应业，指数分别为 67.69、67.41 和 66.55；表现最差的三个行业是租赁和商务服务业、房地产业以及批发和零售业，但指数均高于 60.00，分别为 61.42、62.15 和 62.27。从长期角度来看，卫生和社会工作以及制造业两个行业表现较好，各年信息披露指数均大于整体平均值。而农、林、牧、渔业，批发和零售业，房地产业以及租赁和商务服务业四个行业各年信息披露指数有待提高。

第五，从股权性质来看，上市公司的信息披露水平，因公司股权性质不同而呈现一定的差异。2017 年我国控股股东性质主要有国有控股和民营控股，占样本企业总比例达 96.40%，其中国有控股的上市公司信息披露指数均值为 64.69，民营控股为 65.28，表明民营控股上市公司信息披露水平高于国有控股上市公司信息披露水平，主要原因是相关性和可靠性分指数较高，分别高出国有控股上市公司 1.68 和 0.27，及时性相差不大。

第六，从地区来看，2017 年上市公司信息披露指数排在前五名的地区分别是云南省、河北省、江苏省、安徽省和浙江省。云南省排名靠前的主要原因在于及时性表现突出，均值为 72.45，远高于整体信息披露指数均值 65.04，可靠性与相关性表现一般。信息披露指数排名后五位的地区分别是青海省、黑龙江省、山西省、广西和宁夏。从长期角度看，广东省、浙江省、江苏省和安徽省信息披露状况表现较好，广西、宁夏、西藏、黑龙江省、吉林省和山西省的信息披露水平一般，青海省连续两年垫底。

第七，信息披露 100 佳上市公司信息披露评价指数平均值为 80.29，比全部样本均值高出 15.25。信息披露可靠性、相关性和及时性的平均值依次为 83.49、70.00 和 87.72，分别高出全部样本 18.75、5.46 和 21.15。说明 100 佳公司的可靠性披露指标和及时性指标，比全部样本均值高出很多。

信息披露 100 佳行业分布表明，信息披露最好的上市公司主要集中在制造业，其他行业涉及数量较少。从绝对数角度来看，入选信息披露 100 佳上市公司最多的行业分别是制造业，电力、热力、燃气及水生产和供应业。从相对数角度，住宿和餐饮业入选 100 佳的相对比例最高，但绝对数为 3 家。农、林、牧、渔业，金融业，租赁和商务服务业，教育，文化、体育和娱乐业 5 个行业没有 1 家入选 100 佳公司。

按控股股东性质分，入选信息披露 100 佳的上市公司绝大多数为民营控股上市公司，有 66 家，占民营控股企业的 3.52%。国有控股上市公司次之，有 31 家，占国有控股企业的 2.97%。另外，外资控股上市公司有 2 家入选，集体控股上市公司有 1 家入选，分别占相应控股股东性质公司的 4.44%和 5.56%。

在入选信息披露 100 佳上市公司中，来自江苏省、广东省、浙江省、四川省和河北省 5 个地区的上市公司共占到 56%，依次有 15 家、15 家、10 家、9 家和 7 家，而山西省、黑龙江省、青海省以及宁夏、广西和西藏 3 个自治区，没有 1 家公司入选 100 佳公司。

第九章　中国上市公司利益相关者治理评价

第一节　中国上市公司利益相关者治理总体分析

一、2017 年中国上市公司利益相关者治理总体描述

2017 年中国上市公司样本量为 3 031 家,利益相关者治理指数的均值为 62.92,标准差为 10.01,利益相关者治理指数基本服从正态分布。

表 9.1　中国利益相关者治理总体状况描述性统计

项　　目	平均值	中位数	标准差	极差	最小值	最大值
利益相关者治理指数	62.92	61.86	10.01	54.04	34.41	88.45
参与程度	51.27	45.40	14.26	68.20	22.80	91.00
协调程度	77.18	79.00	12.13	67.00	33.00	100.00

资料来源:南开大学公司治理数据库。

从利益相关者治理指数的两个主要因素来看,样本公司利益相关者分指数参与程度较低,平均值为 51.27;利益相关者分指数协调程度较高,平均值为 77.18。

二、2012—2017 年中国上市公司利益相关者治理比较

从 2012—2017 年连续六年的发展趋势看(见表 9.2),利益相关者治理指数平均值总体上呈现上升的趋势,2013 年有所下降,2014 年开始稳步回升,2017 年为近五年最高值。这表明随着治理理念与意识的不断深化,上市公司越发重视同利益相关者的关系建设与维护,以期构建更为和谐的内外部治理环境。

从利益相关者的两个主要因素来看,我国上市公司利益相关者治理分指数参与程度持续得到改善,特别是随着信息技术的成熟与高度普及,绝大多数利益相关者均可通过网络投票、代理投票等方式有效地参与公司的治理活动。而另一分指数协调程度近六年来均保持在 75.00 以上,2017 年达到 77.18,这表明上市公司社会公民意识不断增强,在合规经营的基础上,能够充分重视与顾客、供应商、政府、社区居民等利益相关者

之间的关系，勇于承担更多的社会责任，加强环保与对外捐赠，与利益相关者的和谐程度较高。近四年来的协调程度指数企稳，也说明企业在提升自身与利益相关者的协调程度方面遇到瓶颈。

表 9.2 中国上市公司利益相关者治理指数描述性统计六年比较

项　目	2012	2013	2014	2015	2016	2017
利益相关者治理指数	63.23	61.46	61.84	62.51	62.68	62.92
参与程度	52.03	48.72	49.27	50.79	50.43	51.27
协调程度	76.93	77.05	77.22	76.83	77.05	77.18

资料来源：南开大学公司治理数据库。

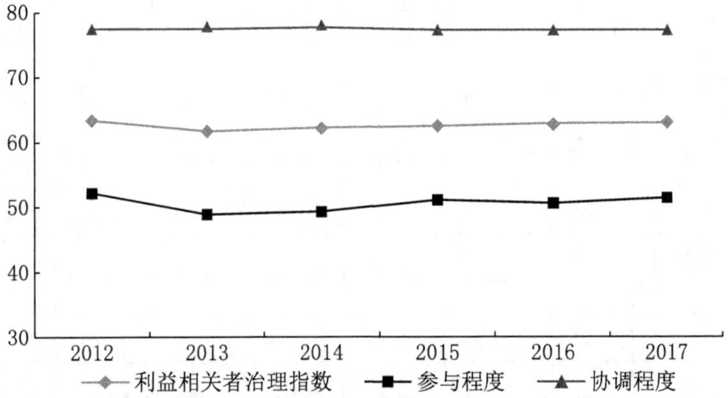

资料来源：南开大学公司治理数据库。

图 9.1 中国上市公司利益相关者治理指数平均值六年折线图比较

第二节　中国上市公司利益相关者治理分行业评价

一、2017 年中国上市公司利益相关者治理分行业总体描述

从行业分布状况可以看出，各行业利益相关者治理指数存在差异。其中平均值最高的三个行业分别是卫生和社会工作、金融业、教育，平均值分别为 70.16、65.20 和 64.36；平均值最低的三个行业分别是房地产业、住宿和餐饮业以及综合，平均值分别为 58.25、57.13 和 55.98。见表 9.3。

从利益相关者的两个分指数来看，参与程度平均值最高的行业是卫生和社会工作，信息传输、软件和信息技术业以及租赁和商务服务业，平均值分别为 59.20、

54.51 和 53.10，利益相关者分指数参与程度平均值最低的行业是电力、热力、燃气及水生产和供应业，房地产业与综合，平均值分别为 47.59、46.50 和 44.30。利益相关者分指数协调程度平均值最高的行业是卫生和社会工作，水利、环境和公共设施管理业以及金融业，平均值分别为 83.57、81.33 和 80.57，协调程度平均值最低的行业是综合、租赁和商务服务业以及住宿和餐饮业，平均值分别为 70.26、69.68和 65.00。见表 9.4。

表 9.3 中国上市公司利益相关者治理指数分行业描述性统计

行业	数目	比例(%)	平均值	中位数	标准差	极差	最小值	最大值
农、林、牧、渔业	45	1.48	62.30	60.17	11.19	48.94	37.71	86.65
采矿业	75	2.47	59.55	58.96	9.60	46.15	43.53	89.68
制造业	1 895	62.52	63.93	62.76	9.94	51.64	35.46	87.10
电力、热力、燃气及水生产和供应业	97	3.20	60.34	60.06	9.50	47.46	39.64	87.10
建筑业	88	2.90	59.89	59.59	9.36	46.11	42.34	88.45
批发和零售业	156	5.15	59.07	58.82	9.56	50.11	38.34	88.45
交通运输、仓储和邮政业	89	2.94	63.44	63.46	9.71	46.11	40.54	86.65
住宿和餐饮业	11	0.36	57.13	53.13	15.45	46.84	34.41	81.25
信息传输、软件和信息技术业	203	6.70	63.76	61.58	9.90	50.46	35.14	85.60
金融业	67	2.21	65.20	63.30	8.51	37.38	46.57	83.95
房地产业	125	4.12	58.25	56.96	9.38	50.16	35.59	85.75
租赁和商务服务业	42	1.39	60.64	59.70	10.10	37.11	45.03	82.15
科学研究和技术服务业	27	0.89	63.43	61.80	9.42	37.29	46.66	83.95
水利、环境和公共设施管理业	33	1.09	63.77	60.64	8.67	31.78	52.16	83.95
教育	3	0.10	64.36	64.17	3.95	7.89	60.51	68.41
卫生和社会工作	7	0.23	70.16	66.93	9.07	25.68	61.41	87.10
文化、体育和娱乐业	45	1.48	61.40	60.96	9.17	36.66	44.58	81.25
综合	23	0.76	55.98	56.73	9.58	34.87	40.13	75.00
合计	3 031	100.00	62.92	61.86	10.01	54.04	34.41	88.45

资料来源：南开大学公司治理数据库。

表 9.4 中国上市公司利益相关者治理分指数分行业描述性统计

行业	数目	比例(%)	利益相关者治理指数	参与程度	协调程度
农、林、牧、渔业	45	1.48	62.30	51.96	74.96
采矿业	75	2.47	59.55	48.43	73.15
制造业	1 895	62.52	63.93	51.81	78.75
电力、热力、燃气及水生产和供应业	97	3.20	60.34	47.59	75.49
建筑业	88	2.90	59.89	48.44	73.89
批发和零售业	156	5.15	59.07	48.73	71.73
交通运输、仓储和邮政业	89	2.94	63.44	51.51	78.03
住宿和餐饮业	11	0.36	57.13	50.69	65.00
信息传输、软件和信息技术业	203	6.70	63.76	54.51	75.07
金融业	67	2.21	65.20	52.63	80.57
房地产业	125	4.12	58.25	46.50	72.63
租赁和商务服务业	42	1.39	60.64	53.10	69.68
科学研究和技术服务业	27	0.89	63.43	52.93	76.26
水利、环境和公共设施管理业	33	1.09	63.77	49.41	81.33
教育	3	0.10	64.36	52.40	79.00
卫生和社会工作	7	0.23	70.16	59.20	83.57
文化、体育和娱乐业	45	1.48	61.40	51.89	73.04
综合	23	0.76	55.98	44.30	70.26
合计	3 031	100.00	62.92	51.27	77.18

资料来源:南开大学公司治理数据库。

二、2013—2017 年分行业的中国上市公司利益相关者治理比较

2017 年虽利益相关者治理总指数呈上升态势,但从表 9.5 的统计数据可以看出,除采矿业、制造业、住宿和餐饮业、金融业、租赁和商务服务业、教育以及卫生和社会工作外,其他行业的利益相关者指数较 2016 年均在不同程度上有所下降,这表明对于利益相关者的治理在行业内易存在波动,而在不同行业间则存在显著差异,且有扩大的趋势。五年来,制造业,信息传输、软件和信息技术业,金融业,水利、环境和公共设施管理业,科学研究和技术服务业,卫生和社会工作一直表现较好,并且连续五年利益相关者治理指数在 60.00 以上。而住宿和餐饮业、批发和零售贸易业、房地产业以及综合的利益相关者治理指数五年来较低。

表 9.5 中国上市公司利益相关者治理指数分行业描述性统计五年比较

行　　业	2013	2014	2015	2016	2017
农、林、牧、渔业	63.79	63.76	61.26	63.61	62.30
采矿业	59.58	61.52	62.10	59.55	59.55
制造业	62.87	62.52	63.51	63.24	63.93
电力、热力、燃气及水生产和供应业	58.45	58.27	60.04	61.00	60.34
建筑业	62.32	62.71	61.89	60.64	59.89
批发和零售业	54.81	58.59	62.74	60.11	59.07
交通运输、仓储和邮政业	59.98	62.02	62.31	64.98	63.44
住宿和餐饮业	57.54	55.90	61.80	56.44	57.13
信息传输、软件和信息技术业	63.14	62.17	61.04	63.95	63.76
金融业	60.26	61.46	66.52	64.65	65.20
房地产业	55.87	57.21	58.48	59.10	58.25
租赁和商务服务业	59.48	61.93	60.73	60.13	60.64
科学研究和技术服务业	69.78	66.94	63.28	65.82	63.43
水利、环境和公共设施管理业	62.58	60.19	62.24	63.79	63.77
教育	67.20	78.95	51.89	62.30	64.36
卫生和社会工作	60.53	72.27	70.08	69.32	70.14
文化、体育和娱乐业	59.55	58.83	61.27	62.65	61.40
综合	51.22	56.22	60.75	57.95	55.98

资料来源：南开大学公司治理数据库。

第三节　中国上市公司利益相关者治理分控股股东性质评价

一、2017 年中国上市公司利益相关者治理分控股股东性质总体描述

利益相关者治理指数由高到低分别为外资控股、民营控股、集体控股、职工持股会控股、国有控股和社会团体控股上市公司，均值分别为 64.11、63.70、63.42、63.19、61.47 和 59.38。民营控股上市公司的利益相关者治理平均水平好于国有控股上市公司。见表 9.6。

表 9.6　中国上市公司利益相关者治理指数分控股股东性质描述性统计

控股股东性质	数目	比例(%)	平均值	中位数	标准差	极差	最小值	最大值
国有控股	1 044	34.44	61.47	60.96	9.38	54.04	34.41	88.45
集体控股	18	0.59	63.42	63.93	7.63	28.12	49.28	77.40
民营控股	1 877	61.93	63.70	62.36	10.25	53.31	35.14	88.45
社会团体控股	13	0.43	59.38	56.98	11.43	40.53	42.07	82.60
外资控股	45	1.48	64.11	63.60	11.42	43.99	41.31	85.30
职工持股会控股	4	0.13	63.19	60.62	6.80	14.98	58.26	73.24
其他类型	30	0.99	63.93	61.55	9.62	38.65	44.46	83.11
合　　计	3 031	100.00	62.92	61.86	10.01	54.04	34.41	88.45

资料来源:南开大学公司治理数据库。

从利益相关者治理两个分指数来看,参与程度均值由高到低分别为外资控股、民营控股、职工持股会控股、社会团体控股、国有控股和集体控股上市公司;协调程度均值由高到低分别为集体控股、外资控股、民营控股、国有控股、职工持股会控股和社会团体控股上市公司。民营控股上市公司在利益相关者的两个分指数上,即参与程度和协调程度方面均高于国有控股上市公司。

表 9.7　中国上市公司利益相关者治理分指数分控股股东性质描述性统计

控股股东性质	数目	比例(%)	利益相关者治理指数	参与程度	协调程度
国有控股	1 044	34.44	61.47	49.09	76.62
集体控股	18	0.59	63.42	47.91	82.39
民营控股	1 877	61.93	63.70	52.45	77.47
社会团体控股	13	0.43	59.38	51.08	69.54
外资控股	45	1.48	64.11	52.88	77.84
职工持股会控股	4	0.13	63.19	52.30	76.50
其他类型	30	0.99	63.93	52.95	77.37
合　　计	3 031	100.00	62.92	51.27	77.18

资料来源:南开大学公司治理数据库。

二、2012—2017 年中国上市公司利益相关者治理分控股股东性质比较

表 9.8 列出了 2012—2017 年六年国有控股和民营控股上市公司的利益相关者治理指数,总体上看,2012—2017 年民营控股上市公司的利益相关者治理状况超过国有

控股上市公司。从利益相关者治理两个分指数来看,参与程度与协调程度,民营控股上市公司也均基本表现出超越国有控股上市公司的趋势。

表 9.8 国有和民营控股公司利益相关者治理指数描述性统计六年比较

年 份	控股股东性质	利益相关者治理指数	参与程度	协调程度
2012	国有	59.84	46.13	76.62
	民营	66.00	56.92	77.11
2013	国有	58.49	44.14	76.05
	民营	63.75	52.26	77.79
2014	国有	59.99	45.80	77.34
	民营	63.17	51.86	77.05
2015	国有	61.28	48.97	76.34
	民营	63.28	52.01	77.05
2016	国有	61.75	49.52	76.11
	民营	63.19	50.83	77.69
2017	国有	61.47	49.09	76.62
	民营	63.70	52.45	77.47

资料来源:南开大学公司治理数据库。

第四节 中国上市公司利益相关者治理分地区评价

一、2017 年中国上市公司利益相关者治理分地区总体描述

上市公司利益相关者治理指数排名前三位的是河南省(64.98)、广东省(64.86)和山东省(64.11)的上市公司;利益相关者治理指数排名后三位的是山西省(57.81)、黑龙江省(57.55)和宁夏(56.65)的上市公司。见表 9.9。

表 9.9 中国上市公司利益相关者治理指数分地区描述性统计

地 区	数目	比例(%)	平均值	中位数	标准差	极差	最小值	最大值
北京市	282	9.30	63.36	62.79	9.18	52.69	34.41	87.10
天津市	45	1.48	60.66	59.25	8.80	44.94	42.16	87.10
河北省	51	1.68	64.46	62.97	9.22	42.46	40.13	82.60
山西省	38	1.25	57.81	58.08	9.68	42.46	40.13	82.60
内蒙古	25	0.82	60.41	60.51	10.02	46.51	37.89	84.40

续表

地　区	数目	比例(%)	平均值	中位数	标准差	极差	最小值	最大值
辽宁省	73	2.41	61.37	60.15	10.66	48.79	39.66	88.45
吉林省	41	1.35	59.67	60.06	9.47	48.31	38.34	86.65
黑龙江省	35	1.15	57.55	58.39	9.30	36.87	39.64	76.50
上海市	237	7.82	61.96	61.41	10.58	51.06	35.59	86.65
江苏省	316	10.43	63.95	62.76	9.50	45.49	40.25	85.75
浙江省	327	10.79	63.46	62.31	9.52	43.41	42.34	85.75
安徽省	93	3.07	64.08	64.17	10.08	48.81	37.84	86.65
福建省	106	3.50	63.72	62.13	9.57	43.68	43.42	87.10
江西省	37	1.22	61.04	60.38	9.45	37.56	45.48	83.05
山东省	169	5.58	64.62	64.11	10.36	45.21	41.89	87.10
河南省	74	2.44	64.98	63.05	9.92	43.14	43.51	86.65
湖北省	94	3.10	61.32	60.06	8.76	44.14	41.60	85.75
湖南省	84	2.77	63.36	61.71	9.89	45.16	41.93	87.10
广东省	471	15.54	64.86	63.60	10.16	47.64	40.81	88.45
广　西	36	1.19	59.41	58.14	11.21	47.91	35.14	83.05
海南省	28	0.92	56.65	57.47	8.95	32.63	42.07	74.70
重庆市	43	1.42	59.28	59.55	8.34	40.49	39.91	80.40
四川省	110	3.63	61.13	60.97	10.91	50.29	35.46	85.75
贵州省	23	0.76	63.01	64.11	11.28	45.79	41.31	87.10
云南省	32	1.06	62.11	62.51	11.25	44.98	37.71	82.69
西　藏	14	0.46	58.89	58.79	9.63	30.10	42.23	72.33
陕西省	45	1.48	61.53	59.29	9.00	36.39	46.21	82.60
甘肃省	30	0.99	63.77	61.32	10.05	39.81	44.58	84.40
青海省	10	0.36	58.80	59.13	7.98	27.22	44.13	71.35
宁　夏	12	0.40	59.51	58.96	12.92	42.91	38.79	81.70
新　疆	48	1.58	59.32	57.72	11.13	44.26	39.69	83.95
合　计	3 031	100.00	62.92	61.86	10.01	54.04	34.41	88.45

资料来源:南开大学公司治理数据库。

二、2012—2017 年分地区的中国上市公司利益相关者治理比较

据表 9.10 可以看出,广东省和江苏省等地区的利益相关者治理状况总体相对较

好，2012—2017 年六年来利益相关者治理指数均高于总体均值；而西藏、新疆、广西、宁夏、重庆市、辽宁省、吉林省、黑龙江省、山西省和海南省的利益相关者治理状况较差，2012—2017 年六年来利益相关者治理指数均低于总体均值。

表 9.10 中国上市公司利益相关者治理指数分地区描述性统计六年比较

地 区	2012	2013	2014	2015	2016	2017
北京市	61.14	62.68	63.22	63.20	63.32	63.36
天津市	62.66	60.69	59.56	61.76	62.54	60.66
河北省	62.56	60.09	60.48	61.24	62.01	64.46
山西省	62.89	60.35	57.11	60.68	59.31	57.81
内蒙古	55.35	60.24	62.37	61.74	59.17	60.41
辽宁省	59.36	57.58	58.73	62.13	59.40	61.37
吉林省	58.48	55.54	59.92	61.56	58.84	59.67
黑龙江省	56.15	59.46	56.00	59.40	59.57	57.55
上海市	59.52	59.18	59.82	60.16	63.16	61.96
江苏省	66.80	64.14	63.93	63.32	63.25	63.95
浙江省	66.42	63.53	63.06	63.34	62.66	63.46
安徽省	63.82	62.69	63.63	62.24	63.26	64.08
福建省	63.87	61.58	63.52	64.24	63.17	63.72
江西省	59.72	61.73	59.96	60.81	60.62	61.04
山东省	65.25	62.82	61.70	63.40	64.32	64.62
河南省	64.84	62.87	65.36	62.37	62.56	64.98
湖北省	60.83	57.15	59.05	61.45	60.56	61.32
湖南省	64.45	60.39	60.64	62.66	64.94	63.36
广东省	66.21	63.17	63.31	63.41	64.43	64.86
广 西	60.87	57.51	58.42	61.15	61.68	59.41
海南省	56.76	56.21	58.02	59.56	59.11	56.65
重庆市	58.90	57.09	58.85	62.15	60.92	59.28
四川省	61.93	60.80	62.61	62.20	59.94	61.13
贵州省	62.87	59.89	61.59	63.93	63.15	63.01
云南省	63.70	60.24	60.36	65.18	64.36	62.11
西 藏	53.29	54.35	58.38	56.68	58.74	58.89
陕西省	60.86	63.06	59.92	60.44	62.01	61.53
甘肃省	58.74	58.58	60.19	65.53	63.20	63.77

续表

地　区	2012	2013	2014	2015	2016	2017
青海省	60.53	55.51	61.99	62.51	58.90	58.80
宁　夏	60.45	55.91	53.30	57.93	57.99	59.51
新　疆	61.85	61.03	61.08	60.83	60.14	59.32
合　计	63.23	61.46	61.84	62.51	62.68	62.92

资料来源:南开大学公司治理数据库。

第五节　中国上市公司利益相关者治理 100 佳评价

一、中国上市公司利益相关者治理 100 佳比较分析

如表 9.11 所示,利益相关者治理 100 佳上市公司利益相关者治理总指数平均值为 84.50,而利益相关者治理分指数,即参与程度和协调程度的均值分别为 78.85 和 91.42;100 佳上市公司的利益相关者治理水平更为集中,利益相关者治理水平的标准差为 1.55,极差为 5.85。

表 9.11　中国上市公司利益相关者治理 100 佳描述性统计

项　　目	样本	平均值	中位数	标准差	极差	最小值	最大值
利益相关者治理指数	100 佳	84.50	84.17	1.55	5.85	82.60	88.45
	样本总体	62.92	61.86	10.01	54.04	34.41	88.45
参与程度	100 佳	78.85	79.00	2.27	19.20	71.80	91.00
	样本总体	51.27	45.40	14.26	68.20	22.80	91.00
协调程度	100 佳	91.42	91.00	3.84	21.00	79.00	100.00
	样本总体	77.18	79.00	12.13	67.00	33.00	100.00

资料来源:南开大学公司治理数据库。

二、中国上市公司利益相关者治理 100 佳公司行业分布

表 9.12 关于上市公司利益相关者治理 100 佳行业分布表明,从绝对数角度,入选利益相关者治理 100 佳上市公司最多的行业是制造业,有 76 家;从相对数角度,除卫生和社会工作外,各个行业也相对均衡;住宿和餐饮业,租赁和商务服务业,文化、体育和娱乐业,教育以及综合没有公司进入 100 佳。利益相关者治理最好的上市公司存在行业差异。

表 9.12 中国上市公司利益相关者治理 100 佳公司行业分布

行业	样本总体		100 佳		
	数目	比例(%)	数目	比例(%)	占本行业比例(%)
农、林、牧、渔业	45	1.48	4	4.00	8.89
采矿业	75	2.47	1	1.00	1.33
制造业	1 895	62.52	76	76.00	4.01
电力、热力、燃气及水生产和供应业	97	3.20	2	2.00	2.06
建筑业	88	2.90	2	2.00	2.27
批发和零售业	156	5.15	1	1.00	0.64
交通运输、仓储和邮政业	89	2.94	3	3.00	3.37
住宿和餐饮业	11	0.36	—	—	—
信息传输、软件和信息技术业	203	6.70	4	4.00	1.97
金融业	67	2.21	2	2.00	2.99
房地产业	125	4.12	1	1.00	0.80
租赁和商务服务业	42	1.39	—	—	—
科学研究和技术服务业	27	0.89	1	1.00	3.70
水利、环境和公共设施管理业	33	1.09	2	2.00	6.06
教育	3	0.10	—	—	—
卫生和社会工作	7	0.23	1	1.00	14.29
文化、体育和娱乐业	45	1.48	—	—	—
综合	23	0.76	—	—	—
合计	3 031	100.00	100	100.00	3.30

资料来源:南开大学公司治理数据库。

三、中国上市公司利益相关者治理 100 佳公司控股股东性质分布

表 9.13 显示,利益相关者治理 100 佳中,第一大股东性质为民营控股、国有控股、外资控股和职工持股会控股的上市公司所占比例分别为 70.00%、25.00%、3.00% 和 1.00%,分别占民营控股企业的 3.73%、国有控股企业的 2.39%、外资控股企业的 6.67% 和职工持股会控股的 25.00%。

表9.13 中国上市公司利益相关者治理100佳公司控股股东分布

控股股东性质	样本总体		100佳		
	数目	比例(%)	数目	比例(%)	占本组比例(%)
国有控股	1 044	34.44	25	25.00	2.39
集体控股	18	0.59	—	—	—
民营控股	1 877	61.93	70	70.00	3.73
社会团体控股	13	0.43	—	—	—
外资控股	45	1.48	3	3.00	6.67
职工持股会控股	4	0.13	1	1.00	25.00
其他类型	30	0.99	1	1.00	3.33
合　计	3 031	100.00	100	100.00	3.30

资料来源:南开大学公司治理数据库。

四、中国上市公司利益相关者治理100佳公司地区分布

在入选利益相关者治理100佳上市公司中,从绝对数来看,广东省、浙江省和上海市进入100佳上市公司较多,分别为18家、11家、10家;从比例来看,占本组比例最高的地区是河南省、辽宁省和四川省,分别为6.76%、5.48%和5.45%。河北省、黑龙江省、重庆市、西藏、青海省、宁夏、新疆没有公司进入利益相关者治理100佳。见表9.14。

表9.14 中国上市公司利益相关者治理100佳公司地区分布

地　区	样本总体		100佳		
	数目	比例(%)	数目	比例(%)	占本地区比例(%)
北京市	282	9.30	7	7.00	2.48
天津市	45	1.48	1	1.00	2.22
河北省	51	1.68	—	—	—
山西省	38	1.25	1	1.00	2.63
内蒙古	25	0.82	1	1.00	4.00
辽宁省	73	2.41	4	4.00	5.48
吉林省	41	1.35	1	1.00	2.44
黑龙江省	35	1.15	—	—	—
上海市	237	7.82	10	10.00	4.22
江苏省	316	10.43	8	8.00	2.53
浙江省	327	10.79	11	11.00	3.36

续表

地区	样本总体		100佳		
	数目	比例(%)	数目	比例(%)	占本地区比例(%)
安徽省	93	3.07	4	4.00	4.30
福建省	106	3.50	3	3.00	2.83
江西省	37	1.22	1	1.00	2.70
山东省	169	5.58	9	9.00	5.33
河南省	74	2.44	5	5.00	6.76
湖北省	94	3.10	1	1.00	1.06
湖南省	84	2.77	3	3.00	3.57
广东省	471	15.54	18	18.00	3.82
广　西	36	1.19	1	1.00	2.78
海南省	28	0.92	1	1.00	3.57
重庆市	43	1.42	—	—	—
四川省	110	3.63	6	6.00	5.45
贵州省	23	0.76	1	1.00	4.35
云南省	32	1.06	1	1.00	3.13
西　藏	14	0.46	—	—	—
陕西省	45	1.48	1	1.00	2.22
甘肃省	30	0.99	1	1.00	3.33
青海省	10	0.36	—	—	—
宁　夏	12	0.40	—	—	—
新　疆	48	1.58	—	—	—
合　计	3 031	100.00	100	100.00	3.30

资料来源:南开大学公司治理数据库。

主要结论

第一,2017年中国上市公司样本量为3 031家,利益相关者治理指数的均值为62.92,标准差为10.01,利益相关者治理指数基本服从正态分布。

第二,中国上市公司的利益相关者治理水平因行业和股权性质不同而呈现一定的差异。平均值最高的三个行业分别为卫生和社会工作、金融业、教育,平均值最低的三个行业分别是房地产业、住宿和餐饮业以及综合。2017年虽利益相关者治理总指数呈上升态势,但除采矿业、制造业、住宿和餐饮业、金融业、租赁和商务服务业、教育以及卫生和社会工作外,其他行业的利益相关者指数较 2016 年均在不同程度上有所下降,这表明对于利益相关者的治理在行业内易存在波动,而在不同行业间则存在显著差异,且有扩大的趋势。五年来,制造业,信息传输、软件和信息技术业,金融业,水利、环境和公共设施管理业,科学研究和技术服务业,卫生和社会工作一直表现较好,并且连续五年利益相关者治理指数在 60.00 以上。而住宿和餐饮业、批发和零售贸易业、房地产业和综合的利益相关者治理指数五年来较低。

第三,总体上看,2012—2017 年民营控股上市公司的利益相关者治理状况超过国有控股上市公司。从利益相关者治理两个分指数来看,参与程度与协调程度,民营控股上市公司也均基本表现出超越国有控股上市公司的趋势。

第四,从地区来看,各地区上市公司利益相关者治理水平分布不平衡,河南省、广东省和山东省的上市公司利益相关者治理指数较高,山西省、黑龙江省和宁夏的上市公司利益相关者治理指数较低。广东省和江苏省等地区的利益相关者治理状况总体相对较好,2012—2017 年六年来利益相关者治理指数均高于总体均值;而西藏、新疆、广西、宁夏、重庆市、辽宁省、吉林省、黑龙江省、山西省和海南省的利益相关者治理状况较差,2012—2017 年六年来利益相关者治理指数均低于总体均值。

第五,中国上市公司利益相关者治理 100 佳上市公司民营控股上市公司所占比例高于国有控股上市公司。利益相关者治理 100 佳上市公司行业、地区分布不平衡。从行业来看,制造业进入 100 佳上市公司的绝对数最多,而住宿和餐饮业,租赁和商务服务业,文化、体育和娱乐业,教育以及综合没有公司进入利益相关者治理 100 佳;从地区来看,广东省、浙江省和上海市进入 100 佳上市公司较多,河北省、黑龙江省、重庆市、西藏、青海省、宁夏、新疆没有公司进入利益相关者治理 100 佳。

第六,从 2012—2017 年连续六年的发展趋势看,利益相关者治理指数平均值总体上呈现上升的趋势,2013 年有所下降,2014 年开始稳步回升,2017 年为近五年最高值。这表明随着治理理念与意识的不断深化,上市公司越发重视同利益相关者的关系建设与维护,以期构建更为和谐的内外部治理环境。从利益相关者治理指数的两个主要影响因素来看,我国上市公司利益相关者治理分指数参与程度持续得到改善,特别是随着信息技术的成熟与高度普及,绝大多数利益相关者均可通过网络投票、代理投票等方式有效地参与公司的治理活动。而另一分指数协调程度近六年来均保持在75.00以上,2017 年达到 77.18,这表明上市公司社会公民意识不断增强,在合规经营的基础上,能够充分重视与顾客、供应商、政府、社区居民等利益相关者之间的关系,勇于承担更多的社会责任,加强环保与对外捐赠,与利益相关者的和谐程度较高。近四年来的协调程度指数企稳,也说明企业在提升自身与利益相关者的协调程度方面遇到瓶颈。

第十章　主板上市公司治理总体评价

第一节　主板上市公司治理总体分析

一、样本来源及选取

2017年评价中按照市场板块划分样本公司，根据信息齐全以及不含异常数据两项样本筛选的基本原则，我们最终确定主板非金融上市公司有效样本为1 579家。样本公司的行业、控股股东性质及地区构成见表10.1、表10.2与表10.3。本章主要进行1 579家主板非金融机构样本的分析。

从样本行业分布情况来看，最近几年评价中各行业样本所占比例较为稳定，2016年仍然是制造业样本所占的比例最高，为54.84%，较2016年的54.79%上升了0.05个百分点。

表10.1　主板上市公司的行业构成

行　　业	数　目	比例(%)
农、林、牧、渔业	21	1.33
采矿业	64	4.05
制造业(合计)	866	54.84
农副食品加工业	18	1.14
食品制造业	20	1.27
酒、饮料和精制茶制造业	36	2.28
纺织业	24	1.52
纺织服装、服饰业	9	0.57
皮革、毛皮、羽毛及其制品和制鞋业	6	0.38
木材加工及木、竹、藤、棕、草制品业	5	0.32
家具制造业	9	0.57
造纸及纸制品业	15	0.95
印刷和记录媒介复制业	4	0.25
文教、工美、体育和娱乐用品制造业	2	0.13

续表

行　　业	数　目	比例(%)
石油加工、炼焦及核燃料加工业	15	0.95
化学原料及化学制品制造业	92	5.83
医药制造业	84	5.32
化学纤维制造业	15	0.95
橡胶和塑料制品业	20	1.27
非金属矿物制品业	43	2.72
黑色金属冶炼及压延加工业	29	1.84
有色金属冶炼及压延加工业	35	2.22
金属制品业	17	1.08
通用设备制造业	44	2.79
专用设备制造业	61	3.86
汽车制造业	55	3.48
铁路、船舶、航空航天和其他运输设备制造业	28	1.77
电气机械及器材制造业	71	4.50
计算机、通信和其他电子设备制造业	95	6.02
仪器仪表制造业	6	0.38
废弃资源综合利用业	2	0.13
其他制造业	6	0.38
电力、热力、燃气及水生产和供应业	89	5.64
建筑业	48	3.04
批发和零售业	126	7.98
交通运输、仓储和邮政业	76	4.81
住宿和餐饮业	9	0.57
信息传输、软件和信息技术服务业	52	3.29
房地产业	115	7.28
租赁和商务服务业	23	1.46
科学研究和技术服务业	12	0.76
水利、环境和公共设施管理业	19	1.20
教育	3	0.19
卫生和社会工作	3	0.19
文化、体育和娱乐业	30	1.90
综合	23	1.46
合　　计	1 579	100.00

资料来源：南开大学公司治理数据库。

按控股股东性质分组样本中,国有控股和民营控股上市公司仍然占据较大的比例,合计占比96.33%。国有控股上市公司在2017年评价样本中有861家,比例为54.53%,相对于2016年下降显著;民营控股上市公司在2017年评价样本中有660家,比例为41.80%,相对于2016年的38.71%上升了3.09个百分点。外资控股、集体控股、职工持股会控股、社会团体控股和其他类型上市公司样本所占比例较小。

表10.2 主板上市公司的控股股东构成

控股股东性质	数 目	比例(%)
国有控股	861	54.53
集体控股	11	0.70
民营控股	660	41.80
社会团体控股	11	0.70
外资控股	22	1.39
职工持股会控股	4	0.25
其他类型	10	0.63
合 计	1 579	100.00

资料来源:南开大学公司治理数据库。

近年来主板上市公司的地区分布比例没有太大变化,从不同地区样本数量、所占比例看,经济发达地区的上海市(156家,占样本公司的9.88%)、广东省(150家,占样本公司的9.50%)、江苏省(139家,占样本公司的8.80%)、北京市(136家,占样本公司的8.61%)、浙江省(136家,占样本公司的8.61%)、山东省(83家,占样本公司的5.26%)占有数量较多,而西部欠发达地区的甘肃省、内蒙古、贵州省、宁夏、青海省和西藏占样本量较少,这反映出经济发展水平与上市公司数量存在一定的关系。

表10.3 主板上市公司的地区构成

地 区	数 目	比例(%)	地 区	数 目	比例(%)
北京市	136	8.61	湖北省	61	3.86
天津市	30	1.90	湖南省	44	2.79
河北省	30	1.90	广东省	150	9.50
山西省	31	1.96	广 西	28	1.77
内蒙古	19	1.20	海南省	23	1.46
辽宁省	48	3.04	重庆市	32	2.03

续表

地　区	数　目	比例(%)	地　区	数　目	比例(%)
吉林省	31	1.96	四川省	58	3.67
黑龙江省	29	1.84	贵州省	16	1.01
上海市	156	9.88	云南省	19	1.20
江苏省	139	8.80	西　藏	10	0.63
浙江省	136	8.61	陕西省	30	1.90
安徽省	50	3.17	甘肃省	22	1.39
福建省	52	3.29	青海省	11	0.70
江西省	23	1.46	宁　夏	11	0.70
山东省	83	5.26	新　疆	32	2.03
河南省	39	2.47	合　计	1 579	100.00

资料来源:南开大学公司治理数据库。

二、2017 年主板上市公司治理总体描述

在 2017 年评价样本中,主板上市公司治理指数平均值为 61.38,较 2016 年的 60.79上升了 0.59。2017 年公司治理指数最大值为 71.17,最小值为 51.37,详见表 10.4。指数分布情况如图 10.1 所示。

表 10.4　主板上市公司治理指数描述性统计

统计指标	公司治理指数
平均值	61.38
中位数	61.40
标准差	3.14
方　差	9.89
偏　度	-0.08
峰　度	-0.02
极　差	19.80
最小值	51.37
最大值	71.17

资料来源:南开大学公司治理数据库。

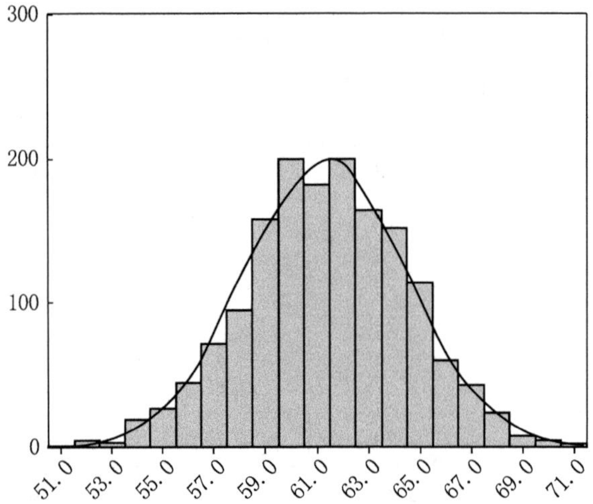

资料来源:南开大学公司治理数据库。

图 10.1 主板上市公司治理指数分布图

在 1 579 家样本公司中,没有 1 家达到 CCGI^{NK} Ⅰ、CCGI^{NK} Ⅱ,达到 CCGI^{NK} Ⅲ的有 3 家,占全部样本的 0.19%;达到 CCGI^{NK} Ⅳ的有 1 054 家,占全部样本的 66.75%,较 2016 年的 58.41%有明显的提高;处于 CCGI^{NK} Ⅴ的公司有 522 家,占样本的 33.06%,与 2016 年的 40.79 相比,有显著的下降趋势;没有 1 家上市公司的治理指数在 50 以下,这一等级公司比例在 2016 年和 2015 年分别为 0.33%和 0.07%。见表 10.5。

表 10.5 主板上市公司治理指数等级分布

公司治理指数等级		公司治理指数等级分布	
		数 目	比例(%)
CCGI^{NK} Ⅰ	90—100	—	—
CCGI^{NK} Ⅱ	80—90	—	—
CCGI^{NK} Ⅲ	70—80	3	0.19
CCGI^{NK} Ⅳ	60—70	1 054	66.75
CCGI^{NK} Ⅴ	50—60	522	33.06
CCGI^{NK} Ⅵ	50 以下	—	—
合 计		1 579	100.00

资料来源:南开大学公司治理数据库。

三、2012—2017 年主板上市公司治理年度比较

2017 年度主板上市公司治理指数平均值为 61.38。2012 年、2013 年、2014 年、

2015年和2016年主板上市公司治理指数平均值分别为58.68、59.43、60.15、60.70和61.38。对比连续几年来的主板上市公司的总体治理状况,治理水平总体上呈现出逐年提高的趋势。

各年度公司治理评价分级指数如表10.6所示。观察分析2017年度数据可知,在几个分指数当中,股东治理指数为62.56,相比较2016年的63.64有显著下降;在2014年及之前,董事会治理指数也呈显著的逐年上升趋势,虽然2015年比2014年降低0.26,但继续保持在60.00以上,2017年达到64.05,作为公司治理核心的董事会建设得到加强;新公司法加强了监事会的职权,监事会治理状况明显提高,平均值从2012年的58.28提高到2017年的60.01;经理层治理状况2012年达到56.59后,2015年下降到55.94, 2017年回升到56.87;信息披露状况呈现出一定的波动性,从2012年到2016年的信息披露指数平均值依次为60.73、63.24、62.48、62.47和60.96, 2017年提高到63.48;利益相关者治理指数有显著提高,利益相关者问题逐步引起上市公司的关注,但2017年的59.95相对于2016年的60.78略有下降。

表10.6 主板上市公司治理指数历年比较

治理指数	2012	2013	2014	2015	2016	2017
公司治理指数	58.68	59.43	60.15	60.70	60.79	61.38
股东治理指数	56.41	59.11	60.23	61.23	63.64	62.56
董事会治理指数	60.92	61.59	63.48	63.22	63.86	64.05
监事会治理指数	58.28	57.99	58.09	59.59	59.02	60.01
经理层治理指数	56.59	55.57	55.92	55.94	55.94	56.87
信息披露指数	60.73	63.24	62.48	62.47	60.96	63.48
利益相关者治理指数	57.76	57.02	58.99	61.03	60.78	59.95

资料来源:南开大学公司治理数据库。

第二节 主板上市公司治理分行业评价

本节按照国家行业分类标准,对主板上市公司所处的17个行业大类进行分组,对样本公司的治理状况加以分析。

一、主板上市公司治理分行业总体描述

就主板上市公司治理指数平均值而言,科学研究和技术服务业为63.01,教育为62.82,水利、环境和公共设施管理业为62.32,交通运输、仓储和邮政业为62.06。公司

治理指数平均值较低的行业,综合,指数平均值为60.96;租赁和商务服务业,指数平均值为60.78;房地产业,指数平均值为60.74;农、林、牧、渔业,指数平均值为60.38;采矿业,指数平均值为60.34;卫生和社会工作,指数平均值为59.58。总体描述说明就主板上市公司治理总体状况而言,行业间存在一定的差异。见表10.7。

表10.7 主板按行业分组的样本公司治理指数描述性统计

行　　业	数目	比例(%)	平均值	中位数	标准差	极差	最小值	最大值
农、林、牧、渔业	21	1.33	60.38	60.07	2.86	9.82	54.97	64.79
采矿业	64	4.05	60.34	59.90	2.59	10.21	54.97	65.18
制造业	866	54.84	61.48	61.47	3.21	19.05	52.12	71.17
电力、热力、燃气及水生产和供应业	89	5.64	61.82	61.79	2.80	12.51	55.85	68.36
建筑业	48	3.04	61.13	61.16	3.13	16.49	51.59	68.08
批发和零售业	126	7.98	61.01	61.22	3.47	17.16	51.56	68.72
交通运输、仓储和邮政业	76	4.81	62.06	62.19	2.63	10.19	56.71	66.90
住宿和餐饮业	9	0.57	61.13	61.84	4.25	14.14	53.75	67.89
信息传输、软件和信息技术服务业	52	3.29	61.80	61.76	3.09	15.48	54.30	69.78
房地产业	115	7.28	60.74	60.34	3.23	17.59	51.37	68.97
租赁和商务服务业	23	1.46	60.78	60.91	3.11	13.41	54.95	68.37
科学研究和技术服务业	12	0.76	63.01	62.25	2.79	8.44	59.46	67.90
水利、环境和公共设施管理业	19	1.20	62.32	62.05	2.81	11.15	56.48	67.63
教育	3	0.19	62.82	62.70	2.47	4.94	60.41	65.35
卫生和社会工作	3	0.19	59.58	59.04	1.37	2.57	58.56	61.14
文化、体育和娱乐业	30	1.90	61.78	62.20	2.72	12.18	55.78	67.95
综合	23	1.46	60.96	61.76	2.72	9.25	55.50	64.75
合　　计	1 579	100.00	61.38	61.40	3.14	19.80	51.37	71.17

资料来源:南开大学公司治理数据库。

二、主板上市公司治理分行业具体分析与等级描述

从行业治理指数平均值看,所有行业的平均值均在59.00以上,除卫生和社会工作外,其他行业的公司治理指数的平均值均高于60.00。结合各个行业中的治理等级分布

情况做如下的说明：在 2017 的主板上市公司评价样本中，农、林、牧、渔业的 21 家样本中，CCGI^{NK}Ⅳ11 家，CCGI^{NK}Ⅴ10 家；采矿业的 64 家样本中，CCGI^{NK}Ⅳ31 家，CCGI^{NK}Ⅴ33 家；制造业的 866 家样本中，CCGI^{NK}Ⅲ3 家，CCGI^{NK}Ⅳ595 家，CCGI^{NK}Ⅴ268 家；电力、热力、燃气及水生产和供应业的 89 家样本中，CCGI^{NK}Ⅲ1 家，CCGI^{NK}Ⅳ58 家，CCGI^{NK}Ⅴ27 家；建筑业的 48 家样本中，CCGI^{NK}Ⅳ32 家，CCGI^{NK}Ⅴ16 家；批发和零售业的 126 家样本中，CCGI^{NK}Ⅳ81 家，CCGI^{NK}Ⅴ45 家；交通运输、仓储和邮政业的 76 家样本中，CCGI^{NK}Ⅳ56 家，CCGI^{NK}Ⅴ20 家；住宿和餐饮业的 9 家样本中，CCGI^{NK}Ⅳ6 家，CCGI^{NK}Ⅴ3 家；信息传输、软件和信息技术服务业的 52 家样本中，CCGI^{NK}Ⅳ33 家，CCGI^{NK}Ⅴ19 家；房地产业 115 的家样本中，CCGI^{NK}Ⅳ63 家，CCGI^{NK}Ⅴ52 家；租赁和商务服务业的 23 家样本中，CCGI^{NK}Ⅳ14 家，CCGI^{NK}Ⅴ9 家；科学研究和技术服务业的 12 家样本中，CCGI^{NK}Ⅳ11 家，CCGI^{NK}Ⅴ1 家；水利、环境和公共设施管理业的 19 家样本中，CCGI^{NK}Ⅳ16 家，CCGI^{NK}Ⅴ3 家；教育的 3 家样本均为 CCGI^{NK}Ⅳ；卫生和社会工作的 3 家样本中，CCGI^{NK}Ⅳ1 家，CCGI^{NK}Ⅴ2 家；文化、体育和娱乐业的 30 家样本中，CCGI^{NK}Ⅳ23 家，CCGI^{NK}Ⅴ7 家；综合的 23 家样本中，CCGI^{NK}Ⅳ15 家，CCGI^{NK}Ⅴ8 家。主板按行业分组样本的公司治理指数等级分布如表 10.8 所示。

表 10.8　主板按行业分组的样本公司治理指数等级分布

行　业	CCGI^{NK}Ⅲ		CCGI^{NK}Ⅳ		CCGI^{NK}Ⅴ		CCGI^{NK}Ⅵ	
	数目	比例（%）	数目	比例（%）	数目	比例（%）	数目	比例（%）
农、林、牧、渔业	—	—	11	0.70	10	0.63	—	—
采矿业	—	—	31	1.96	33	2.09	—	—
制造业	3	0.19	595	37.68	268	16.97	—	—
电力、热力、燃气及水生产和供应业	—	—	63	3.99	26	1.65	—	—
建筑业	—	—	32	2.03	16	1.01	—	—
批发和零售业	—	—	81	5.13	45	2.85	—	—
交通运输、仓储和邮政业	—	—	56	3.55	20	1.27	—	—
住宿和餐饮业	—	—	6	0.38	3	0.19	—	—
信息传输、软件和信息技术服务业	—	—	33	2.09	19	1.20	—	—
房地产业	—	—	63	3.99	52	3.29	—	—
租赁和商务服务业	—	—	14	0.89	9	0.57	—	—

续表

行　　业	$CCGI^{NK}$ Ⅲ		$CCGI^{NK}$ Ⅳ		$CCGI^{NK}$ Ⅴ		$CCGI^{NK}$ Ⅵ	
	数目	比例（%）	数目	比例（%）	数目	比例（%）	数目	比例（%）
科学研究和技术服务业	—	—	11	0.70	1	0.06	—	—
水利、环境和公共设施管理业	—	—	16	1.01	3	0.19	—	—
教育	—	—	3	0.19	—	—	—	—
卫生和社会工作	—	—	1	0.06	2	0.13	—	—
文化、体育和娱乐业	—	—	23	1.46	7	0.44	—	—
综合	—	—	15	0.95	8	0.51	—	—
合　　计	3	0.19	1 054	66.75	522	33.06	—	—

资料来源：南开大学公司治理数据库。

三、2013—2017 年主板上市公司治理分行业比较

表 10.9 是近年各行业公司治理状况的统计分析，主要是通过平均值来描述其发展和变化。分析发现，与 2016 年相比，17 个行业大类中，13 个行业出现了上升，其中综合，水利、环境和公共设施管理业，住宿和餐饮业，文化、体育和娱乐业，农、林、牧、渔业，制造业，信息传输、软件和信息技术服务业，科学研究和技术服务业上升较为明显。租赁和商务服务业，交通运输、仓储和邮政业，卫生和社会工作以及教育 4 个行业的指数有所下降。

表 10.9　主板上市公司治理指数分行业描述性统计五年比较

行　　业	2013	2014	2015	2016	2017
农、林、牧、渔业	58.66	58.67	59.63	59.63	60.38
采矿业	59.69	60.38	60.39	59.98	60.34
制造业	59.43	60.27	60.87	60.81	61.48
电力、热力、燃气及水生产和供应业	60.06	60.27	60.17	61.26	61.82
建筑业	60.73	61.08	61.39	60.99	61.13
批发和零售业	58.72	60.17	60.50	60.53	61.01
交通运输、仓储和邮政业	60.47	61.07	61.28	62.39	62.06
住宿和餐饮业	58.53	58.67	59.92	60.16	61.13

续表

行　　业	2013	2014	2015	2016	2017
信息传输、软件和信息技术服务业	59.69	60.34	61.10	61.14	61.80
房地产业	59.45	59.56	60.34	60.16	60.74
租赁和商务服务业	60.38	60.10	60.87	60.91	60.78
科学研究和技术服务业	53.47	56.12	62.58	62.39	63.01
水利、环境和公共设施管理业	58.01	58.86	60.18	61.11	62.32
教育	57.88	66.66	59.72	65.72	62.82
卫生和社会工作	56.99	57.50	61.09	61.92	59.58
文化、体育和娱乐业	58.96	59.25	59.56	60.87	61.78
综合	57.09	57.34	59.42	59.64	60.96
合　　计	59.43	60.15	60.70	60.79	61.38

资料来源：南开大学公司治理数据库。

第三节　主板上市公司治理分控股股东性质评价

我们将主板样本上市公司按照公司控股股东性质的不同，分为国有控股、集体控股、民营控股、社会团体控股、外资控股、职工持股会控股和其他类型七种类型上市公司。通过分析控股股东性质不同的样本上市公司治理指数的数字特征，进一步探讨控股股东性质不同的主板上市公司治理状况的差异。

一、主板上市公司治理分控股股东性质总体描述

表 10.10 的描述性统计显示，样本中数量较少的是职工持股会控股、其他类型、集体控股、社会团体控股、集体控股和外资控股几类上市公司，分别有 4 家、10 家、11 家、11 家和 22 家公司；国有控股和民营控股上市公司样本较多，分别为 861 家和 660 家。

就样本平均值而言，外资控股上市公司治理指数平均值最高，为 61.75；其次为集体控股和国有控股上市公司，分别为 61.60 和 61.42；民营控股上市公司为 61.39；其他类型控股上市公司为 60.86；职工持股会控股上市公司为 60.52；社会团体控股上市公司为 57.69。

表 10.10 主板按控股股东性质分组的样本公司治理指数描述性统计

控股股东性质	数目	比例(%)	平均值	中位数	标准差	极差	最小值	最大值
国有控股	861	54.53	61.42	61.34	3.01	19.48	51.69	71.17
集体控股	11	0.70	61.60	61.56	3.54	11.68	55.24	66.92
民营控股	660	41.80	61.39	61.56	3.27	19.36	51.37	70.73
社会团体控股	11	0.70	57.69	58.40	3.51	11.78	51.56	63.34
外资控股	22	1.39	61.75	61.95	3.08	14.64	54.34	68.98
职工持股会控股	4	0.25	60.52	59.72	3.09	6.77	57.93	64.70
其他类型	10	0.63	60.86	60.34	3.32	10.99	55.85	66.85
合　　计	1 579	100.00	61.38	61.40	3.14	19.80	51.37	71.17

资料来源:南开大学公司治理数据库。

二、主板上市公司治理分控股股东性质具体分析与等级描述

考虑到国有和民营控股上市公司占据了评价样本的绝大部分比例(96.33%),我们只对这两种控股股东性质的样本进行分析,其他类型的有关数据详见表 10.10 和表 10.11。

1. 国有控股

如表 10.10 所示,在 2017 评价样本中控股股东性质为国有控股的有 861 家上市公司,占样本比例为 54.53%,样本平均值为 61.42,较 2016 年的 61.12 有所提高,标准差为 3.01。根据表 10.11 的统计结果,国有控股样本中达到 $CCGI^{NK}$ Ⅲ的有 1 家,达到 $CCGI^{NK}$ Ⅳ的有 576 家,属于 $CCGI^{NK}$ Ⅴ的公司有 284 家。

2. 民营控股

据表 10.10,在 2017 评价样本中控股股东性质为民营控股的有 660 家上市公司,占样本总量的 41.80%,样本平均值为 61.39,与 2016 年的 60.32 相比,有显著提高,标准差为 3.27。根据表 10.11 的统计结果,民营控股上市公司在评价样本中,达到 $CCGI^{NK}$ Ⅲ的有 2 家,达到 $CCGI^{NK}$ Ⅳ的有 445 家、处于 $CCGI^{NK}$ Ⅴ的公司有 213 家。

表 10.11 主板按控股股东性质分组的样本公司治理指数等级分布

控股股东性质	$CCGI^{NK}$ Ⅲ		$CCGI^{NK}$ Ⅳ		$CCGI^{NK}$ Ⅴ		$CCGI^{NK}$ Ⅵ	
	数目	比例(%)	数目	比例(%)	数目	比例(%)	数目	比例(%)
国有控股	1	0.06	576	36.48	284	17.99	—	—
集体控股	—	—	7	0.44	4	0.25	—	—

续表

控股股东性质	$CCGI^{NK}$ Ⅲ		$CCGI^{NK}$ Ⅳ		$CCGI^{NK}$ Ⅴ		$CCGI^{NK}$ Ⅵ	
	数目	比例(%)	数目	比例(%)	数目	比例(%)	数目	比例(%)
民营控股	2	0.13	445	28.18	213	13.49	—	—
社会团体控股	—	—	2	0.13	9	0.57	—	—
外资控股	—	—	17	1.08	5	0.32	—	—
职工持股会控股	—	—	2	0.13	2	0.13	—	—
其他类型	—	—	5	0.32	5	0.32	—	—
合　计	3	0.19	1 054	66.75	522	33.06	—	—

资料来源:南开大学公司治理数据库。

三、2012—2017 年主板上市公司治理分控股股东性质比较

考虑到国有控股和民营控股上市公司的比重较大,在此我们只对这两种类型进行重点比较和分析。据表 10.12 的统计结果,对比过去几年(2012—2017 年)不同控股股东性质的上市公司,我们发现国有控股上市公司的治理质量稳定地好于民营控股上市公司。此外,从表 10.12 的数据中可以明显看出,2012 年之后民营控股上市公司指数和国有控股上市公司指数之间的差异总体缩小,2012 年平均差异为 1.31, 2013 年平均差异为 0.95, 2014 年平均差异为 0.59, 2013 年和 2014 年差异有所缩小,2015 年差异缩小为 0.34,而 2016 年扩大到 0.80, 2017 年缩小到 0.03。

表 10.12　主板上市公司治理指数分控股股东性质描述性统计历年比较

控股股东性质	2012	2013	2014	2015	2016	2017
国有控股	59.14	59.77	60.36	60.84	61.12	61.42
集体控股	58.39	59.07	61.80	61.76	60.71	61.60
民营控股	57.83	58.82	59.77	60.50	60.32	61.39
社会团体控股	—	—	56.50	58.52	57.04	57.69
外资控股	60.01	59.14	60.21	60.14	62.38	61.75
职工持股会控股	54.29	57.62	58.48	58.09	63.75	60.52
其他类型	54.00	60.26	—	64.34	60.07	60.86
合　计	58.68	59.43	60.15	60.70	60.79	61.38

资料来源:南开大学公司治理数据库。

第四节 主板上市公司治理分地区评价

我们将2017年的主板1 579家评价样本,按照注册地的不同分成31个省(自治区、直辖市)的分组,分析不同地区的样本公司治理指数的分布特征,比较主板上市公司治理状况的地区差异。

一、主板上市公司治理分地区总体描述

与往年情况类似,经济发达地区上海市、广东省、北京市、浙江省等的样本数量较多,其中上海市最多,为156家;而西部欠发达地区的宁夏、青海省、西藏等的样本量少,其中西藏最少,为10家:反映出经济活跃水平与上市公司数量的关系。

在公司治理水平方面,湖南省、广东省、浙江省、江苏省、福建省、河南省、湖北省、山东省、安徽省、河北省、北京市、陕西省、江西省、贵州省、云南省和广西指数平均值均在61.00以上;而黑龙江省、海南省、宁夏和山西省指数平均值相对较低,分别为59.86、59.52、59.34和58.93。各地区公司治理指数分析结果详见表10.13。

表10.13 主板按地区分组的样本公司治理指数描述性统计

地 区	数目	比例(%)	平均值	中位数	标准差	极差	最小值	最大值
北京市	136	8.61	61.51	61.65	2.93	17.05	52.83	69.88
天津市	30	1.90	60.94	61.27	2.76	10.10	55.46	65.56
河北省	30	1.90	61.55	61.72	2.29	9.22	57.70	66.91
山西省	31	1.96	58.93	59.08	3.58	14.00	52.28	66.28
内蒙古	19	1.20	60.11	60.27	3.12	13.64	53.93	67.57
辽宁省	48	3.04	60.66	60.51	3.41	14.79	53.93	68.72
吉林省	31	1.96	60.88	60.30	3.65	14.87	54.20	69.07
黑龙江省	29	1.84	59.86	60.07	2.42	12.15	53.40	65.55
上海市	156	9.88	60.80	60.69	3.03	16.91	51.37	68.28
江苏省	139	8.80	61.86	61.99	2.92	15.83	54.53	70.35
浙江省	136	8.61	61.88	61.84	2.88	14.93	53.56	68.49
安徽省	50	3.17	61.57	61.95	3.03	12.35	54.97	67.32
福建省	52	3.29	61.84	61.97	2.78	12.63	55.27	67.90
江西省	23	1.46	61.49	61.27	3.40	12.39	55.57	67.95
山东省	83	5.26	61.66	61.09	2.86	13.91	55.67	69.58

续表

地 区	数目	比例(%)	平均值	中位数	标准差	极差	最小值	最大值
河南省	39	2.47	61.83	61.98	2.76	15.16	54.81	69.97
湖北省	61	3.86	61.75	61.54	3.01	14.63	53.91	68.54
湖南省	44	2.79	62.70	62.91	3.05	15.39	55.78	71.17
广东省	150	9.50	62.55	62.71	3.11	15.23	53.75	68.98
广 西	28	1.77	61.15	61.69	3.09	12.24	54.30	66.54
海南省	23	1.46	59.52	59.10	3.37	13.19	51.56	64.75
重庆市	32	2.03	60.92	60.73	3.16	12.89	56.07	68.97
四川省	58	3.67	60.53	60.93	3.74	19.05	51.69	70.73
贵州省	16	1.01	61.37	60.82	3.97	13.20	54.34	67.54
云南省	19	1.20	61.19	60.40	4.07	15.52	54.26	69.78
西 藏	10	0.63	60.85	60.52	2.08	6.49	57.95	64.43
陕西省	30	1.90	61.50	61.96	3.09	13.22	54.95	68.17
甘肃省	22	1.39	60.84	60.54	3.08	10.82	55.26	66.08
青海省	11	0.70	60.05	60.58	3.45	12.33	52.12	64.45
宁 夏	11	0.70	59.34	57.82	3.54	11.35	54.92	66.28
新 疆	32	2.03	60.57	60.35	3.30	12.87	53.17	66.04
合 计	1 579	100.00	61.38	61.40	3.14	19.80	51.37	71.17

资料来源：南开大学公司治理数据库。

二、主板上市公司治理分地区具体分析与等级描述

表10.13的描述性统计显示，就平均值而言，样本上市公司按地区分组的公司治理水平存在一定差异。公司治理指数较高的地区有湖南省、广东省、浙江省、江苏省、福建省、河南省、湖北省、山东省、安徽省、河北省、北京市等，公司治理指数较低的地区是黑龙江省、海南省、宁夏和山西省，指数平均值均在60.00以下。

在湖南省有样本44家，占比2.79%，其中1家达到了$CCGI^{NK}$Ⅲ，35家的治理指数达到了$CCGI^{NK}$Ⅳ，8家达到了$CCGI^{NK}$Ⅴ，治理指数平均值为62.70，标准差为3.05。在广东省有样本150家，占比9.50%，其中118家的治理指数达到了$CCGI^{NK}$Ⅳ，32家达到了$CCGI^{NK}$Ⅴ，治理指数平均值为62.55，标准差为3.71。浙江省有样本136家，占比8.61%，其中99家的治理指数达到了$CCGI^{NK}$Ⅳ，37家达到了$CCGI^{NK}$Ⅴ，治理指数平均值为61.88，标准差为2.88。江苏省有样本139家，占比8.80%，其中1家达到了$CCGI^{NK}$Ⅲ，108家的治理指数达到了$CCGI^{NK}$Ⅳ，30家达到了$CCGI^{NK}$Ⅴ，治理指数平

均值为 61.86,标准差为 2.92。而山西省的 31 家样本中,12 家的治理指数达到了 CCGI^NK^Ⅳ, 19 家为 CCGI^NK^Ⅴ,治理指数平均值为 58.93,标准差为 3.58。在宁夏 11 家样本中,3 家为 CCGI^NK^Ⅳ, 8 家达到了 CCGI^NK^Ⅴ,治理指数平均值为 59.34,标准差为 3.54。分布详情见表 10.14。

表 10.14 主板按地区分组的样本公司治理指数等级分布

地 区	$CCGI^{NK}$Ⅲ		$CCGI^{NK}$Ⅳ		$CCGI^{NK}$Ⅴ		$CCGI^{NK}$Ⅵ	
	数目	比例(%)	数目	比例(%)	数目	比例(%)	数目	比例(%)
北京市	—	—	93	5.89	43	2.72	—	—
天津市	—	—	19	1.20	11	0.70	—	—
河北省	—	—	23	1.46	7	0.44	—	—
山西省	—	—	12	0.76	19	1.20	—	—
内蒙古	—	—	10	0.63	9	0.57	—	—
辽宁省	—	—	28	1.77	20	1.27	—	—
吉林省	—	—	17	1.08	14	0.89	—	—
黑龙江省	—	—	16	1.01	13	0.82	—	—
上海市	—	—	98	6.21	58	3.67	—	—
江苏省	1	0.06	108	6.84	30	1.90	—	—
浙江省	—	—	99	6.27	37	2.34	—	—
安徽省	—	—	33	2.09	17	1.08	—	—
福建省	—	—	39	2.47	13	0.82	—	—
江西省	—	—	16	1.01	7	0.44	—	—
山东省	—	—	57	3.61	26	1.65	—	—
河南省	—	—	29	1.84	10	0.63	—	—
湖北省	—	—	38	2.41	23	1.46	—	—
湖南省	1	0.06	35	2.22	8	0.51	—	—
广东省	—	—	118	7.47	32	2.03	—	—
广 西	—	—	18	1.14	10	0.63	—	—
海南省	—	—	9	0.57	14	0.89	—	—
重庆市	—	—	18	1.14	14	0.89	—	—
四川省	1	0.06	32	2.03	25	1.58	—	—
贵州省	—	—	10	0.63	6	0.38	—	—
云南省	—	—	12	0.76	7	0.44	—	—
西 藏	—	—	6	0.38	4	0.25	—	—

续表

地　区	CCGI^{NK} Ⅲ		CCGI^{NK} Ⅳ		CCGI^{NK} Ⅴ		CCGI^{NK} Ⅵ	
	数目	比例(%)	数目	比例(%)	数目	比例(%)	数目	比例(%)
陕西省	—	—	20	1.27	10	0.63	—	—
甘肃省	—	—	13	0.82	9	0.57	—	—
青海省	—	—	6	0.38	5	0.32	—	—
宁　夏	—	—	3	0.19	8	0.51	—	—
新　疆	—	—	19	1.20	13	0.82	—	—
合　计	3	0.19	1 054	66.75	522	33.06	—	—

资料来源:南开大学公司治理数据库。

三、2012—2017 年主板上市公司治理分地区比较

据表 10.15 可知,广东省、福建省、浙江省、江苏省、江西省、北京市、云南省等地区的上市公司的治理状况总体相对较好,在 2012—2017 年间,多次排名进入前 15 位;而宁夏、山西省、青海省、内蒙古、西藏、吉林省、海南省、辽宁省、黑龙江省等地区的治理状况相对较差,2012—2017 年间排名很少进入前 15 位。

此外,从时间序列角度来看,黑龙江省、上海市、浙江省和重庆市等地区治理指数呈现出稳定增长的态势,湖南省、河北省、广东省、陕西省、安徽省、贵州省、西藏等地区治理指数提高幅度较大。相较于 2016 年,2017 年重庆市、贵州省、新疆等地区公司治理指数有所下降外,其他地区的指数均有不同程度的增长。

表 10.15　主板上市公司治理指数分地区描述性统计六年比较

地　区	2012	2013	2014	2015	2016	2017
北京市	59.37	60.72	60.83	61.69	61.37	61.51
天津市	59.03	59.94	59.45	60.13	60.40	60.94
河北省	57.91	58.59	59.22	59.96	59.90	61.55
山西省	59.03	58.49	59.36	59.21	58.32	58.93
内蒙古	57.25	58.51	59.92	59.77	58.91	60.11
辽宁省	57.89	58.79	58.83	59.85	59.58	60.66
吉林省	58.38	58.34	58.87	61.00	59.35	60.88
黑龙江省	57.70	57.94	58.82	59.59	59.66	59.86
上海市	58.33	59.03	60.38	60.62	60.76	60.80
江苏省	59.33	59.97	61.23	61.31	61.49	61.86

续表

地 区	2012	2013	2014	2015	2016	2017
浙江省	59.69	60.27	60.85	61.42	61.52	61.88
安徽省	58.30	59.16	60.49	60.37	60.67	61.57
福建省	59.02	59.96	60.53	61.97	61.70	61.84
江西省	59.01	60.28	60.71	61.69	61.44	61.49
山东省	58.69	59.14	59.73	60.23	61.05	61.66
河南省	58.78	59.34	60.72	60.08	60.91	61.83
湖北省	58.95	58.88	59.76	60.28	60.16	61.75
湖南省	59.05	59.44	60.34	60.93	61.13	62.70
广东省	58.98	60.44	60.72	61.47	62.00	62.55
广 西	58.42	58.41	59.62	60.24	60.40	61.15
海南省	56.89	57.49	58.15	59.57	59.37	59.52
重庆市	57.88	58.56	59.38	60.87	61.38	60.92
四川省	58.39	59.43	59.60	59.91	59.86	60.53
贵州省	58.24	59.80	60.81	60.10	61.49	61.37
云南省	59.98	60.00	59.61	60.85	60.10	61.19
西 藏	57.73	58.04	59.16	58.93	59.25	60.85
陕西省	58.14	58.53	60.04	59.94	60.55	61.50
甘肃省	57.96	58.37	59.50	60.32	60.23	60.84
青海省	58.30	58.73	60.37	60.70	58.43	60.05
宁 夏	57.67	57.41	57.02	58.70	57.73	59.34
新 疆	57.92	59.87	60.53	59.83	60.64	60.57
合 计	58.68	59.43	60.15	60.70	60.79	61.38

资料来源:南开大学公司治理数据库。

第五节 主板上市公司治理100佳评价

一、主板上市公司治理100佳描述统计

本节将2017年主板市场评价样本中公司治理指数排名前100位的公司(100佳)与其他样本进行比较,分析100佳的行业、地区和控股股东性质分布,以及100佳公司的相对绩效表现。如表10.16的描述性统计显示,100佳上市公司平均治理指数为

67.44，较 2016 年的 67.72 有所下降；100 佳上市公司中最高治理指数为 71.17，最低为 66.15，极差为 5.02。与表 10.6 的对比显示，我们不难发现，100 佳上市公司的各级治理指数的平均值都明显高于总样本。

表 10.16　主板上市公司治理 100 佳治理指数描述性统计

项　目	平均值	中位数	标准差	极差	最小值	最大值
公司治理总指数	67.44	67.17	1.07	5.02	66.15	71.17
股东治理指数	69.94	70.99	6.19	33.04	51.85	84.89
董事会治理指数	65.78	65.91	1.82	9.54	61.25	70.79
监事会治理指数	63.05	63.45	6.27	23.59	51.00	74.59
经理层治理指数	64.97	66.14	6.36	30.33	47.67	78.00
信息披露指数	71.22	70.79	4.77	29.67	56.21	85.88
利益相关者治理指数	69.58	68.67	8.30	34.87	53.58	88.45

资料来源：南开大学公司治理数据库。

二、主板上市公司治理 100 佳公司行业分布

表 10.17 的公司治理 100 佳行业分布表明，从绝对数量看，制造业所占数量最多，为 59 家；批发和零售业 10 家；电力、热力、燃气及水生产和供应业 7 家；房地产业 7 家；交通运输、仓储和邮政业 4 家；信息传输、软件和信息技术服务业，水利、环境和公共设施管理业分别为 3 家；科学研究和技术服务业 2 家；文化、体育和娱乐业 2 家；建筑业，住宿和餐饮业以及租赁和商务服务业分别为 1 家。从 100 佳占行业样本数量比例来看，科学研究和技术服务业，水利、环境和公共设施管理业，住宿和餐饮业的比例最高，均超过 10%，分别为 16.67%、15.79% 和 11.11%。而租赁和商务服务业，建筑业的 100 佳所占比例较低，分别为 4.35% 和 2.08%。

表 10.17　主板上市公司治理 100 佳公司行业分布

行　业　门　类	100 佳个数	样本个数	100 佳所占比例（%）
农、林、牧、渔业	—	21	—
采矿业	—	64	—
制造业	59	866	6.81
电力、热力、燃气及水生产和供应业	7	89	7.87
建筑业	1	48	2.08
批发和零售业	10	126	7.94

续表

行 业 门 类	100 佳个数	样本个数	100 佳所占比例(%)
交通运输、仓储和邮政业	4	76	5.26
住宿和餐饮业	1	9	11.11
信息传输、软件和信息技术服务业	3	52	5.77
房地产业	7	115	6.09
租赁和商务服务业	1	23	4.35
科学研究和技术服务业	2	12	16.67
水利、环境和公共设施管理业	3	19	15.79
教育	—	3	—
卫生和社会工作	—	3	—
文化、体育和娱乐业	2	30	6.67
综合	—	23	—
合 计	100	1 579	6.33

资料来源:南开大学公司治理数据库。

三、主板上市公司治理 100 佳公司控股股东性质分布

从绝对数量看,公司治理 100 佳集中分布在国有控股上市公司中。100 佳上市公司中,控股股东性质为国有控股的占 53 家;其次为民营控股上市公司,有 43 家;集体控股上市公司有 2 家;外资控股上市公司有 1 家;社会团体控股和职工持股会控股上市公司均没有进入 100 佳的样本。从相对比例来看,集体控股上市公司样本中的 100 佳比例最高,其次是民营控股和国有控股上市公司,而外资控股上市公司 100 佳比例最低。见表 10.18。

表 10.18 主板上市公司治理 100 佳公司控股股东性质分布

控股股东性质	100 佳个数	样本个数	比例(%)
国有控股	53	861	6.16
集体控股	2	11	18.18
民营控股	43	660	6.52
社会团体控股	—	11	—
外资控股	1	22	4.55
职工持股会控股	—	4	—
其他类型	1	10	10.00
合 计	100	1 579	6.33

资料来源:南开大学公司治理数据库。

四、主板上市公司治理 100 佳公司地区分布

据表 10.19 的地区分布数量显示，在 100 佳的上市公司中，广东省有 20 家，江苏省有 10 家，浙江省有 10 家，北京市有 8 家，山东省有 7 家，其他地区均低于 6 家。而天津市、黑龙江省、海南省、西藏、甘肃省、青海省和新疆均没有入选 100 佳的上市公司。这些地区在以往的评价过程中，入选 100 佳的上市公司数量也较少。从相对数来看，贵州省、广东省、湖南省和云南省，均大于 10%；而河北省、山西省、上海市、河南省和福建省比例较低，均在 4%以下。

表 10.19　主板上市公司治理 100 佳公司地区分布

地　区	100 佳个数	样本个数	比例(%)
北京市	8	136	5.88
天津市	—	30	—
河北省	1	30	3.33
山西省	1	31	3.23
内蒙古	1	19	5.26
辽宁省	2	48	4.17
吉林省	2	31	6.45
黑龙江省	—	29	—
上海市	4	156	2.56
江苏省	10	139	7.19
浙江省	10	136	7.35
安徽省	4	50	8.00
福建省	1	52	1.92
江西省	1	23	4.35
山东省	7	83	8.43
河南省	1	39	2.56
湖北省	5	61	8.20
湖南省	5	44	11.36
广东省	20	150	13.33
广　西	2	28	7.14
海南省	—	23	—
重庆市	2	32	6.25

续表

地 区	100 佳个数	样本个数	比例(%)
四川省	5	58	8.62
贵州省	3	16	18.75
云南省	2	19	10.53
西 藏	—	10	—
陕西省	2	30	6.67
甘肃省	—	22	—
青海省	—	11	—
宁 夏	1	11	9.09
新 疆	—	32	—
合 计	100	1 579	6.33

资料来源:南开大学公司治理数据库。

五、主板上市公司治理 100 佳公司绩效

为了考察公司治理与公司绩效之间的相关性,我们选取了反映上市公司收益能力的 8 个财务指标和反映公司代理成本的 2 个财务指标。指标说明详见报告前面相应章节的内容。比较结果如表 10.20 所示,公司治理 100 佳上市公司的绩效指标总体来说好于其他样本。

表 10.20 主板上市公司治理 100 佳公司绩效与其他样本的比较

财务指标	100 佳样本	其他样本
总资产净利润率 A	0.050 6	0.033 4
总资产净利润率 B	0.055 0	0.033 7
总资产净利润率 C	0.052 8	0.030 3
净资产收益率 A	0.089 4	0.063 2
净资产收益率 B	0.097 3	0.042 1
净资产收益率 C	0.095 6	0.037 1
投入资本回报率	0.071 4	0.056 1
长期资本收益率	0.109 8	0.081 1
管理费用率	0.089 5	0.120 3
财务费用率	0.014 7	0.033 9

资料来源:南开大学公司治理数据库。

主 要 结 论

第一,从时间序列比较来看,2012 年以来主板上市公司治理水平总体上呈现出逐年提高的趋势,2017 年治理指数为 61.38,比 2012 年的 58.68 提高了 4.40。

第二,从行业比较分析来看,与往年类似,具有一定垄断色彩的行业和高科技行业治理上总体较好,例如科学研究和技术服务业,教育,水利、环境和公共设施管理业,交通运输、仓储和邮政业等;而租赁和商务服务业,房地产业,农、林、牧、渔业,采矿业,卫生和社会工作等上市公司治理水平总体仍然偏低。

第三,从控股股东性质比较分析来看,国有控股上市公司和民营控股上市公司治理水平近年来呈现出逐年上升的趋势,且国有控股和民营控股上市公司之间的治理指数差异呈减小趋势,到 2017 年二者之间的差异仅为 0.03。

第四,从地区比较分析来看,湖南省、广东省、浙江省、江苏省、福建省、河南省、湖北省、山东省、安徽省、河北省、北京市等地区治理水平相对较好;而黑龙江省、海南省、宁夏和山西省等地区治理指数排名比较靠后。

第五,主板上市公司治理 100 佳和总体样本的治理状况存在显著差异,通过对两组样本的盈利能力和代理成本指标的比较,100 佳总体好于非 100 佳。

第十一章　主板上市公司股东治理评价

第一节　主板上市公司股东治理总体分析

一、2017 年主板上市公司股东治理总体描述

2017 年度 1 579 家主板上市公司股东治理指数的平均值为 62.56,中位数为 63.08,最小值为 36.49,最大值为 84.89,标准差为 7.93。股东治理指数基本服从正态分布。

股东治理评价的三个二级指标——独立性、中小股东权益保护和关联交易的平均值分别为 62.21、61.10 和 64.20,中小股东权益保护最低,关联交易最高。独立性、中小股东权益保护和关联交易的极差分别达到了 90.79、65.47 和 70.23,说明二级指标公司间的差距较大。股东治理指数及其三项二级指标的描述性统计如表 11.1 所示。

表 11.1　主板上市公司股东治理总体状况描述性统计

项　　目	平均值	中位数	标准差	极差	最小值	最大值
股东治理指数	62.56	63.08	7.93	48.40	36.49	84.89
独立性	62.21	66.74	17.03	90.79	5.71	96.50
中小股东权益保护	61.10	61.28	11.34	65.47	26.50	91.97
关联交易	64.20	67.51	12.40	70.23	11.77	82.00

资料来源:南开大学公司治理数据库。

二、2012—2017 年主板上市公司股东治理比较

从图 11.1 可以看出,2012—2017 年六年主板上市公司股东治理指数的变化趋势基本与第四章中全样本股东治理指数类似。在 2012—2016 年五年间,主板上市公司股东治理指数稳步提升,从 2012 年的 56.41 上升到 2016 年的 63.64,但 2017 年股东治理指数有所回落,降低到 62.56。

独立性、中小股东权益保护和关联交易三个二级指标中,独立性在 2012—2016 年相对稳定,但在 2017 年大幅增长,由 2016 年的 57.70 上升到 2017 年的 62.21,上升了 4.51。中小股东权益保护在 2012—2017 年呈现稳步上升的趋势,由 2012 年的 46.90 上

升到 2017 年的 61.10，并且上升趋势逐步放缓。关联交易在 2012—2016 年呈现稳步上升，由 2012 年的 65.24 上升到 2016 年的 69.89，但在 2017 年又出现大幅下降，降低为 64.20。如表 11.2 和图 11.1 所示。

可以看出，2017 年主板上市公司股东治理指数的降低主要是由关联交易指数的下降造成的，更深层次的原因是主板上市公司经营类关联交易和资产类关联交易相比 2016 年有较大程度的恶化。

表 11.2 主板上市公司股东治理指数描述性统计六年比较

项　目	2012	2013	2014	2015	2016	2017
股东治理指数	56.41	59.11	60.23	61.23	63.64	62.56
独立性	57.76	57.24	57.35	57.27	57.70	62.21
中小股东权益保护	46.90	53.91	55.11	58.19	60.37	61.10
关联交易	65.24	65.25	66.78	66.25	69.89	64.20

资料来源：南开大学公司治理数据库。

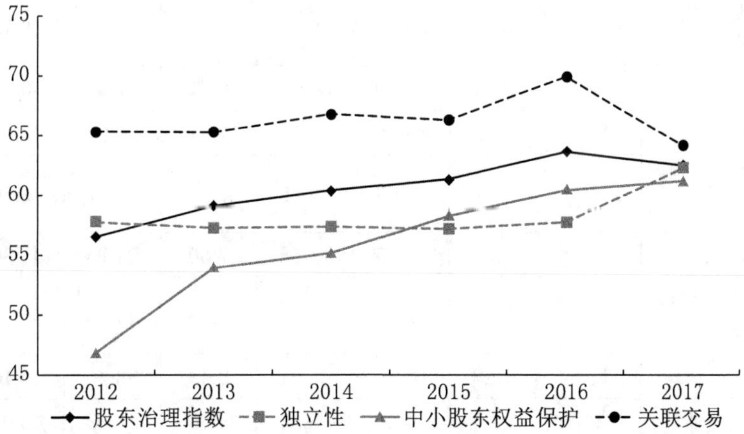

资料来源：南开大学公司治理数据库。

图 11.1 主板上市公司股东治理指数平均值六年折线图比较

第二节 主板上市公司股东治理分行业评价

一、2017 年主板上市公司股东治理分行业总体描述

表 11.3 列出了主板上市公司各行业股东治理指数的描述性统计结果。从行业分布状况可以看出，平均值居前三位的分别是科学研究和技术服务业，农、林、牧、渔业以

及租赁和商务服务业。平均值最低的三个行业分别是采矿业、教育和综合。其中，最高的科学研究和技术服务业与最低的教育股东治理指数的差距为8.50，2016年该差距为6.55，股东治理的行业差距有所增加。

与总样本股东治理行业统计分析相比，信息传输、软件和信息技术服务业的股东治理值得注意。在总样本3 031家上市公司中，信息技术业有203家上市公司，股东治理均值为67.25，排名在所有行业中最高。该行业主板有52家公司，均值为62.57；中小企业板和创业板信息技术业有151家上市公司，均值为68.86，比该行业主板均值高6.29。因此，中小企业板和创业板信息技术业上市公司股东治理的均值抬高了总样本信息技术业的均值。

表11.3 主板上市公司股东治理指数分行业描述性统计

行业	数目	比例(%)	平均值	中位数	标准差	极差	最小值	最大值
农、林、牧、渔业	21	1.33	64.15	64.00	7.10	29.98	46.58	76.56
采矿业	64	4.05	59.23	58.75	6.52	24.24	47.95	72.20
制造业	866	54.84	62.94	63.46	7.95	48.26	36.63	84.89
电力、热力、燃气及水生产和供应业	89	5.64	60.87	60.78	8.38	39.27	38.18	77.45
建筑业	48	3.04	63.40	64.02	9.17	37.79	40.26	78.05
批发和零售业	126	7.98	63.69	64.57	7.34	36.97	40.90	77.87
交通运输、仓储和邮政业	76	4.81	62.63	63.05	7.39	37.77	42.36	80.13
住宿和餐饮业	9	0.57	61.35	61.58	7.60	24.95	45.86	70.81
信息传输、软件和信息技术服务业	52	3.29	62.57	62.40	9.25	44.12	36.49	80.61
房地产业	115	7.28	60.72	61.61	8.43	38.46	40.16	78.62
租赁和商务服务业	23	1.46	64.09	65.32	8.08	29.30	45.04	74.33
科学研究和技术服务业	12	0.76	67.73	67.42	6.60	19.45	57.48	76.93
水利、环境和公共设施管理业	19	1.20	62.57	63.86	5.98	22.64	48.20	70.84
教育	3	0.19	59.85	59.85	1.32	2.65	58.53	61.18
卫生和社会工作	3	0.19	63.47	65.53	3.62	6.29	59.29	65.58
文化、体育和娱乐业	30	1.90	62.36	61.95	7.37	33.20	42.81	76.01
综合	23	1.46	60.51	61.19	4.63	14.18	54.20	68.38
合计	1 579	100.00	62.56	63.08	7.93	48.40	36.49	84.89

资料来源：南开大学公司治理数据库。

从二级指标看，科学研究和技术服务业独立性、中小股东权益保护以及关联交易的平均值分别比主板全样本均值高 10.00、2.06 和 5.87。导致采矿业主板上市公司股东治理指数分值较低的主要原因是其关联交易指数比全样本均值低 6.62，中小股东保护比全样本均值低 2.46；导致教育行业上市公司股东治理指数分值较低的主要原因是其中小股东保护指数比全样本均值低 12.56；导致综合股东治理指数分值较低的主要原因是其独立性比全样本均值低 5.34，中小股东保护比全样本均值低 3.64。各行业二级指标的统计如表 11.4 所示。

表 11.4　主板上市公司股东治理分指数分行业描述性统计

行　业	数目	比例(%)	股东治理指数	独立性指数	中小股东保护指数	关联交易指数
农、林、牧、渔业	21	1.33	64.15	65.37	62.10	65.58
采矿业	64	4.05	59.23	63.70	58.64	57.58
制造业	866	54.84	62.94	62.23	61.45	64.78
电力、热力、燃气及水生产和供应业	89	5.64	60.87	62.09	61.30	59.82
建筑业	48	3.04	63.40	67.34	62.65	62.17
批发和零售业	126	7.98	63.69	61.05	60.11	68.60
交通运输、仓储和邮政业	76	4.81	62.63	64.79	63.55	60.62
住宿和餐饮业	9	0.57	61.35	61.53	59.94	62.68
信息传输、软件和信息技术服务业	52	3.29	62.57	62.42	59.64	65.58
房地产业	115	7.28	60.72	57.72	60.19	62.75
租赁和商务服务业	23	1.46	64.09	64.20	60.01	68.12
科学研究和技术服务业	12	0.76	67.73	72.21	63.16	70.07
水利、环境和公共设施管理业	19	1.20	62.57	61.09	61.55	64.33
教育	3	0.19	59.85	71.88	48.54	65.15
卫生和社会工作	3	0.19	63.47	59.30	58.00	71.03
文化、体育和娱乐业	30	1.90	62.36	62.19	60.82	63.98
综合	23	1.46	60.51	56.87	57.46	65.37
合　计	1 579	100.00	62.56	62.21	61.10	64.20

资料来源：南开大学公司治理数据库。

二、2013—2017 年主板上市公司股东治理分行业比较

从表 11.5 中可以看出,从行业细分来看,在 2013—2017 年五年之中一直表现比较好的行业为农、林、牧、渔业,建筑业,批发和零售业以及租赁和商务服务业,这四个行业的均值五年中一直高于样本均值;表现较差的行业有采矿业,文化、体育和娱乐业以及综合。

表 11.5 主板上市公司股东治理指数分行业描述性统计五年比较

行 业	2013	2014	2015	2016	2017
农、林、牧、渔业	60.64	60.51	61.97	63.90	64.15
采矿业	57.74	59.34	59.60	62.99	59.23
制造业	58.05	59.33	61.00	63.48	62.94
电力、热力、燃气及水生产和供应业	60.16	60.81	60.18	62.35	60.87
建筑业	62.26	63.22	63.85	66.26	63.40
批发和零售业	60.27	62.54	63.21	64.66	63.69
交通运输、仓储和邮政业	62.45	60.53	61.08	64.72	62.63
住宿和餐饮业	59.17	58.05	59.13	63.02	61.35
信息传输、软件和信息技术服务业	59.73	63.05	60.41	64.42	62.57
房地产业	61.37	61.58	62.75	62.96	60.72
租赁和商务服务业	60.82	64.31	63.98	65.52	64.09
科学研究和技术服务业	47.20	49.50	63.73	68.32	67.73
水利、环境和公共设施管理业	60.70	59.93	61.72	63.36	62.57
教育	62.20	61.85	54.26	61.77	59.85
卫生和社会工作	48.04	60.80	56.05	66.45	63.47
文化、体育和娱乐业	57.58	59.66	57.90	62.34	62.36
综合	57.27	58.24	59.00	63.46	60.51
合 计	59.11	60.23	61.23	63.64	62.56

资料来源:南开大学公司治理数据库。

第三节　主板上市公司股东治理分控股股东性质评价

一、2017 年主板上市公司股东治理分控股股东性质总体描述

表 11.6 给出了按控股股东性质分类的主板上市公司股东治理指数统计分析。中国上市公司的主体仍为国有控股上市公司和民营控股上市公司，两者相加占到了总样本的 96.33%，因此，这里只对国有控股上市公司和民营控股上市公司进行比较分析。国有控股上市公司的股东治理指数平均值为 61.22，民营控股上市公司的平均值为 64.35。民营控股上市公司股东治理指数的平均值明显高于国有控股上市公司，差距为 3.13；2016 年两者之间的差距为 2.41，相比上一年度，两类公司股东治理指数都有所降低，两类公司之间的差距有所增加。

表 11.6　主板上市公司股东治理指数分控股股东性质描述性统计

控股股东性质	数目	比例(%)	平均值	中位数	标准差	极差	最小值	最大值
国有控股	861	54.53	61.22	61.61	7.55	45.70	36.49	82.19
集体控股	11	0.70	64.67	66.68	7.00	23.53	50.04	73.57
民营控股	660	41.80	64.35	65.07	7.96	42.84	42.05	84.89
社会团体控股	11	0.70	51.61	52.10	5.67	20.12	40.90	61.02
外资控股	22	1.39	65.37	66.40	7.59	26.28	52.69	78.97
职工持股会控股	4	0.25	57.15	56.92	10.76	22.57	46.10	68.67
其他类型	10	0.63	65.50	67.63	7.92	20.74	54.58	75.32
合　　计	1 579	100.00	62.56	63.08	7.93	48.40	36.49	84.89

资料来源：南开大学公司治理数据库。

如表 11.7 所示，从三个二级指标来看，国有控股上市公司的独立性比民营控股上市公司低 4.77，关联交易比民营控股上市公司低 7.44，只是在中小股东权益保护上比民营控股上市公司高 2.00。对三级指标做进一步的分析发现，主板民营控股上市公司在高管独立性、中小股东董事提名权利、关联方经营性资金占用和经营性关联交易和资产类关联交易上均优于国有控股上市公司，国有控股上市公司只是在累积投票制度、中小股东股东大会参与和分红连续性的表现上要好于民营控股上市公司。

表 11.7 主板上市公司股东治理分指数分控股股东性质描述性统计

控股股东性质	数目	比例(%)	股东治理指数	独立性指数	中小股东保护指数	关联交易指数
国有控股	861	54.53	61.22	60.26	61.95	60.97
集体控股	11	0.70	64.67	70.52	61.10	65.32
民营控股	660	41.80	64.35	65.03	59.95	68.41
社会团体控股	11	0.70	51.61	47.90	49.85	55.23
外资控股	22	1.39	65.37	57.35	68.00	66.76
职工持股会控股	4	0.25	57.15	62.58	53.68	57.92
其他类型	10	0.63	65.50	60.92	63.55	69.73
合　计	1 579	100.00	62.56	62.21	61.10	64.20

资料来源:南开大学公司治理数据库。

二、2012—2017 年主板上市公司股东治理分控股股东性质比较

从表 11.8 中主板上市公司股东治理评价分控股股东性质六年的发展趋势看,国有控股上市公司和民营控股上市公司的股东治理指数在 2012—2016 年保持稳步上升趋势,但在 2017 年均出现了下降,国有控股上市公司股东治理指数由 2016 年的 62.68 下降为 2017 年的 61.22,民营控股上市公司股东治理指数由 2016 年的 65.09 下降为 2017 年的 64.35。

2012—2017 年六年间,除了 2012 年外,民营控股上市公司的股东治理指数均大于国有控股上市公司,2016 年相比于 2015 年两者之间的差距有所减小,差距为 2.41,2017 年这一差距又开始增大,差距为 3.13,主要原因为主板上市公司中民营控股上市公司与国有控股上市公司在关联交易上的差距增加了。

表 11.8 主板国有和民营控股上市公司股东治理指数描述性统计六年比较

年份	控股股东性质	股东治理指数	独立性	中小股东权益保护	关联交易
2012	国有	56.26	57.15	47.45	64.63
	民营	56.62	59.05	45.61	66.42
2013	国有	59.36	56.26	56.95	63.32
	民营	58.76	59.29	48.25	69.01
2014	国有	59.73	56.21	57.36	63.86
	民营	61.21	59.71	50.83	72.35

续表

年份	控股 股东性质	股东 治理指数	独立性	中小股东 权益保护	关联交易
2015	国有	60.07	55.61	58.66	63.72
	民营	63.31	60.45	57.24	70.82
2016	国有	62.68	55.51	60.93	68.00
	民营	65.09	61.14	59.63	72.53
2017	国有	61.22	60.26	61.95	60.97
	民营	64.35	65.03	59.95	68.41

资料来源:南开大学公司治理数据库。

第四节 主板上市公司股东治理分地区评价

一、2017 年主板上市公司股东治理分地区总体描述

表 11.9 列出了主板上市公司各地区股东治理的描述性统计。股东治理指数平均值最高的三个地区分别是浙江省、江苏省和广西,平均值分别为 65.40、65.25 和 64.62;股东治理指数平均值最低的三个地区分别是山西省、海南省和宁夏,平均值分别为 57.05、57.54 和 58.73,股东治理指数地区差距较大,为 8.35。

表 11.9 主板上市公司股东治理指数分地区描述性统计

地　区	数目	比例(%)	平均值	中位数	标准差	极差	最小值	最大值
北京市	136	8.61	61.50	62.03	7.68	40.25	36.49	76.73
天津市	30	1.90	62.21	61.88	8.23	35.80	41.12	76.93
河北省	30	1.90	60.53	61.34	7.24	31.42	42.61	74.03
山西省	31	1.96	57.05	55.82	8.68	32.45	42.36	74.81
内蒙古	19	1.20	60.14	59.31	7.86	29.63	45.04	74.66
辽宁省	48	3.04	59.25	59.35	8.28	34.97	42.41	77.37
吉林省	31	1.96	59.85	62.55	8.22	32.19	40.62	72.81
黑龙江省	29	1.84	63.60	63.98	7.22	34.15	43.30	77.45
上海市	156	9.88	62.09	62.61	7.65	39.11	36.63	75.74
江苏省	139	8.80	65.25	65.73	7.86	42.17	42.72	84.89

续表

地 区	数目	比例(%)	平均值	中位数	标准差	极差	最小值	最大值
浙江省	136	8.61	65.40	66.22	7.64	36.98	42.54	79.52
安徽省	50	3.17	62.08	62.11	8.46	32.71	42.36	75.07
福建省	52	3.29	64.60	64.92	7.11	29.43	49.55	78.97
江西省	23	1.46	61.76	64.06	7.00	28.13	44.97	73.09
山东省	83	5.26	63.40	62.81	7.61	35.87	43.84	79.70
河南省	39	2.47	62.90	63.07	7.77	33.48	44.52	78.00
湖北省	61	3.86	61.95	60.31	7.22	33.08	45.40	78.48
湖南省	44	2.79	64.28	64.72	8.25	39.38	42.81	82.19
广东省	150	9.50	63.14	64.00	7.88	38.20	41.55	79.75
广 西	28	1.77	64.62	64.88	7.49	33.55	44.38	77.93
海南省	23	1.46	57.54	58.90	8.72	31.38	40.90	72.29
重庆市	32	2.03	62.03	63.30	8.03	36.95	41.67	78.62
四川省	58	3.67	59.30	59.76	7.97	36.30	40.16	76.46
贵州省	16	1.01	63.19	63.31	6.33	23.36	51.09	74.45
云南省	19	1.20	60.49	60.31	8.24	33.32	47.29	80.61
西 藏	10	0.63	63.88	62.97	6.74	20.94	54.31	75.25
陕西省	30	1.90	62.07	61.75	6.28	25.11	53.01	78.11
甘肃省	22	1.39	62.59	62.73	8.05	35.61	37.98	73.59
青海省	11	0.70	62.47	65.76	8.53	30.64	43.91	74.55
宁 夏	11	0.70	58.73	58.05	6.00	22.61	46.90	69.51
新 疆	32	2.03	63.36	63.34	7.25	28.85	50.76	79.62
合 计	1 579	100.00	62.56	63.08	7.93	48.40	36.49	84.89

资料来源:南开大学公司治理数据库。

二、2012—2017 年主板上市公司股东治理分地区比较

从表 11.10 主板股东治理指数平均值的分地区六年比较中可以看出,黑龙江省、江苏省和浙江省的股东治理质量表现较好,其连续六年的平均值都高于总样本平均值。天津市、内蒙古、辽宁省、湖北省、海南省、陕西省和宁夏的股东治理评价连续六年低于样本平均值。

表 11.10 主板上市公司股东治理指数分地区描述性统计六年比较

地 区	2012	2013	2014	2015	2016	2017
北京市	55.40	61.45	61.29	61.50	63.59	61.50
天津市	55.02	59.07	58.50	59.35	62.50	62.21
河北省	57.02	56.29	58.20	58.36	60.49	60.53
山西省	56.74	53.98	56.23	57.69	61.43	57.05
内蒙古	55.13	54.66	58.78	60.37	60.37	60.14
辽宁省	55.33	57.53	58.45	57.63	60.15	59.25
吉林省	57.60	58.07	61.10	62.11	61.16	59.85
黑龙江省	57.86	60.00	60.73	61.74	63.69	63.60
上海市	53.64	59.15	59.88	59.66	65.20	62.09
江苏省	60.16	61.03	62.55	64.48	65.91	65.25
浙江省	58.00	60.77	63.21	64.42	66.37	65.40
安徽省	55.39	59.30	59.70	59.60	63.45	62.08
福建省	55.85	60.74	61.91	64.67	66.11	64.60
江西省	59.15	57.90	62.80	62.66	61.78	61.76
山东省	57.07	59.90	59.88	60.71	64.20	63.40
河南省	57.28	58.99	60.94	60.59	63.86	62.90
湖北省	55.64	58.43	58.77	59.80	61.55	61.95
湖南省	57.60	58.60	60.78	61.03	64.26	64.28
广东省	56.76	58.89	60.35	62.02	63.27	63.14
广 西	60.72	61.09	60.54	64.03	63.41	64.62
海南省	55.79	55.54	58.61	58.88	58.27	57.54
重庆市	56.44	57.56	58.55	60.81	63.79	62.03
四川省	55.11	59.59	58.99	59.99	62.45	59.30
贵州省	58.01	60.12	60.05	60.79	62.96	63.19
云南省	57.23	58.17	57.25	57.84	61.62	60.49
西 藏	58.20	60.81	63.68	63.35	63.55	63.88
陕西省	53.28	56.16	57.36	60.93	63.81	62.07
甘肃省	55.87	58.97	60.35	62.36	65.31	62.59
青海省	54.98	55.38	59.21	65.50	66.36	62.47
宁 夏	51.09	51.93	52.88	54.99	58.25	58.73
新 疆	54.79	61.17	61.03	60.27	62.52	63.36
合 计	56.41	59.11	60.23	61.23	63.64	62.56

资料来源:南开大学公司治理数据库。

第五节 主板上市公司股东治理100佳评价

一、主板上市公司股东治理100佳比较分析

表11.11是主板股东治理100佳公司股东治理指数以及各分项指标的描述统计结果,100佳公司的股东治理指数平均值为76.48,独立性、中小股东权益保护和关联交易的平均值分别为76.31、77.31和75.75。可以看到,100佳公司各项指标的平均值和中位数均显著高于全体样本。

表11.11 主板上市公司股东治理100佳描述性统计

项目	样本	平均值	中位数	标准差	极差	最小值	最大值
股东治理指数	100佳	76.48	76.07	2.01	10.65	74.24	84.89
	样本总体	62.56	63.08	7.93	48.40	36.49	84.89
独立性	100佳	76.31	76.17	8.15	40.00	56.50	96.50
	样本总体	62.21	66.74	17.03	90.79	5.71	96.50
中小股东权益保护	100佳	77.31	77.71	6.47	30.34	61.63	91.97
	样本总体	61.10	61.28	11.34	65.47	26.50	91.97
关联交易	100佳	75.75	75.75	4.39	16.44	65.56	82.00
	样本总体	64.20	67.51	12.40	70.23	11.77	82.00

资料来源:南开大学公司治理数据库。

二、主板上市公司股东治理100佳公司行业分布

表11.12列出了主板股东治理100佳公司在各个行业的分布情况,从表中可以看到,制造业样本公司中进入100佳的最多,有66家公司。从各行业100佳个数占行业样本公司总数的比例上看,最高的是科学研究和技术服务业、建筑业,100佳企业个数占行业样本总数的比例分别为25.00%和12.50%。

表11.12 主板上市公司股东治理100佳公司行业分布

行业	样本总体		100佳		
	数目	比例(%)	数目	比例(%)	占本行业比例(%)
农、林、牧、渔业	21	1.33	1	1.00	4.76
采矿业	64	4.05	—	—	—

续表

行　　业	样本总体		100 佳		
	数目	比例(%)	数目	比例(%)	占本行业比例(%)
制造业	866	54.84	66	66.00	7.62
电力、热力、燃气及水生产和供应业	89	5.64	3	3.00	3.37
建筑业	48	3.04	6	6.00	12.50
批发和零售业	126	7.98	8	8.00	6.35
交通运输、仓储和邮政业	76	4.81	4	4.00	5.26
住宿和餐饮业	9	0.57	—	—	—
信息传输、软件和信息技术服务业	52	3.29	3	3.00	5.77
房地产业	115	7.28	4	4.00	3.48
租赁和商务服务业	23	1.46	1	1.00	4.35
科学研究和技术服务业	12	0.76	3	3.00	25.00
水利、环境和公共设施管理业	19	1.20	—	—	—
教育	3	0.19	—	—	—
卫生和社会工作	3	0.19	—	—	—
文化、体育和娱乐业	30	1.90	1	1.00	3.33
综合	23	1.46	—	—	—
合　　计	1 579	100.00	100	100.00	6.33

资料来源：南开大学公司治理数据库。

三、主板上市公司股东治理 100 佳公司控股股东分布

表 11.13 给出了主板 100 佳公司控股股东性质的分布状况，可以看到，主板股东治理 100 佳几乎集中在国有控股上市公司和民营控股上市公司中。国有控股上市公司进入 100 佳的有 24 家，民营控股上市公司有 72 家入围 100 佳。而 2016 年的 100 佳公司中，国有控股上市公司和民营控股上市公司分别有 37 家和 59 家。2015 年国有控股上市公司进入 100 佳的为 35 家，民营控股上市公司有 63 家公司入围 100 佳。2014 年国有控股上市公司进入 100 佳的为 56 家，民营控股上市公司有 42 家公司入围 100 佳。2013 年的 100 佳公司中，国有控股上市公司和民营控股上市公司分别有 72 家和 26 家。2012 年的 100 佳公司中，国有控股上市公司和民营控股上市公司分别有 54 家和 41 家。

总的来看，2012—2016 年这五年间，100 佳公司中国有控股上市公司所占的比例持续在下降，民营控股上市公司所占比例持续上升。

表 11.13 主板上市公司股东治理 100 佳公司控股股东分布

控股股东性质	样本总体		100 佳		
	数目	比例(%)	数目	比例(%)	占本组比例(%)
国有控股	861	54.53	24	24.00	2.79
集体控股	11	0.70	—	—	—
民营控股	660	41.80	72	72.00	10.91
社会团体控股	11	0.70	—	—	—
外资控股	22	1.39	3	3.00	13.64
职工持股会控股	4	0.25	—	—	—
其他类型	10	0.63	1	1.00	10.00
合　计	1 579	100.00	100	100.00	6.33

资料来源:南开大学公司治理数据库。

四、主板上市公司股东治理 100 佳公司地区分布

表 11.14 给出了主板股东治理 100 佳公司的地区分布状况,可以看到,入选主板股东治理 100 佳上市公司中,来自江苏省、浙江省、广东省和山东省的样本较多,所占的比例依次为 21.00%、20.00%、7.00%和 7.00%,股东治理 100 佳中 55%的公司来自这四个地区。河北省、吉林省、江西省、海南省、甘肃省和宁夏六个地区则没有 1 家公司进入股东治理 100 佳。进入 100 佳公司占本地区样本比例最高的五个地区分别是:江苏省、浙江省、湖南省、黑龙江省和西藏。

表 11.14 主板上市公司股东治理 100 佳公司地区分布

地　区	样本总体		100 佳		
	数目	比例(%)	数目	比例(%)	占本地区比例(%)
北京市	136	8.61	5	5.00	3.68
天津市	30	1.90	1	1.00	3.33
河北省	30	1.90	—	—	—
山西省	31	1.96	1	1.00	3.23
内蒙古	19	1.20	1	1.00	5.26
辽宁省	48	3.04	2	2.00	4.17
吉林省	31	1.96	—	—	—
黑龙江省	29	1.84	3	3.00	10.34
上海市	156	9.88	3	3.00	1.92

续表

地　区	样本总体		100 佳		
	数目	比例(%)	数目	比例(%)	占本地区比例(%)
江苏省	139	8.80	21	21.00	15.11
浙江省	136	8.61	20	20.00	14.71
安徽省	50	3.17	3	3.00	6.00
福建省	52	3.29	4	4.00	7.69
江西省	23	1.46	—	—	—
山东省	83	5.26	7	7.00	8.43
河南省	39	2.47	2	2.00	5.13
湖北省	61	3.86	4	4.00	6.56
湖南省	44	2.79	5	5.00	11.36
广东省	150	9.50	7	7.00	4.67
广　西	28	1.77	2	2.00	7.14
海南省	23	1.46	—	—	—
重庆市	32	2.03	1	1.00	3.13
四川省	58	3.67	1	1.00	1.72
贵州省	16	1.01	1	1.00	6.25
云南省	19	1.20	1	1.00	5.26
西　藏	10	0.63	1	1.00	10.00
陕西省	30	1.90	1	1.00	3.33
甘肃省	22	1.39	—	—	—
青海省	11	0.70	1	1.00	9.09
宁　夏	11	0.70	—	—	—
新　疆	32	2.03	2	2.00	6.25
合　计	1 579	100.00	100	100.00	6.33

资料来源:南开大学公司治理数据库。

主 要 结 论

第一,2017 年主板股东治理指数总体上相比上一年度有所回落,由 63.64 下降为 62.56,下降幅度为 1.08。三个二级指标中,独立性得分上升了 4.51;中小股东权益保护得分上升了 0.73,关联交易得分则大幅下降,降低幅度为 5.69。

第二,独立性上升的原因是高管相对于股东单位的独立性有所上升,关联交易指数下降的原因则为经营类关联交易和资产类关联交易有所抬头。

第三,主板民营控股上市公司股东治理指数高于国有控股上市公司,且二者之间的差距持续扩大。从三个二级指标来看,国有控股上市公司的独立性比民营控股上市公司低 4.77,关联交易比民营控股上市公司低 7.44,只是在中小股东权益保护上比民营控股上市公司高 2.00。进一步的分析发现,主板民营控股上市公司在高管独立性、中小股东董事提名权利、关联方经营性资金占用、经营性关联交易和资产类关联交易上均优于国有控股上市公司,国有控股上市公司在累积投票制度、中小股东股东大会参与和分红连续性的表现上要好于民营控股上市公司。

第四,股东治理地区之间的差距保持平稳。股东治理指数平均值最高的三个地区分别是浙江省、江苏省和广西,其平均值分别为 65.40、65.25 和 64.62;股东治理指数平均值最低的三个地区分别是山西省、海南省和宁夏,其平均值分别为 57.05、57.54 和 58.73,平均值最高和最低的地区股东治理指数相差 8.35,差距保持平稳。

第五,入选主板股东治理 100 佳上市公司中,来自江苏省、浙江省、广东省和山东省的样本较多,股东治理 100 佳中 55%的公司来自这四个地区。河北省、吉林省、江西省、海南省、甘肃省和宁夏六个地区则没有 1 家公司进入股东治理 100 佳。

第六,主板股东治理 100 佳几乎集中在国有控股上市公司和民营控股上市公司中。国有控股上市公司进入 100 佳的有 24 家,民营控股上市公司有 72 家公司入围 100 佳。从历史趋势来看,100 佳公司中民营控股上市公司所占比例持续上升,国有控股上市公司所占比例持续下降。

第十二章　主板上市公司董事会治理评价

第一节　主板上市公司董事会治理总体分析

一、2017 年主板上市公司董事会治理总体描述

2017 年中国上市公司主板市场非金融类公司样本量为 1 579 家，董事会治理指数的平均值为 64.05，中位数为 64.21，最大值为 70.89，最小值为 47.59。2017 年度主板上市公司董事会治理的平均水平较 2016 年度上升了 0.19。

从董事会治理的五个主要因素来看，董事会组织结构指数最高，平均值为 68.69；董事会运作效率指数的平均值次之，为 67.55；其次是董事权利与义务指数和独立董事制度指数，其平均值分别为 62.65 和 61.50；董事薪酬指数的平均值最低，为 58.94。

从公司董事会治理质量的差异情况来看，2017 年度中国主板上市公司董事会治理指数的标准差为 2.38。公司间董事会治理质量的差异主要表现在董事会组织结构和董事薪酬方面，其标准差分别为 7.54 和 5.35；而公司在独立董事制度、董事权利与义务和董事会运作效率指数方面的差异相对较小，其标准差分别为 4.58、4.57 和 4.19。见表 12.1。

表 12.1　主板上市公司董事会治理总体状况描述性统计

项　　目	平均值	中位数	标准差	极差	最小值	最大值
董事会治理指数	64.05	64.21	2.38	23.30	47.59	70.89
董事权利与义务	62.65	62.50	4.57	27.50	48.00	75.50
董事会运作效率	67.55	67.85	4.19	25.30	49.16	74.46
董事会组织结构	68.69	70.00	7.54	79.50	17.50	97.00
董事薪酬	58.94	58.50	5.35	26.50	50.00	76.50
独立董事制度	61.50	61.75	4.58	27.50	45.00	72.50

资料来源：南开大学公司治理数据库。

二、2012—2017 年主板上市公司董事会治理比较

董事会治理指数的平均水平在 2012—2017 年总体呈现出上升态势，虽然中间在 2015 年董事会治理平均水平略有下降，但之后两年再度增长。

从董事会治理的五个主要因素来看，董事权利与义务指数在六年间呈现出了一定的波动性；董事会运作效率指数在六年期间总体呈现出增长态势；董事会组织结构一直保持在较高水平，变化不大；董事薪酬指数一直是董事会治理的短板，六年均值均较低，2017 年相比 2016 年稍微有所下降；独立董事制度指数的平均水平则稳定保持在中间水平，详见表 12.2 和图 12.1。

表 12.2　主板上市公司董事会治理指数描述性统计六年比较

项　　目	2012	2013	2014	2015	2016	2017
董事会治理指数	60.92	61.59	63.48	63.22	63.86	64.05
董事权利与义务	64.82	63.15	68.41	60.98	60.88	62.65
董事会运作效率	57.57	59.10	60.72	67.97	67.27	67.55
董事会组织结构	68.47	68.69	68.84	68.27	68.64	68.69
董事薪酬	56.57	57.75	59.74	56.10	59.07	58.94
独立董事制度	60.16	60.86	62.97	61.02	61.67	61.50

资料来源：南开大学公司治理数据库。

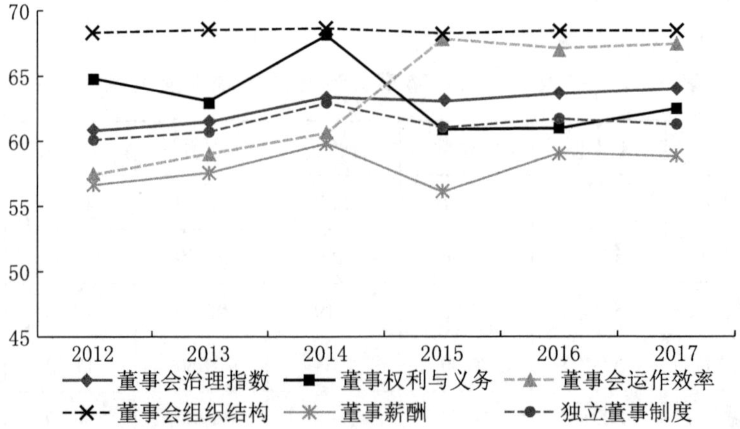

资料来源：南开大学公司治理数据库。

图 12.1　主板上市公司董事会治理指数平均值六年折线图比较

第二节 主板上市公司董事会治理分行业评价

一、2017年主板上市公司董事会治理分行业总体描述

依据证监会制定的行业分类标准,对不同行业董事会治理质量进行分析,以探讨董事会治理质量的行业差异特征。由表12.3董事会治理指数分行业描述性统计中可以看出,教育,批发和零售业,信息传输、软件和信息技术服务业的平均水平位居前三,其均值分别为64.94、64.68和64.48;水利、环境和公共设施管理业,卫生和社会工作的董事会治理质量相对较差,其均值分别为63.24和62.06。

表12.3 主板上市公司董事会治理指数分行业描述性统计

行业	数目	比例(%)	平均值	中位数	标准差	极差	最小值	最大值
农、林、牧、渔业	21	1.33	64.21	64.22	2.02	8.42	58.38	66.79
采矿业	64	4.05	64.28	64.23	2.28	12.23	58.03	70.26
制造业	866	54.84	63.97	64.15	2.39	23.20	47.59	70.79
电力、热力、燃气及水生产和供应业	89	5.64	64.23	64.48	2.13	10.65	58.02	68.67
建筑业	48	3.04	63.95	64.14	2.57	14.02	53.90	67.92
批发和零售业	126	7.98	64.68	64.63	1.85	10.38	58.44	68.82
交通运输、仓储和邮政业	76	4.81	63.57	63.87	2.96	19.87	51.03	70.89
住宿和餐饮业	9	0.57	64.40	64.43	1.57	5.01	61.77	66.78
信息传输、软件和信息技术服务业	52	3.29	64.48	64.81	2.44	14.57	54.34	68.91
房地产业	115	7.28	64.11	64.53	2.61	17.85	52.58	70.43
租赁和商务服务业	23	1.46	63.54	63.98	2.83	12.95	55.81	68.75
科学研究和技术服务业	12	0.76	63.54	63.43	1.10	4.10	60.92	65.03
水利、环境和公共设施管理业	19	1.20	63.24	63.64	2.35	11.24	55.43	66.67
教育	3	0.19	64.94	63.18	3.54	6.40	62.62	69.02
卫生和社会工作	3	0.19	62.06	64.04	4.28	7.84	57.15	64.99
文化、体育和娱乐业	30	1.90	64.25	64.12	1.78	6.61	60.43	67.04
综合	23	1.46	64.09	64.00	1.94	7.43	59.99	67.42
合计	1 579	99.99	64.05	64.21	2.38	23.30	47.59	70.89

资料来源:南开大学公司治理数据库。

在董事权利与义务指数方面，租赁和商务服务业、住宿和餐饮业以及采矿业表现较好，其均值分别为64.24、63.94和63.74；文化、体育和娱乐业，农、林、牧、渔业，水利、环境和公共设施管理业表现相对较差，其均值分别为60.92、61.79和61.84。在董事会运作效率方面，教育，电力、热力、燃气及水生产和供应业，文化、体育和娱乐业位居前三，其均值分别为70.25、68.86和68.79；而建筑业、综合、卫生和社会工作的指标均值较低，分别为65.42、65.73和66.03。在董事会组织结构方面，住宿和餐饮业，农、林、牧、渔业，采矿业表现较好，其均值分别为71.00、70.86、70.06；卫生和社会工作，租赁和商务服务业，交通运输、仓储和邮政业表现较差，其均值分别为58.33、65.43和67.40。在董事薪酬方面，科学研究和技术服务业，信息传输、软件和信息技术服务业，建筑业的均值水平位居行业分类前三，分别为60.96、60.80和59.96；农、林、牧、渔业，电力、热力、燃气及水生产和供应业，交通运输、仓储和邮政业的均值水平较低，分别为55.88、56.78和57.03。在独立董事制度方面，农、林、牧、渔业，卫生和社会工作，住宿和餐饮业的表现较好，其均值分别为63.60、62.92和62.83；科学研究和技术服务业，水利、环境和公共设施管理业，文化、体育和娱乐业表现相对较差，其均值分别为56.94、59.97和60.91。见表12.4。

表12.4 主板上市公司董事会治理分指数分行业描述性统计

行业	数目	比例（%）	董事会治理指数	董事权利与义务	董事会运作效率	董事会组织结构	董事薪酬	独立董事制度
农、林、牧、渔业	21	1.33	64.21	61.79	67.14	70.86	55.88	63.60
采矿业	64	4.05	64.28	63.74	67.33	70.06	57.10	62.56
制造业	866	54.84	63.97	62.56	67.54	68.62	59.27	61.00
电力、热力、燃气及水生产和供应业	89	5.64	64.23	62.25	68.86	69.43	56.78	62.21
建筑业	48	3.04	63.95	62.37	65.42	68.38	59.96	62.77
批发和零售业	126	7.98	64.68	63.12	68.51	69.05	59.21	62.37
交通运输、仓储和邮政业	76	4.81	63.57	62.04	68.52	67.40	57.03	61.39
住宿和餐饮业	9	0.57	64.40	63.94	66.48	71.00	57.39	62.83
信息传输、软件和信息技术服务业	52	3.29	64.48	63.45	66.90	68.50	60.80	62.18
房地产业	115	7.28	64.11	62.87	66.36	68.36	59.75	62.43
租赁和商务服务业	23	1.46	63.54	64.24	67.40	65.43	58.39	61.99
科学研究和技术服务业	12	0.76	63.54	61.85	67.73	70.00	60.96	56.94

续表

行　　业	数目	比例(%)	董事会治理指数	董事权利与义务	董事会运作效率	董事会组织结构	董事薪酬	独立董事制度
水利、环境和公共设施管理业	19	1.20	63.24	61.84	67.61	67.71	58.08	59.97
教育	3	0.19	64.94	62.92	70.25	70.00	57.50	62.33
卫生和社会工作	3	0.19	62.06	63.58	66.03	58.33	59.00	62.92
文化、体育和娱乐业	30	1.90	64.25	60.92	68.79	70.02	58.63	60.91
综合	23	1.46	64.09	63.62	65.73	69.26	58.72	62.80
合　　计	1 579	99.99	64.05	62.65	67.55	68.69	58.94	61.50

资料来源：南开大学公司治理数据库。

二、2013—2017 年主板上市公司董事会治理分行业比较

从表 12.5 董事会治理指数分行业描述性统计五年比较中可以看出，教育，信息传输、软件和信息技术服务业近年来一直保持着较高水平。尤其是教育，2015—2017 年一直位于行业第一名，信息传输、软件和信息技术服务业五年间有三年位于行业前三名。租赁和商务服务业，交通运输、仓储和邮政业的治理表现较差，五年中有三年位于行业后三名，最近两年卫生和社会工作表现较差，董事会治理均值位于行业最后一名。

表 12.5　主板上市公司董事会治理指数分行业描述性统计五年比较

行　　业	2013	2014	2015	2016	2017
农、林、牧、渔业	61.00	64.09	63.52	64.32	64.21
采矿业	61.02	62.87	63.60	64.13	64.28
制造业	61.40	63.45	63.09	63.85	63.97
电力、热力、燃气及水生产和供应业	61.28	63.14	63.16	63.68	64.23
建筑业	61.92	64.08	62.95	63.89	63.95
批发和零售业	62.05	63.63	63.58	64.15	64.68
交通运输、仓储和邮政业	61.52	62.90	62.71	63.29	63.57
住宿和餐饮业	61.91	63.72	63.24	63.01	64.40
信息传输、软件和信息技术服务业	62.83	63.74	64.35	64.06	64.48
房地产业	62.30	63.94	63.55	64.01	64.11
租赁和商务服务业	62.22	62.79	62.74	63.92	63.54

续表

行　　业	2013	2014	2015	2016	2017
科学研究和技术服务业	61.71	66.00	63.83	64.10	63.54
水利、环境和公共设施管理业	61.37	62.54	63.01	63.61	63.24
教育	60.84	63.36	65.09	66.59	64.94
卫生和社会工作	64.18	66.66	62.95	62.72	62.06
文化、体育和娱乐业	60.79	63.39	63.25	63.88	64.25
综合	61.84	64.00	63.54	63.49	64.09
合　　计	61.61	63.48	63.22	63.86	64.05

资料来源：南开大学公司治理数据库。

第三节　主板上市公司董事会治理分控股股东性质评价

一、2017 年主板上市公司董事会治理分控股股东性质总体描述

如表 12.6 所示，董事会治理指数的平均水平依据控股股东性质从高到低排序依次为民营控股、国有控股、社会团体控股、外资控股、集体控股、其他类型、职工持股会控股，其平均值分别为 64.21、63.99、63.51、63.50、63.36、62.13、60.99。从公司间的差异程度来说，职工持股会控股和其他控股类公司的差异程度较大，其标准差分别为 4.89 和 4.51，其他类型公司治理指数的标准差都小于 3。

表 12.6　主板上市公司董事会治理指数分控股股东性质描述性统计

控股股东性质	数目	比例(%)	平均值	中位数	标准差	极差	最小值	最大值
国有控股	861	54.53	63.99	64.19	2.40	19.87	51.03	70.89
集体控股	11	0.70	63.36	63.46	2.65	9.24	57.27	66.50
民营控股	660	41.80	64.21	64.27	2.28	23.20	47.59	70.79
社会团体控股	11	0.70	63.51	63.79	1.94	7.84	58.44	66.28
外资控股	22	1.39	63.50	63.64	2.04	8.03	57.96	65.99
职工持股会控股	4	0.25	60.99	61.32	4.89	11.61	54.87	66.48
其他类型	10	0.63	63.13	63.99	4.51	15.81	50.73	66.54
合　　计	1 579	100.00	64.05	64.21	2.38	23.30	47.59	70.89

资料来源：南开大学公司治理数据库。

从董事权利与义务指数来看,社会团体控股上市公司最高,其平均值为 64.09,外资控股上市公司最低,其平均值为 59.88;从董事会运作效率指数来看,集体控股上市公司表现最好,其平均值为 68.48,职工持股会控股上市公司表现最差,其平均值为 66.34;从董事会组织结构指数来看,民营控股上市公司最高,其平均值为 69.10,职工持股会控股上市公司最低,其平均值为 48.13;在董事薪酬方面,职工持股会控股上市公司表现最好,其平均值为 64.88,社会团体控股上市公司最低,其平均值为 55.95;在独立董事制度方面,社会团体控股类上市公司表现最好,其平均值为 62.98,而集体控股类上市公司表现最差,其平均值为 57.55。见表 12.7。

表 12.7　主板上市公司董事会治理分指数分控股股东性质描述性统计

控股股东性质	董事会治理指数	董事权利与义务	董事会运作效率	董事会组织结构	董事薪酬	独立董事制度
国有控股	63.99	62.41	68.17	68.62	57.32	62.06
集体控股	63.36	61.64	68.48	67.64	60.82	57.55
民营控股	64.21	63.03	66.74	69.10	60.97	60.84
社会团体控股	63.51	64.09	67.20	66.82	55.95	62.98
外资控股	63.50	59.88	67.84	66.84	60.64	60.22
职工持股会控股	60.99	61.06	66.34	48.13	64.88	62.81
其他类型	63.13	64.00	66.96	63.00	59.65	61.85
合　　计	64.05	62.65	67.55	68.69	58.94	61.50

资料来源:南开大学公司治理数据库。

二、2012—2017 年主板上市公司董事会治理分控股股东性质比较

表 12.8 给出了主板上市公司中国有控股和民营控股上市公司董事会治理状况的六年描述性统计,可以看出,除了在 2014 年,国有控股上市公司的董事会治理质量优于民营控股上市公司外,剩余五年间,民营控股上市公司的董事会治理质量一直领先于国有控股上市公司,2017 年继续表现领先。

以 2017 年度国有控股与民营控股上市公司董事会治理质量的比较来说,民营控股上市公司 2017 年度董事会治理指数高过国有控股上市公司的主要原因在于,民营控股上市公司在董事权利与义务、董事会组织结构、董事薪酬三个方面均好于国有控股上市公司,但在董事会运作效率和独立董事制度方面与国有控股上市公司还存在差距。

表 12.8 主板国有和民营控股公司董事会治理指数描述性统计六年比较

年 份	控股股东性质	董事会治理指数	董事权利与义务	董事会运作效率	董事会组织结构	董事薪酬	独立董事制度
2012	国有	60.83	64.50	57.67	68.45	56.23	60.10
	民营	61.11	65.35	57.44	68.61	57.13	60.26
2013	国有	61.49	62.83	59.21	68.77	57.16	60.85
	民营	61.80	63.87	58.88	68.55	58.86	60.86
2014	国有	63.74	68.44	60.97	69.03	59.95	63.45
	民营	63.32	68.39	60.58	68.73	59.62	62.69
2015	国有	63.10	60.76	68.34	68.19	55.31	60.93
	民营	63.56	61.39	67.40	68.76	57.45	61.33
2016	国有	63.71	60.56	67.72	68.65	57.96	61.60
	民营	64.16	61.45	66.60	68.90	60.65	61.83
2017	国有	63.99	62.41	68.17	68.62	57.32	62.06
	民营	64.21	63.03	66.74	69.10	60.97	60.84

资料来源:南开大学公司治理数据库。

第四节 主板上市公司董事会治理分地区评价

一、2017 年主板上市公司董事会治理分地区总体描述

不同地区的董事会治理状况存在着显著差异。由表 12.9,贵州省、陕西省和湖南省的董事会治理平均水平位居地区前三位,其均值分别为 64.89、64.82 和 64.81;而宁夏、福建省、甘肃省董事会治理的平均水平处于地区后三位,其均值分别为 62.90、63.34 和 63.36。从董事会治理质量在公司间的差异程度来说,西藏、河北省和贵州省的上市公司在董事会治理质量方面具有较大差异,其标准差分别为 3.07、2.98 和 2.79;陕西省、山西省和江西省的上市公司在董事会治理方面的差异性相对较小,其标准差分别为 1.57、1.70 和 1.80。

表 12.9 主板上市公司董事会治理指数分地区描述性统计

地 区	数目	比例(%)	平均值	中位数	标准差	极差	最小值	最大值
北京市	136	8.61	63.93	64.12	2.61	16.53	53.90	70.43
天津市	30	1.90	63.90	64.41	2.51	10.68	56.98	67.67

续表

地 区	数目	比例(%)	平均值	中位数	标准差	极差	最小值	最大值
河北省	30	1.90	63.59	63.94	2.98	14.06	54.42	68.48
山西省	31	1.96	63.64	63.50	1.70	6.12	60.90	67.03
内蒙古	19	1.20	64.19	64.05	1.95	7.77	61.00	68.77
辽宁省	48	3.04	63.68	63.83	1.94	10.94	57.13	68.07
吉林省	31	1.96	64.10	64.23	2.51	12.07	58.72	70.79
黑龙江省	29	1.84	64.15	64.23	2.11	10.57	57.17	67.74
上海市	156	9.88	63.94	64.13	2.62	19.87	51.03	70.89
江苏省	139	8.80	64.04	64.18	2.42	18.86	50.73	69.59
浙江省	136	8.61	64.06	64.23	2.51	22.83	47.59	70.43
安徽省	50	3.17	64.23	64.19	2.33	13.11	55.43	68.54
福建省	52	3.29	63.34	63.94	2.75	15.39	54.87	70.26
江西省	23	1.46	63.87	63.79	1.80	6.32	60.67	66.99
山东省	83	5.26	64.38	64.34	1.90	11.25	57.27	68.52
河南省	39	2.47	64.08	64.10	2.05	8.17	59.69	67.87
湖北省	61	3.86	64.00	64.07	2.33	11.58	56.34	67.92
湖南省	44	2.79	64.81	65.27	2.16	9.62	58.91	68.53
广东省	150	9.50	64.27	64.63	2.47	13.63	55.81	69.44
广 西	28	1.77	63.69	64.00	1.99	10.14	57.49	67.64
海南省	23	1.46	63.58	64.09	2.75	10.01	57.15	67.17
重庆市	32	2.03	64.33	64.01	2.26	9.11	59.47	68.58
四川省	58	3.67	64.17	64.27	1.88	8.03	60.16	68.19
贵州省	16	1.01	64.89	65.10	2.79	9.71	60.86	70.57
云南省	19	1.20	63.90	63.92	2.61	10.77	58.14	68.91
西 藏	10	0.63	64.72	64.00	3.07	9.06	59.82	68.88
陕西省	30	1.90	64.82	64.80	1.57	7.50	61.31	68.82
甘肃省	22	1.39	63.36	63.67	2.04	9.28	58.31	67.59
青海省	11	0.70	64.78	64.89	1.93	6.40	62.12	68.52
宁 夏	11	0.70	62.90	62.63	2.24	7.15	59.35	66.50
新 疆	32	2.03	64.18	64.42	2.55	11.97	57.17	69.14
合 计	1 579	99.99	64.05	64.21	2.38	23.30	47.59	70.89

资料来源:南开大学公司治理数据库。

二、2012—2017 年主板上市公司董事会治理分地区比较

从表 12.10 主板分地区董事会治理指数平均值的六年比较中可以看出，贵州省、青海省、浙江省的董事会治理质量表现较好，其中贵州省在 2013 年、2016 年、2017 年度均位列行业第一，青海省在 2012—2017 六年间有五年位列行业前五名，其中 2015 年位列第一，浙江省在六年间有四年位列行业前五年，且六年间均值比较位于地区前三；宁夏、甘肃省、河北省董事会治理相对较差，宁夏六年间均在地区最后五名，且有三年位于最后一名，甘肃省六年间有四年位于最后五名，河北省有五年位于地区最后五名。

表 12.10 主板上市公司董事会治理指数分地区描述性统计六年比较

地　区	2012	2013	2014	2015	2016	2017
北京市	61.16	61.70	63.18	62.87	63.87	63.93
天津市	60.93	61.53	63.88	62.52	63.81	63.90
河北省	59.91	60.68	62.78	62.74	63.58	63.59
山西省	60.43	60.80	63.15	63.18	63.41	63.64
内蒙古	60.54	61.91	64.38	63.38	64.11	64.19
辽宁省	60.82	61.51	63.09	63.18	63.95	63.68
吉林省	61.14	61.44	63.17	63.11	64.16	64.10
黑龙江省	60.86	61.09	63.96	62.98	64.05	64.15
上海市	60.87	61.83	63.82	63.07	63.51	63.94
江苏省	60.80	61.68	63.71	63.48	64.09	64.04
浙江省	61.47	62.18	63.91	63.70	64.22	64.06
安徽省	60.56	60.95	63.12	62.38	63.04	64.23
福建省	61.36	62.47	63.57	63.15	63.17	63.34
江西省	60.80	61.78	63.16	63.49	63.51	63.87
山东省	60.60	61.04	63.21	62.88	63.79	64.38
河南省	60.89	60.95	63.68	63.45	64.12	64.08
湖北省	60.77	61.35	63.88	63.07	63.43	64.00
湖南省	60.95	61.51	63.30	63.99	64.19	64.81
广东省	61.66	62.09	62.75	63.51	64.10	64.27

续表

地 区	2012	2013	2014	2015	2016	2017
广 西	60.76	61.50	63.51	63.40	64.26	63.69
海南省	60.60	61.42	62.89	63.03	63.74	63.58
重庆市	60.32	60.80	63.76	63.48	63.92	64.33
四川省	60.59	61.68	63.89	63.13	64.05	64.17
贵州省	61.17	61.72	64.59	63.87	65.00	64.89
云南省	61.12	62.63	63.65	63.13	63.80	63.90
西 藏	60.89	61.54	63.16	63.43	64.84	64.72
陕西省	60.51	61.33	64.07	63.57	63.93	64.82
甘肃省	59.84	60.91	63.20	62.76	63.09	63.36
青海省	61.17	61.76	64.51	64.50	64.91	64.78
宁 夏	60.34	60.47	62.45	62.55	63.43	62.90
新 疆	60.89	61.44	64.03	63.43	63.96	64.18
合 计	60.92	61.59	63.48	63.22	63.86	64.05

资料来源:南开大学公司治理数据库。

第五节 主板上市公司董事会治理 100 佳评价

一、主板上市公司董事会治理 100 佳比较分析

如表 12.11 所示,董事会治理 100 佳上市公司的表现明显优于主板非金融类上市公司。2017 年度 100 佳公司董事会治理质量的平均值为 68.12,比主板非金融类上市公司高 4.07。100 佳公司董事会治理质量的优势主要体现在董事薪酬和独立董事制度和董事会组织结构方面,分别比主板非金融类上市公司高 5.75、4.54 和 4.46;在董事权利与义务和董事会运作效率方面,100 佳公司的优势并不明显,分别比主板非金融类上市公司高 1.84 和 2.82。从公司间的差异程度来说,2017 年度 100 佳公司董事会治理指数的标准差为 0.89,比 2016 年度主板非金融类上市公司的标准差低 1.49,表明 100 佳公司在董事会治理质量的差异程度上低于主板非金融类公司。从分指数的差异程度上来看,100 佳公司的差异程度均比样本总体要低,反映了 100 佳公司治理质量更稳定的特点。

表 12.11 主板上市公司董事会治理 100 佳描述性统计

项目	样本	平均值	中位数	标准差	极差	最小值	最大值
董事会治理指数	100 佳	68.12	67.83	0.89	3.78	67.12	70.89
	样本总体	64.05	64.21	2.38	23.30	47.59	70.89
董事权利与义务	100 佳	64.49	63.75	4.45	22.50	53.00	75.50
	样本总体	62.65	62.50	4.57	27.50	48.00	75.50
董事会运作效率	100 佳	70.37	71.88	3.58	18.40	56.06	74.46
	样本总体	67.55	67.85	4.19	25.30	49.16	74.46
董事会组织结构	100 佳	73.15	70.00	5.63	27.00	70.00	97.00
	样本总体	68.69	70.00	7.54	79.50	17.50	97.00
董事薪酬	100 佳	64.69	64.50	5.05	25.00	51.50	76.50
	样本总体	58.94	58.50	5.35	26.50	50.00	76.50
独立董事制度	100 佳	66.04	67.00	3.22	15.50	57.00	72.50
	样本总体	61.50	61.75	4.58	27.50	45.00	72.50

资料来源：南开大学公司治理数据库。

二、主板上市公司董事会治理 100 佳公司行业分布

表 12.12 是董事会治理 100 佳公司的行业分布。制造业有 54 家公司入围 100 佳，在公司数量上位居第一；批发和零售业、房地产业次之，分别有 11 家、7 家公司入围 100 佳行列；100 佳上市公司占本行业比重最高的行业是教育，信息传输、软件和信息技术服务业，采矿业，分别有 33.33%、11.54%和 9.38%的公司入围 100 佳；农、林、牧、渔业，住宿和餐饮业，科学研究和技术服务业，水利、环境和公共设施管理业，卫生和社会工作，文化、体育和娱乐业均没有公司入围 100 佳。

表 12.12 主板上市公司董事会治理 100 佳公司行业分布

行业	样本总体		100 佳	
	数目	比例(%)	数目	占本行业比例(%)
农、林、牧、渔业	21	1.33	—	—
采矿业	64	4.05	6	9.38
制造业	866	54.84	54	6.24
电力、热力、燃气及水生产和供应业	89	5.64	3	3.37
建筑业	48	3.04	2	4.17

续表

行　　业	样本总体		100佳	
	数目	比例(%)	数目	占本行业比例(%)
批发和零售业	126	7.98	11	8.73
交通运输、仓储和邮政业	76	4.81	7	9.21
住宿和餐饮业	9	0.57	—	—
信息传输、软件和信息技术服务业	52	3.29	6	11.54
房地产业	115	7.28	7	6.09
租赁和商务服务业	23	1.46	1	4.35
科学研究和技术服务业	12	0.76	—	—
水利、环境和公共设施管理业	19	1.20	—	—
教育	3	0.19	1	33.33
卫生和社会工作	3	0.19	—	—
文化、体育和娱乐业	30	1.90	—	—
综合	23	1.46	2	8.70
合　　计	1 579	99.99	100	—

资料来源：南开大学公司治理数据库。

三、主板上市公司董事会治理100佳公司控股股东性质分布

由表12.13，有54家国有控股上市公司位列100佳行列，占国有总数的6.27%。民营控股上市公司有46家入围100佳公司，占民营总数6.97%。国有控股上市公司在数量上优于民营控股上市公司，而民营控股上市公司在比重上高于国有控股上市公司，外资控股、集体控股、社会团体控股、职工持股会控股和其他类型的上市公司均没有公司入围100佳。

表12.13　主板上市公司董事会治理100佳公司控股股东分布

控股股东性质	样本总体		100佳	
	数目	比例(%)	数目	占本组比例(%)
国有控股	861	54.53	54	6.27
集体控股	11	0.70	—	—
民营控股	660	41.80	46	6.97
社会团体控股	11	0.70	—	—

续表

控股股东性质	样本总体		100佳	
	数目	比例(%)	数目	占本组比例(%)
外资控股	22	1.39	—	—
职工持股会控股	4	0.25	—	—
其他类型	10	0.63	—	—
合　计	1 579	100.00	100	—

资料来源:南开大学公司治理数据库。

四、主板上市公司董事会治理100佳公司地区分布

从表12.14主板董事会治理100佳的地区分布情况来看,广东省、上海市、北京市分别有13家、9家、8家公司入围100佳行列,在数量上位居前三位;而西藏、贵州省和重庆市在入围100佳公司所占地区比重方面位居前三位,占比分别为30.00%、18.75%和12.50%。山西省、江西省和宁夏均没有上市公司入围100佳。

表12.14 主板上市公司董事会治理100佳公司地区分布

地　区	样本总体		100佳	
	数目	比例(%)	数目	占本地区比例(%)
北京市	136	8.61	8	5.88
天津市	30	1.90	1	3.33
河北省	30	1.90	2	6.67
山西省	31	1.96	—	—
内蒙古	19	1.20	2	10.53
辽宁省	48	3.04	1	2.08
吉林省	31	1.96	3	9.68
黑龙江省	29	1.84	1	3.45
上海市	156	9.88	9	5.77
江苏省	139	8.80	6	4.32
浙江省	136	8.61	6	4.41
安徽省	50	3.17	3	6.00
福建省	52	3.29	2	3.85
江西省	23	1.46	—	—
山东省	83	5.26	4	4.82

续表

地　区	样本总体		100 佳	
	数目	比例(%)	数目	占本地区比例(%)
河南省	39	2.47	3	7.69
湖北省	61	3.86	6	9.84
湖南省	44	2.79	5	11.36
广东省	150	9.50	13	8.67
广　西	28	1.77	1	3.57
海南省	23	1.46	1	4.35
重庆市	32	2.03	4	12.50
四川省	58	3.67	4	6.90
贵州省	16	1.01	3	18.75
云南省	19	1.20	2	10.53
西　藏	10	0.63	3	30.00
陕西省	30	1.90	2	6.67
甘肃省	22	1.39	1	4.55
青海省	11	0.70	1	9.09
宁　夏	11	0.70	—	—
新　疆	32	2.03	3	9.38
合　计	1 579	99.99	100	—

资料来源:南开大学公司治理数据库。

主 要 结 论

本节在对 2017 年度主板非金融类 1 579 家上市公司董事会治理状况进行分析及年度比较的基础上,总结我国上市公司董事会治理质量呈现的特征及变化趋势,并给出我国上市公司董事会治理质量在行业、控股股东性质、地区方面的差异:

第一,2017 年度董事会治理指数的平均值为 64.05,标准差为 2.38。董事会治理分指数的发展并不均衡,董事会组织结构(68.69)、董事会运作效率(67.55)指数的均值水平较高,独立董事制度(62.65)、董事权利与义务(61.50)和董事薪酬(58.94)均处在较低水平,并与前两指标表现出两极分化的趋势。表明 2017 年度主板非金融类上市公司的董事会治理质量依然存在明显的“短板”。

第二,我国主板非金融类上市公司的董事会治理质量在 2012—2017 年整体呈现出上升的趋势，虽然中间在 2015 年董事会治理平均水平略有下降，但之后两年再度增长。其中董事会组织结构一直保持在较高水平，变化不大，而董事薪酬指数一直是董事会治理的短板，六年均值均较低。

第三，2017 年度中国主板非金融类上市公司董事会治理指数的平均水平比 2016 年度上升了 0.19，董事会治理质量的上升主要体现在董事权利与义务指数的显著增加，比上年增加了 1.77，董事会运作效率指数和董事会组织结构指数稍有提升，分别上升了 0.28 和 0.05，而董事薪酬和独立董事制度数比 2016 年略有下降，分别下降了 0.13 和 0.17。

第四，董事权利与义务指数的显著上升主要体现在具有管理经济专业背景的董事会成员人数比 2016 年有所提升，均值由 2016 年的 1.97 上升到 2017 年的 3.31，且股东董事比例下降了约 10 个百分点，2017 年主板非金融上市公司股东董事比例约为 47.47%；董事会运作效率和董事会组织结构比上年略有提升但总体差别不大，董事薪酬指数比上年有所下降，主要原因在于持有公司股票的董事比例比上年下降了约 9 个百分点，独立董事制度指数比上年下降是由于独立董事津贴比上年下降了约 4 500 元，2017 年独董津贴均值约为 73 766 元。

第五，主板非金融类上市公司的董事会治理质量因行业和地区差异而呈现不同特征。从董事会治理质量的平均水平来说，2017 年度教育，批发和零售业，信息传输、软件和信息技术服务业的平均水平位居前三；水利、环境和公共设施管理业、卫生和社会工作的董事会治理质量相对较差。各地区在董事会治理质量方面呈现出一定的差异性。2017 年贵州省、陕西省和湖南省的董事会治理平均水平位居地区前三位；而宁夏、福建省、甘肃省董事会治理则处于地区后三位。

第六，民营控股上市公司 2017 年董事会治理指数继续领先于国有控股上市公司，民营控股上市公司在董事权利与义务、董事会组织结构、董事薪酬三个方面均好于国有控股上市公司，但国有控股上市公司在董事会运作效率和独立董事制度方面具有优势。

第七，2017 年董事会治理 100 佳上市公司的董事会治理质量明显高于主板非金融类上市公司，2017 年度 100 佳公司董事会治理质量的平均值为 68.12，比主板非金融类上市公司高 4.07，这种优势在董事薪酬和独立董事制度和董事会组织结构方面表现尤为明显。从 100 佳公司的行业分布来说，制造业、批发和零售贸易业、房地产业入围 100 佳的公司数目较多。从控股股东性质分布来说，国有控股上市公司在数量上优于民营控股上市公司，而民营控股上市公司在比重上高于国有控股上市公司。从地区分布来说，广东省、上海市、北京市入围 100 佳的公司数目位居前三位，山西省、江西省和宁夏均没有上市公司入围 100 佳行列。

第十三章　主板上市公司监事会治理评价

第一节　主板上市公司监事会治理总体分析

一、2017 年主板上市公司监事会治理总体描述

2017 年中国上市公司主板市场非金融类公司样本量为 1 579 家。监事会治理指数的平均值为 60.01，标准差为 6.27，监事会治理指数基本服从正态分布。从监事会指数的三个主要因素来看：样本公司运行状况指数平均值为 70.80；规模结构指数平均值为 52.63，胜任能力指数平均值为 58.13。统计详情见表 13.1。

表 13.1　主板上市公司监事会治理总体状况描述性统计

项　　目	平均值	中位数	标准差	极差	最小值	最大值
监事会治理指数	60.01	58.68	6.27	33.92	42.50	76.42
运行状况	70.80	70.00	6.77	50.00	30.00	80.00
规模结构	52.63	40.00	14.46	45.00	35.00	80.00
胜任能力	58.13	58.56	6.59	53.11	21.43	74.54

资料来源：南开大学公司治理数据库。

二、2012—2017 年主板上市公司监事会治理比较

从 2012—2017 年连续六年监事会治理指数的发展趋势看（见表 13.2 和图 13.1），其平均值有升有降，呈螺旋上升趋势，2017 年达到新高，60.01；其中，运行状况指数自 2012—2014 年的平均值有所下降，2015 年大幅提高，2016 年略有下降，2017 年又大幅上升，达到 70.80；规模结构指数较为波动，2012—2014 年稳定上升，2015 年和 2016 年又有所下降，2017 年升高至 52.63。胜任能力指数自 2012 年起保持了稳定的增长，2017 年又略有下降。

表 13.2 主板上市公司监事会治理指数描述性统计六年比较

项　　目	2012	2013	2014	2015	2016	2017
监事会治理指数	58.28	57.99	58.09	59.59	59.02	60.01
运行状况	66.36	64.56	63.43	68.52	67.83	70.80
规模结构	52.60	52.97	53.66	53.02	52.33	52.63
胜任能力	57.03	57.38	57.95	58.52	58.16	58.13

资料来源:南开大学公司治理数据库。

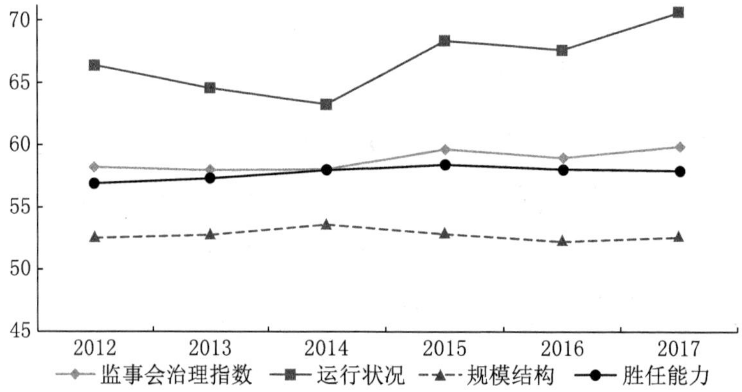

资料来源:南开大学公司治理数据库。

图 13.1 主板上市公司监事会治理指数平均值六年折线图比较

第二节 主板上市公司监事会治理分行业评价

一、2017 年主板上市公司监事会治理分行业总体描述

从行业分布状况可以看出,各行业监事会治理指数存在差异。其中平均值最高的行业是教育,为 67.74;其次为电力、热力、燃气及水生产和供应业,为 62.66;交通运输、仓储和邮政业,为 62.50;卫生和社会工作的平均值较低,为 58.06。统计详情见表 13.3。

从分指数看,导致教育,电力、热力、燃气及水生产和供应业,交通运输、仓储和邮政业居于前列的主要因素是规模结构指数和胜任能力指数明显高于平均值 52.63 和 58.13,其规模结构指数分别为 66.67、58.15 和 58.03,胜任能力指数分别为 64.10、59.72 和 60.43;导致卫生和社会工作监事会治理指数分值较低的原因是这些行业的规模结构指数远低于平均值 52.63,为 40.00。见表 13.4。

表 13.3　主板上市公司监事会治理指数分行业描述性统计

行　业	数目	比例(%)	平均值	中位数	标准差	极差	最小值	最大值
农、林、牧、渔业	21	1.33	59.19	57.59	5.91	23.56	47.37	70.93
采矿业	64	4.05	61.47	61.02	7.48	31.51	44.12	75.63
制造业	866	54.84	59.37	57.56	6.26	32.35	42.50	74.85
电力、热力、燃气及水生产和供应业	89	5.64	62.66	63.38	5.97	23.53	49.67	73.20
建筑业	48	3.04	59.90	58.09	6.96	31.08	43.66	74.74
批发和零售业	126	7.98	59.93	58.47	6.05	23.63	49.50	73.13
交通运输、仓储和邮政业	76	4.81	62.50	63.97	5.72	25.11	51.31	76.42
住宿和餐饮业	9	0.57	60.65	58.14	5.92	14.60	53.98	68.58
信息传输、软件和信息技术服务业	52	3.29	59.42	58.27	5.70	22.61	49.33	71.94
房地产业	115	7.28	60.62	60.31	6.10	29.96	44.36	74.32
租赁和商务服务业	23	1.46	59.12	57.68	5.80	20.53	49.12	69.65
科学研究和技术服务业	12	0.76	58.38	57.56	5.21	15.83	51.34	67.17
水利、环境和公共设施管理业	19	1.20	60.56	60.80	5.73	17.01	50.59	67.60
教育	3	0.19	67.74	68.84	4.42	8.64	62.87	71.51
卫生和社会工作	3	0.19	58.06	60.24	4.23	7.57	53.18	60.75
文化、体育和娱乐业	30	1.90	61.87	62.37	5.22	17.54	51.10	68.64
综合	23	1.46	58.82	57.49	5.94	22.89	49.26	72.15
合　计	1 579	100.00	60.01	58.68	6.27	33.92	42.50	76.42

资料来源：南开大学公司治理数据库。

表 13.4　主板上市公司监事会治理分指数分行业描述性统计

行　业	数目	比例(%)	监事会治理指数	运行状况	规模结构	胜任能力
农、林、牧、渔业	21	1.33	59.19	72.38	50.95	56.12
采矿业	64	4.05	61.47	71.72	55.78	58.36
制造业	866	54.84	59.37	70.80	51.53	57.42
电力、热力、燃气及水生产和供应业	89	5.64	62.66	71.35	58.15	59.72
建筑业	48	3.04	59.90	70.42	52.19	58.61

续表

行业	数目	比例(%)	监事会治理指数	运行状况	规模结构	胜任能力
批发和零售业	126	7.98	59.93	70.08	52.22	58.94
交通运输、仓储和邮政业	76	4.81	62.50	70.13	58.03	60.43
住宿和餐饮业	9	0.57	60.65	72.22	50.00	61.38
信息传输、软件和信息技术服务业	52	3.29	59.42	71.15	51.25	57.53
房地产业	115	7.28	60.62	70.96	53.13	59.24
租赁和商务服务业	23	1.46	59.12	70.87	49.57	58.59
科学研究和技术服务业	12	0.76	58.38	68.33	47.50	60.73
水利、环境和公共设施管理业	19	1.20	60.56	70.53	54.21	58.37
教育	3	0.19	67.74	73.33	66.67	64.01
卫生和社会工作	3	0.19	58.06	76.67	40.00	60.17
文化、体育和娱乐业	30	1.90	61.87	71.67	57.67	57.68
综合	23	1.46	58.82	68.70	50.43	58.73
合计	1 579	100.00	60.01	70.80	52.63	58.13

资料来源:南开大学公司治理数据库。

二、2013—2017 年主板上市公司监事会治理分行业比较

从表 13.5 的统计数据可以看出,2013—2017 年电力、热力、燃气及水生产和供应业,交通运输、仓储和邮政业监事会治理指数一直居于前列,而卫生和社会工作以及综合的监事会治理指数这五年来一直排名靠后。由五年数据分析认为行业因素会导致监事会治理水平的差异。

表 13.5 主板上市公司监事会治理指数分行业描述性统计五年比较

行业	2013	2014	2015	2016	2017
农、林、牧、渔业	56.00	57.77	58.16	57.45	59.19
采矿业	60.14	60.01	60.45	59.79	61.47
制造业	58.02	58.37	59.46	58.63	59.37
电力、热力、燃气及水生产和供应业	59.74	59.87	61.70	61.73	62.66
建筑业	59.31	58.69	59.88	58.47	59.90

续表

行　　业	2013	2014	2015	2016	2017
批发和零售业	56.92	56.83	59.88	59.06	59.93
交通运输、仓储和邮政业	60.05	60.91	62.14	61.07	62.50
住宿和餐饮业	54.08	51.50	60.28	57.83	60.65
信息传输、软件和信息技术服务业	57.14	57.34	58.06	58.77	59.42
房地产业	56.61	55.91	58.56	58.66	60.62
租赁和商务服务业	60.53	57.17	59.96	57.81	59.12
科学研究和技术服务业	56.40	46.20	47.58	61.54	58.38
水利、环境和公共设施管理业	53.82	53.61	56.12	59.25	60.56
教育	52.40	64.30	67.70	71.36	67.74
卫生和社会工作	41.90	42.40	60.10	56.21	58.06
文化、体育和娱乐业	61.59	59.42	59.50	60.98	61.87
综合	56.75	55.76	58.27	56.90	58.82
合　　计	58.20	58.30	59.77	59.02	60.01

资料来源：南开大学公司治理数据库。

第三节　主板上市公司监事会治理分控股股东性质评价

一、2017 年主板上市公司监事会治理分控股股东性质总体描述

由表 13.6 中数据可知，控股股东性质为国有控股的上市公司监事会治理指数为 62.13，集体控股上市公司为 57.49，民营控股上市公司为 57.34，社会团体控股上市公司为 59.07，外资控股上市公司为 58.15，职工持股会控股上市公司为 61.17。国有控股上市公司监事会治理水平明显高于其他上市公司。

表 13.6　主板上市公司监事会治理指数分控股股东性质描述性统计

控股股东性质	数目	比例(%)	平均值	中位数	标准差	极差	最小值	最大值
国有控股	861	54.53	62.13	62.78	6.16	32.06	44.36	76.42
集体控股	11	0.70	57.49	57.33	4.20	13.14	49.51	62.65
民营控股	660	41.80	57.34	56.05	5.38	30.63	42.50	73.13

续表

控股股东性质	数目	比例(%)	平均值	中位数	标准差	极差	最小值	最大值
社会团体控股	11	0.70	59.07	57.19	5.89	18.28	51.37	69.65
外资控股	22	1.39	58.15	56.57	5.86	21.68	49.79	71.47
职工持股会控股	4	0.25	61.17	60.36	4.94	11.31	56.33	67.64
其他类型	10	0.63	60.12	60.47	5.62	15.61	52.53	68.14
合　　计	1 579	100.00	60.01	58.68	6.27	33.92	42.50	76.42

资料来源:南开大学公司治理数据库。

从分指数看,导致国有控股监事会治理指数高于其他上市公司的原因是国有控股上市公司的三项分指数都比较高且较为均衡,特别是规模结构和胜任能力,说明国有控股上市公司监事会治理的各方面都比较完善,可能原因是国有控股上市公司的最终控制人——国资委,更倾向于利用监事会作为治理公司的一种手段。统计数据详情见表13.7。

表 13.7　主板上市公司监事会治理分指数分控股股东性质描述性统计

控股 股东性质	数目	比例(%)	监事会 治理指数	运行状况	规模结构	胜任能力
国有控股	861	54.53	62.13	70.16	57.17	60.21
集体控股	11	0.70	57.49	71.82	48.18	54.51
民营控股	660	41.80	57.34	71.55	47.05	55.47
社会团体控股	11	0.70	59.07	72.73	47.27	59.16
外资控股	22	1.39	58.15	72.27	47.27	56.92
职工持股会控股	4	0.25	61.17	72.50	50.00	62.64
其他类型	10	0.63	60.12	69.00	54.50	58.13
合　　计	1 579	100.00	60.01	70.80	52.63	58.13

资料来源:南开大学公司治理数据库。

二、2012—2017 年主板上市公司监事会治理分控股股东性质比较

表 13.8 列出了 2012—2017 年六年国有控股和民营控股上市公司的监事会治理指数,总体上看六年中国有控股上市公司的监事会治理质量一直优于民营控股上市公司;从监事会运行状况看,近五年来民营控股上市公司一直要好于国有控股上市公司;从监事会的规模结构看,国有控股上市公司要明显好于民营控股上市公司;从监事会胜任能力看,国有控股上市公司要好于民营控股上市公司,并且差距呈现逐年扩大趋势,

2017 年两者的差距达到了 4.74。

表 13.8 主板国有和民营控股上市公司监事会治理指数描述性统计六年比较

年 份	控股股东性质	监事会治理指数	运行状况	规模结构	胜任能力
2012	国有	59.59	66.14	55.33	58.23
	民营	56.02	67.15	47.71	54.79
2013	国有	59.19	64.35	55.44	58.53
	民营	55.94	65.36	48.53	55.27
2014	国有	59.51	63.29	56.49	59.28
	民营	55.68	63.82	48.73	55.65
2015	国有	61.27	68.52	56.26	60.06
	民营	56.88	68.56	47.83	55.91
2016	国有	60.88	67.13	56.35	60.07
	民营	56.42	68.84	46.78	55.41
2017	国有	62.13	70.16	57.17	60.21
	民营	57.34	71.55	47.05	55.47

资料来源:南开大学公司治理数据库。

第四节 主板上市公司监事会治理分地区评价

一、2017 年主板上市公司监事会治理分地区总体描述

2017 年主板上市公司监事会治理指数排名前三位的地区是江西省(64.43)、云南省(63.77)和河北省(62.71);监事会治理指数排名后三位的地区是贵州省(57.64)、黑龙江省(57.40)和西藏(54.23)。各地区上市公司监事会治理指数统计详情见表 13.9。

表 13.9 主板上市公司监事会治理指数分地区描述性统计

地 区	数目	比例(%)	平均值	中位数	标准差	极差	最小值	最大值
北京市	136	8.61	60.82	59.34	6.28	28.63	45.96	74.59
天津市	30	1.90	60.42	58.72	5.95	19.75	51.49	71.24
河北省	30	1.90	62.71	64.00	6.32	25.69	49.08	74.77
山西省	31	1.96	61.58	62.05	6.68	20.46	51.08	71.54
内蒙古	19	1.20	59.17	56.88	6.41	19.75	51.62	71.37

续表

地　区	数目	比例(%)	平均值	中位数	标准差	极差	最小值	最大值
辽宁省	48	3.04	60.26	59.42	5.84	20.35	50.31	70.66
吉林省	31	1.96	59.82	57.97	6.02	19.61	51.42	71.03
黑龙江省	29	1.84	57.40	55.87	4.38	17.62	50.49	68.11
上海市	156	9.88	59.97	57.83	6.19	25.83	46.91	72.74
江苏省	139	8.80	57.87	56.10	6.10	24.41	48.45	72.86
浙江省	136	8.61	57.81	56.52	5.44	22.00	49.47	71.47
安徽省	50	3.17	59.49	57.37	6.73	28.49	43.66	72.15
福建省	52	3.29	60.04	58.98	5.96	22.48	49.79	72.27
江西省	23	1.46	64.43	65.42	5.24	20.73	52.47	73.20
山东省	83	5.26	60.13	59.00	7.01	28.18	48.24	76.42
河南省	39	2.47	59.34	57.55	6.55	26.27	49.36	75.63
湖北省	61	3.86	61.37	60.29	6.56	26.00	48.18	74.18
湖南省	44	2.79	61.07	61.27	6.45	22.99	50.24	73.23
广东省	150	9.50	60.49	59.41	6.07	23.47	50.85	74.32
广　西	28	1.77	60.41	60.33	5.35	21.31	50.25	71.56
海南省	23	1.46	60.23	60.24	6.11	26.81	44.12	70.93
重庆市	32	2.03	62.48	62.25	6.43	22.97	49.77	72.74
四川省	58	3.67	60.95	61.27	6.26	25.62	49.12	74.74
贵州省	16	1.01	57.64	56.52	4.57	16.20	51.12	67.32
云南省	19	1.20	63.77	65.18	6.90	25.08	49.77	74.85
西　藏	10	0.63	54.23	53.81	5.65	17.46	44.36	61.82
陕西省	30	1.90	59.73	58.63	5.15	18.19	51.27	69.46
甘肃省	22	1.39	59.54	59.56	6.41	20.77	47.37	68.14
青海省	11	0.70	60.67	60.96	5.70	15.20	52.93	68.13
宁　夏	11	0.70	61.62	63.04	5.07	15.63	52.37	68.00
新　疆	32	2.03	61.14	63.05	7.22	30.63	42.50	73.13
合　计	1 579	100.00	60.01	58.68	6.27	33.92	42.50	76.42

资料来源:南开大学公司治理数据库。

二、2012—2017 年主板上市公司监事会治理分地区比较

据表 13.10 可以看出,重庆市、山西省和江西省等地区的监事会治理状况总体相对较好;而黑龙江省、贵州省等地区的监事会治理状况一般。

表 13.10 主板上市公司监事会治理指数分地区描述性统计六年比较

地　区	2012	2013	2014	2015	2016	2017
北京市	58.71	58.42	58.83	60.62	59.21	60.82
天津市	58.86	57.06	58.50	60.29	58.69	60.42
河北省	57.65	56.28	60.73	60.68	60.72	62.71
山西省	61.64	60.77	61.89	63.33	61.22	61.58
内蒙古	58.50	55.55	55.85	57.21	56.32	59.17
辽宁省	56.90	55.16	56.59	59.98	58.73	60.26
吉林省	57.89	57.97	56.30	57.50	58.48	59.82
黑龙江省	55.19	54.35	55.27	58.44	57.33	57.40
上海市	58.70	57.78	56.86	60.84	60.00	59.97
江苏省	56.32	56.61	56.22	56.63	57.45	57.87
浙江省	57.86	57.30	55.70	57.99	57.50	57.81
安徽省	57.96	56.39	57.43	59.49	58.53	59.49
福建省	56.37	57.49	57.81	59.13	59.06	60.04
江西省	61.15	63.01	60.15	62.30	64.38	64.43
山东省	58.84	58.39	58.27	59.78	58.39	60.13
河南省	58.01	57.97	58.33	59.08	58.71	59.34
湖北省	60.11	58.94	59.59	60.16	59.81	61.37
湖南省	59.24	58.77	60.15	59.49	58.48	61.07
广东省	58.44	58.40	59.06	59.02	58.48	60.49
广　西	56.75	57.08	60.44	58.47	58.73	60.41
海南省	55.33	55.99	56.97	58.05	57.61	60.23
重庆市	60.30	61.13	60.68	63.64	63.26	62.48
四川省	59.24	59.57	59.27	59.99	59.98	60.95
贵州省	55.40	57.11	57.14	57.09	57.51	57.64
云南省	61.14	61.04	59.11	64.01	62.05	63.77
西　藏	57.05	53.75	51.27	54.28	57.74	54.23
陕西省	56.73	56.22	56.49	58.95	59.13	59.73
甘肃省	58.29	59.15	59.25	59.04	57.77	59.54
青海省	58.91	60.78	58.18	60.80	59.05	60.67
宁　夏	57.57	58.24	59.62	59.98	58.63	61.62
新　疆	60.94	63.17	60.36	63.07	62.55	61.14
合　计	58.28	57.99	58.09	58.52	59.02	60.01

资料来源：南开大学公司治理数据库。

第五节 主板上市公司监事会治理100佳评价

一、主板上市公司监事会治理100佳比较分析

如表13.11所示,监事会治理100佳上市公司监事会治理指数平均值为71.71,监事会治理运行状况指数、规模结构指数、胜任能力指数的平均值依次为76.70、73.60和65.54;100佳上市公司的监事会治理水平更为集中,监事会治理水平的标准差为1.45,最小值为69.68,最大值为76.42,极差为6.74。

表13.11 主板上市公司监事会治理100佳描述性统计

项　目	样本	平均值	中位数	标准差	极差	最小值	最大值
监事会治理指数	100佳	71.71	71.51	1.45	6.74	69.68	76.42
	样本总体	60.01	58.68	6.27	33.92	42.50	76.42
运行状况	100佳	76.70	80.00	4.73	10.00	70.00	80.00
	样本总体	70.80	70.00	6.77	50.00	30.00	80.00
规模结构	100佳	73.60	70.00	4.82	10.00	70.00	80.00
	样本总体	52.63	40.00	14.46	45.00	35.00	80.00
胜任能力	100佳	65.54	65.44	3.89	21.06	53.48	74.54
	样本总体	58.13	58.56	6.59	53.11	21.43	74.54

资料来源:南开大学公司治理数据库。

二、主板上市公司监事会治理100佳公司行业分布

表13.12关于上市公司监事会治理100佳行业分布数据表明,入选监事会治理100佳上市公司最多的行业是制造业,有52家,占本行业比例为6.00%;从相对比例来看,教育,采矿业,电力、热力、燃气及水生产和供应业,建筑业入选公司数量行业占比较高,分别为33.33%、18.75%、11.24%和10.42%;住宿和餐饮业,租赁和商务服务业,科学研究和技术服务业,水利、环境和公共设施管理业,卫生和社会工作以及文化、体育和娱乐业没有公司入选。分析可知,监事会治理较好的上市公司存在行业差异。

表 13.12　主板上市公司监事会治理 100 佳公司行业分布

行　　业	样本总体		100 佳		
	数目	比例(%)	数目	比例(%)	占本行业比例(%)
农、林、牧、渔业	21	1.33	1	1.00	4.76
采矿业	64	4.05	12	12.00	18.75
制造业	866	54.84	52	52.00	6.00
电力、热力、燃气及水生产和供应业	89	5.64	10	10.00	11.24
建筑业	48	3.04	5	5.00	10.42
批发和零售业	126	7.98	6	6.00	4.76
交通运输、仓储和邮政业	76	4.81	4	4.00	5.26
住宿和餐饮业	9	0.57	—	—	—
信息传输、软件和信息技术服务业	52	3.29	3	3.00	5.77
房地产业	115	7.28	5	5.00	4.35
租赁和商务服务业	23	1.46	—	—	—
科学研究和技术服务业	12	0.76	—	—	—
水利、环境和公共设施管理业	19	1.20	—	—	—
教育	3	0.19	1	1.00	33.33
卫生和社会工作	3	0.19	—	—	—
文化、体育和娱乐业	30	1.90	—	—	—
综合	23	1.46	1	1.00	4.35
合　　计	1 579	100.00	100	100.00	6.33

资料来源:南开大学公司治理数据库。

三、主板上市公司监事会治理 100 佳公司控股股东性质分布

表 13.13 显示,较高比例的监事会治理 100 佳上市公司控股股东性质为国有控股、民营控股和外资控股,其所占比例分别为 82.00%、17.00% 和 1.00%,分别占国有控股上市公司的 9.52%、民营控股上市公司的 2.58% 和外资控股上市公司的 4.55%。

表 13.13 主板上市公司监事会治理 100 佳公司控股股东分布

控股股东性质	样本总体		100 佳		
	数目	比例(%)	数目	比例(%)	占本组比例(%)
国有控股	861	54.53	82	82.00	9.52
集体控股	11	0.70	—	—	—
民营控股	660	41.80	17	17.00	2.58
社会团体控股	11	0.70	—	—	—
外资控股	22	1.39	1	1.00	4.55
职工持股会控股	4	0.25	—	—	—
其他类型	10	0.63	—	—	—
合　计	1 579	100.00	100	100.00	6.70

资料来源:南开大学公司治理数据库。

四、主板上市公司监事会治理 100 佳公司地区分布

在入选监事会治理 100 佳上市公司中,数量位居前三位的是上海市、北京市、广东省和山东省,依次为 13 家、11 家、10 家和 10 家。占本组比例较高的地区是云南省、重庆市、山西省、山东省和河北省,分别为 21.05%、15.63%、12.90%、12.05%和 10.00%。黑龙江省、陕西省、贵州省、甘肃省、青海省、西藏和宁夏没有公司进入 100 佳。见表 13.14。

表 13.14 主板上市公司监事会治理 100 佳公司地区分布

地　区	样本总体		100 佳		
	数目	比例(%)	数目	比例(%)	占本地区比例(%)
北京市	136	8.61	11	11.00	8.09
天津市	30	1.90	1	1.00	3.33
河北省	30	1.90	3	3.00	10.00
山西省	31	1.96	4	4.00	12.90
内蒙古	19	1.20	1	1.00	5.26
辽宁省	48	3.04	1	1.00	2.08
吉林省	31	1.96	2	2.00	6.45
黑龙江省	29	1.84	—	—	—
上海市	156	9.88	13	13.00	8.33
江苏省	139	8.80	7	7.00	5.04

续表

地区	样本总体		100佳		
	数目	比例(%)	数目	比例(%)	占本地区比例(%)
浙江省	136	8.61	3	3.00	2.21
安徽省	50	3.17	3	3.00	6.00
福建省	52	3.29	1	1.00	1.92
江西省	23	1.46	2	2.00	8.70
山东省	83	5.26	10	10.00	12.05
河南省	39	2.47	3	3.00	7.69
湖北省	61	3.86	5	5.00	8.20
湖南省	44	2.79	1	1.00	2.27
广东省	150	9.50	10	10.00	6.67
广　西	28	1.77	1	1.00	3.57
海南省	23	1.46	2	2.00	8.70
重庆市	32	2.03	5	5.00	15.63
四川省	58	3.67	5	5.00	8.62
贵州省	16	1.01	—	—	—
云南省	19	1.20	4	4.00	21.05
西　藏	10	0.63	—	—	—
陕西省	30	1.90	—	—	—
甘肃省	22	1.39	—	—	—
青海省	11	0.70	—	—	—
宁　夏	11	0.70	—	—	—
新　疆	32	2.03	2	2.00	6.25
合　计	1 579	100.00	100	100.00	6.33

资料来源:南开大学公司治理数据库。

主要结论

第一,2017年中国上市公司主板市场非金融类公司样本量为1 579家,监事会治理指数的平均值为660.01,标准差为6.27,监事会治理指数基本服从正态分布。

第二,主板上市公司监事会治理指数平均值有升有降,呈螺旋上升趋势,2017年达到新高,60.01;其中,运行状况指数2012—2014年的平均值有所下降,2015年大幅提高,2016 年略有下降,2017 年又大幅上升,达到 70.80;规模结构指数较为波动,2012—2014 年稳定上升,2015 年和 2016 年又有所下降,2017 年升高至 52.63。胜任能力指数自 2012 年起保持了稳定的增长,2016—2017 年又略有下降。

第三,主板上市公司的监事会治理水平,因公司行业、股权性质和地区不同而呈现一定的差异。

第四,从行业来看,教育,电力、热力、燃气及水生产和供应业,交通运输、仓储和邮政业监事会治理水平较高,而卫生和社会工作有待改善。

第五,从股权性质来看,2017 年国有控股上市公司监事会治理平均水平明显高于民营控股上市公司,从分指数看导致国有控股监事会治理指数高于其他上市公司的原因是国有控股上市公司的三项分指数都比较高,说明国有控股主板上市公司监事会治理的各方面相对比较完善。

第六,从地区来看,各地区上市公司监事会治理水平分布呈现出不平衡性。其中,江西省、云南省和河北省等地区的监事会治理状况总体相对较好;而西藏、黑龙江省和贵州省等地区的监事会治理状况一般。

第七,主板上市公司监事会治理 100 佳上市公司中国有控股上市公司所占比例高于民营控股上市公司,而且国有控股上市公司监事会治理 100 佳上市公司占本组比例也高于民营控股上市公司。监事会治理 100 佳上市公司行业、地区分布不平衡。从行业来看,制造业上市公司所占比例最高;从地区来看,北京市、上海市、广东省和山东省所占比例较高。

第十四章　主板上市公司经理层治理评价

第一节　主板上市公司经理层治理总体分析

一、2017 年主板上市公司经理层治理总体描述

2017 年样本主板上市公司的经理层治理指数最高值为 78.00，最低值为 40.42，平均值为 56.87，标准差为 6.70。从经理层评价的三个主因素层来看，样本公司经理层任免制度指数平均值为 60.72，样本标准差为 6.50；执行保障指数的平均值为 63.33，样本标准差为 9.51；激励与约束机制指数平均值为 47.78，样本标准差为 14.76，主板上市公司样本间激励约束指数的差异程度较大。与上一年度相比较，主板经理层治理指数的平均值上升了 0.93，其中经理层任免制度指数平均值比上年上升了 1.66，执行保障制度较上年上升了 0.48，而激励约束指数较上年上升了 0.63。

表 14.1　主板上市公司经理层治理总体状况描述性统计

项　　目	平均值	标准差	极差	最小值	最大值
经理层治理指数	56.87	6.70	37.58	40.42	78.00
任免制度	60.72	6.50	45.56	36.67	82.22
执行保障	63.33	9.51	58.33	33.33	91.67
激励约束	47.78	14.76	55.71	27.14	82.86

资料来源：南开大学公司治理数据库。

二、2012—2017 年主板上市公司经理层治理比较

图 14.1 和表 14.2 列明了 2012—2017 年连续六年中国主板上市公司治理经理层治理状况与趋势特征。2012—2017 年连续六年经理层治理指数的发展趋势显示，样本公司经理层治理指数平均值分别为 56.87（2017 年）、55.94（2016 年）、55.94（2015 年）、55.92（2014 年）、55.57（2013 年）和 56.59（2012 年），六年间数值变化较平稳，在 56.00附近波动，且波动幅度很小。任免制度指数近年来呈现平稳变化趋势，2017 年较 2016 年上升 1.66。执行保障指数自 2012 年有较小波动，但是仍然处于较高水平，

2017年为63.33。激励约束指数自2012年以来呈现上升趋势,2017年达到最高值47.78,主板上市公司激励约束制度逐步改善。

表14.2　主板上市公司经理层治理指数描述性统计六年比较

项　　目	2012	2013	2014	2015	2016	2017
经理层治理指数	56.59	55.57	55.92	55.94	55.94	56.87
任免制度	62.39	61.62	60.29	61.48	59.06	60.72
执行保障	67.68	64.80	66.25	65.03	62.85	63.33
激励约束	41.76	42.09	43.05	43.06	47.15	47.78

资料来源:南开大学公司治理数据库。

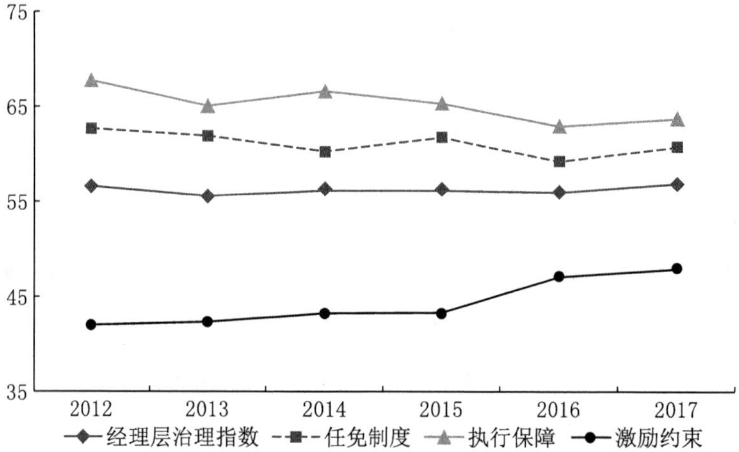

资料来源:南开大学公司治理数据库。

图14.1　主板经理层治理指数平均值六年折线图比较

第二节　主板上市公司经理层治理分行业评价

一、2017年主板上市公司经理层治理分行业总体描述

表14.3显示2017年度样本公司经理层治理评价指数行业分布情况。样本公司的平均值为56.87,其中信息传输、软件和信息技术服务业,房地产业,科学研究和技术服务业,租赁和商务服务业,制造业以及综合的经理层治理指数均高于全行业平均值。其中信息传输、软件和信息技术服务业的经理层治理指数均值为60.02,居于首位。而卫生和社会工作,采矿业,交通运输、仓储和邮政业的经理层治理指数水平列于样本公司平均治理指数的最后三位。

在主板上市公司样本中，经理层治理状况最佳的上市公司出现在制造业，最大值达到78.00；治理状况最差的公司也出现在制造业，经理层治理指数最低值为40.42。这说明各行业上市公司之间的经理层治理存在一定差距。

表14.3　主板上市公司经理层治理指数分行业描述性统计

行　业	数目	比例(%)	平均值	中位数	标准差	极差	最小值	最大值
农、林、牧、渔业	21	1.33	55.79	55.61	4.69	18.86	48.70	67.56
采矿业	64	4.05	54.17	53.12	5.93	26.30	44.20	70.51
制造业	866	54.84	57.25	56.62	6.75	37.58	40.42	78.00
电力、热力、燃气及水生产和供应业	89	5.64	55.33	54.48	5.40	28.46	42.55	71.00
建筑业	48	3.04	56.51	54.49	6.72	30.43	42.00	72.44
交通运输、仓储和邮政业	76	4.81	54.68	53.44	5.74	31.75	44.72	76.47
信息传输、软件和信息技术服务业	52	3.30	60.02	61.05	7.21	26.74	44.05	70.79
批发和零售业	126	7.98	56.37	55.24	6.67	30.20	42.01	72.22
房地产业	115	7.28	57.63	56.40	7.03	30.81	45.78	76.59
卫生和社会工作	3	0.19	50.10	51.92	3.94	9.12	44.63	53.76
文化、体育和娱乐业	30	1.90	55.96	54.62	7.09	28.72	42.29	71.01
综合	23	1.46	57.21	55.56	7.24	24.52	43.61	68.12
教育	3	0.19	55.22	54.01	4.55	10.94	50.35	61.30
科学研究和技术服务业	12	0.76	59.80	60.14	7.38	26.17	47.22	73.38
水利、环境和公共设施管理业	19	1.20	56.59	56.39	6.52	22.05	45.71	67.76
住宿和餐饮业	9	0.57	56.11	56.09	4.52	17.48	48.41	65.89
租赁和商务服务业	23	1.46	57.46	55.56	6.29	27.97	41.49	69.47
合　计	1 579	100.00	56.87	55.73	6.70	37.58	40.42	78.00

资料来源：南开大学公司治理数据库。

表14.4显示样本公司经理层治理评价三个维度分指数行业分布情况。任免指数平均值为60.72，排在前三位的行业是农、林、牧、渔业，文化、体育和娱乐业以及住宿和餐饮业，任免指数均值分别为63.17、52.22和61.83；卫生和社会工作、教育以及租赁和商务服务业的任免指数均值最低，分别为54.44、58.52和59.09，这些相关行业无论在高管行政任职还是高管变更等方面都有较大改进空间。

样本公司在执行保障维度表现较好的行业依次是科学研究和技术服务业，信息传输、软件和信息技术服务业，综合，执行保障指数均值分别为68.47、67.02和66.3，均高于样本总体平均水平63.33；而卫生和社会工作的执行保障指数值最低，为55.56，同时批发和零售业以及教育的执行保障水平也较低。

激励约束指数平均值排名前三位的行业为信息传输、软件和信息技术服务业，科学研究和技术服务业，房地产业，行业指数均值分别为54.75、52.62和49.25，而采矿业，卫生和社会工作，农、林、牧、渔业的激励约束机制最弱，行业指数均值分别为41.36、41.43和42.24。

表14.4　主板上市公司经理层治理分指数分行业描述性统计

行　业	数目	比例(%)	经理层治理指数	任免制度	执行保障	激励约束
农、林、牧、渔业	21	1.33	55.79	63.17	63.65	42.24
采矿业	64	4.05	54.17	60.28	62.55	41.36
制造业	866	54.84	57.25	61.01	62.83	49.01
电力、热力、燃气及水生产和供应业	89	5.64	55.33	61.62	63.50	42.54
建筑业	48	3.04	56.51	60.62	63.54	46.70
交通运输、仓储和邮政业	76	4.81	54.68	60.22	63.00	42.42
信息传输、软件和信息技术服务业	52	3.30	60.02	59.24	67.02	54.75
批发和零售业	126	7.98	56.37	60.70	61.96	47.59
房地产业	115	7.28	57.63	59.43	65.48	49.25
卫生和社会工作	3	0.19	50.10	54.44	55.56	41.43
文化、体育和娱乐业	30	1.90	55.96	61.83	62.89	44.62
综合	23	1.46	57.21	59.29	66.30	47.52
教育	3	0.19	55.22	58.52	62.22	46.19
科学研究和技术服务业	12	0.76	59.80	59.54	68.47	52.62
水利、环境和公共设施管理业	19	1.20	56.59	59.35	65.18	46.69
住宿和餐饮业	9	0.57	56.11	62.22	65.19	42.70
租赁和商务服务业	23	1.46	57.46	59.09	66.16	48.51
合　计	1 579	100.00	56.87	60.72	63.33	47.78

资料来源：南开大学公司治理数据库。

二、2013—2017 年主板上市公司经理层治理分行业比较

表 14.5 显示样本公司在经理层治理评价 2013—2017 年行业分布及发展趋势情况。2013—2017 年间,经理层治理状况最好的两个行业为信息传输、软件和信息技术服务业与房地产业,而经理层治理指数相对较低的行业为农、林、牧、渔业。各行业指数均值基本呈小幅波动,其中科学研究和技术服务业的经理层治理水平在 2017 年有较大幅度提高,提高了 3.58。2017 年经理层治理指数均值较 2016 年有所提高的行业还有农、林、牧、渔业,住宿和餐饮业以及租赁和商务服务业等行业。

表 14.5 主板上市公司经理层治理指数分行业描述性统计五年比较

行业	2013	2014	2015	2016	2017
农、林、牧、渔业	53.74	52.90	53.87	52.44	55.79
采矿业	54.65	54.84	53.81	54.10	54.17
制造业	55.71	55.83	56.22	56.26	57.25
电力、热力、燃气及水生产和供应业	54.94	55.40	54.60	54.40	55.33
建筑业	54.73	56.38	55.13	55.10	56.51
交通运输、仓储和邮政业	55.39	56.15	55.68	55.91	54.68
信息传输、软件和信息技术服务业	59.04	59.22	60.44	57.10	60.02
批发和零售业	55.64	56.47	55.86	55.92	56.37
房地产业	56.08	56.66	56.67	56.37	57.63
卫生和社会工作	58.33	54.29	55.67	50.89	50.10
文化、体育和娱乐业	52.69	54.98	54.63	55.23	55.96
综合	52.97	54.46	53.90	55.46	57.21
教育	54.36	58.47	57.58	66.59	55.22
科学研究和技术服务业	56.47	52.38	58.79	56.32	59.80
水利、环境和公共设施管理业	54.38	55.32	54.82	55.36	56.59
住宿和餐饮业	54.14	53.77	52.50	54.48	56.11
租赁和商务服务业	55.53	55.57	54.97	54.99	57.46
合计	55.57	55.92	55.94	55.94	56.87

资料来源:南开大学公司治理数据库。

第三节 主板上市公司经理层治理分控股股东性质评价

一、2017 年主板上市公司经理层治理分控股股东性质总体描述

表 14.6 给出了按控股股东性质分类的 2017 年评价中各组样本公司的经理层治理指数统计指标。我国控股股东性质主要有国有控股和民营控股，占样本企业总比例达 96.33%。国有控股和民营控股上市公司的经理层治理指数平均值分别为 55.71 和 58.45，最高的指数分别为 78.00 和 76.59，极差分别为 37.58 和 34.32，标准差分别为 6.32 和 6.86。外资控股、社会团体控股和职工持股会控股的标准差低于国有控股和民营控股上市公司，说明国有控股和民营控股性质的上市公司经理层治理水平差异较大，但是国有控股和民营控股上市公司相比其他类型上市公司数量较多，样本数量多经理层治理水平差异大也属正常现象。

表 14.6 主板上市公司分控股股东性质经理层治理指数描述性统计

控股股东性质	数目	比例(%)	平均值	中位数	标准差	极差	最小值	最大值
国有控股	861	54.53	55.71	54.70	6.32	37.58	40.42	78.00
集体控股	11	0.70	56.29	55.91	6.42	22.75	42.75	65.49
民营控股	660	41.80	58.45	58.23	6.86	34.32	42.27	76.59
社会团体控股	11	0.70	50.83	52.63	5.54	19.09	41.49	60.59
外资控股	22	1.39	57.23	55.82	6.23	24.93	47.02	71.95
职工持股会控股	4	0.25	57.60	58.42	4.08	11.31	51.12	62.43
其他类型	10	0.63	58.49	58.56	6.82	23.54	45.78	69.32
合　　计	1 579	100.00	56.87	55.73	6.70	37.58	40.42	78.00

资料来源：南开大学公司治理数据库。

表 14.7 主板上市公司经理层治理分指数分控股股东性质描述性统计

控股股东性质	经理层治理指数	任免制度	执行保障	激励约束
国有控股	55.71	60.89	63.46	44.29
集体控股	56.29	60.63	59.85	49.22
民营控股	58.45	60.68	63.22	52.32
社会团体控股	50.83	53.51	63.18	37.79

续表

控股股东性质	经理层治理指数	任免制度	执行保障	激励约束
外资控股	57.23	60.38	63.26	49.16
职工持股会控股	57.60	57.78	51.25	62.86
其他类型	58.49	58.25	69.17	49.57
合　　计	56.87	60.72	63.33	47.78

资料来源：南开大学公司治理数据库。

二、2012—2017 年主板上市公司经理层治理分控股股东性质比较

表 14.8 主要呈现了国有控股和民营控股性质的主板上市公司经理层治理指数在 2012—2017 年之间的变动。从经理层治理指数总体来看，2013 年之前，民营控股上市公司的经理层治理水平始终略差于国有控股上市公司，但此差异逐年减小。自 2013 年起，民营控股上市公司经理层治理指数开始超越国有控股上市公司，2014 年，民营控股上市公司经理层治理指数比国有控股上市公司高 0.87，2017 年，民营控股上市公司经理层治理指数均值达到 58.45，比国有控股上市公司高出 2.74。

具体而言，在任免制度维度，国有控股上市公司和民营控股上市公司两者不相上下，近年来指数均值波动也基本趋于一致，2017 年国有控股上市公司略高于民营控股上市公司 0.21；在执行保障方面，民营控股上市公司的执行保障指数始终低于国有控股上市公司，且 2016 年差距相较以前有所拉大，达到 4.49，2017 年差距有明显减小，为 0.24；在激励和约束机制方面，自 2013 年以来，民营控股上市公司的激励约束指数开始高于国有控股上市公司，且近年来提高速度较快。

表 14.8　主板国有和民营控股公司经理层治理指数描述性统计六年比较

年　份	控股股东性质	经理层治理指数	任免制度	执行保障	激励约束
2012	国有	56.63	62.36	67.69	41.87
	民营	56.52	62.44	67.67	41.51
2013	国有	55.36	61.62	65.23	41.13
	民营	55.89	61.55	63.80	43.89
2014	国有	55.63	60.39	66.71	41.76
	民营	56.50	60.14	65.49	45.47
2015	国有	55.78	61.76	66.36	41.20
	民营	56.28	60.93	62.89	46.33

续表

年　份	控股股东性质	经理层治理指数	任免制度	执行保障	激励约束
2016	国有	55.56	59.14	64.65	44.49
	民营	56.47	58.99	60.16	50.99
2017	国有	55.71	60.89	63.46	44.29
	民营	58.45	60.68	63.22	52.32

资料来源：南开大学公司治理数据库。

第四节　主板上市公司经理层治理分地区评价

一、2017 年主板上市公司经理层治理分地区总体描述

表 14.9 显示，经理层治理指数各地区有一定差异，平均值最高的是广东省，为 60.30，最低的是山西省 52.41，二者差异达到 7.89。治理指数均值排名前十位的地区依次是广东省、吉林省、广西、浙江省、湖南省、河南省、湖北省、北京市、江苏省和福建省，治理指数均值最低的五个地区分别是山西省、宁夏、海南省、甘肃省和青海省。关注各地区的指数极差和标准差可以发现，福建省、湖南省、广东省、重庆市、上海市和山东省范围内的企业经理层治理指数极差和标准差较大，说明这些地区企业的经理层治理水平参差不齐。

表 14.9　主板经理层治理指数分地区描述性统计

地　区	数目	比例(%)	平均值	中位数	标准差	极差	最小值	最大值
北京市	136	8.61	57.51	56.62	6.46	28.09	44.35	72.44
天津市	30	1.90	54.55	53.06	5.46	21.30	44.94	66.25
河北省	30	1.90	54.60	54.43	5.00	19.86	45.48	65.34
山西省	31	1.96	52.41	51.86	5.58	20.42	44.63	65.05
内蒙古	19	1.20	55.24	54.87	7.20	27.69	45.22	72.92
辽宁省	48	3.04	56.64	55.62	6.77	25.71	45.46	71.17
吉林省	31	1.96	58.42	56.40	7.84	28.89	46.82	75.71
黑龙江省	29	1.84	53.79	52.52	4.23	22.96	42.00	64.97
上海市	156	9.88	55.97	55.28	6.58	30.47	42.01	72.48
江苏省	139	8.80	57.43	56.49	6.70	28.12	42.75	70.87

续表

地　区	数目	比例(%)	平均值	中位数	标准差	极差	最小值	最大值
浙江省	136	8.61	58.29	58.53	5.73	26.68	44.12	70.80
安徽省	50	3.17	55.68	55.12	6.75	26.46	42.29	68.75
福建省	52	3.29	57.28	57.33	7.67	36.17	40.42	76.59
江西省	23	1.46	55.80	53.54	5.67	21.34	49.01	70.35
山东省	83	5.26	56.55	56.02	6.13	29.96	45.46	75.42
河南省	39	2.47	57.74	57.72	6.65	25.86	47.07	72.94
湖北省	61	3.86	57.71	56.10	6.29	26.70	45.70	72.40
湖南省	44	2.79	58.14	55.88	7.27	35.46	42.55	78.00
广东省	150	9.50	60.30	60.13	6.97	31.13	45.34	76.47
广　西	28	1.77	58.31	57.13	7.68	29.79	46.33	76.12
海南省	23	1.46	52.84	53.68	5.22	18.00	44.63	62.64
重庆市	32	2.03	55.61	53.72	7.02	30.70	45.48	76.18
四川省	58	3.67	56.01	54.59	5.92	25.70	46.71	72.40
贵州省	16	1.01	56.60	56.07	6.87	23.60	46.91	70.52
云南省	19	1.20	54.57	54.55	7.03	24.80	42.29	67.09
西　藏	10	0.63	56.03	54.44	5.96	18.30	48.02	66.32
陕西省	30	1.90	56.44	56.70	6.87	28.96	41.49	70.45
甘肃省	22	1.39	53.69	54.06	4.88	19.05	42.27	61.32
青海省	11	0.70	53.79	53.76	6.41	20.67	45.23	65.90
宁　夏	11	0.70	52.78	52.17	3.37	12.18	48.19	60.37
新　疆	32	2.03	54.70	54.04	5.53	23.13	44.20	67.34
合　计	1 579	100.00	56.87	55.73	6.70	37.58	40.42	78.00

资料来源:南开大学公司治理数据库。

二、2012—2017 年主板上市公司经理层治理分地区比较

表 14.10 反映了各地区经理层治理指数均值 2012—2017 年的变化趋势。从区域范围来看,西部地区的企业经理层治理水平处于相对较低水平,但是宁夏的经理层治理水平近年来处于较高的水平。广东省、浙江省、北京市、上海市等地区连续年度的经理层治理水平要高于其他地区。江西省、安徽省、甘肃省和贵州省的公司经理层治理指数均值则表现出了较大幅度的提高。广东省、吉林省和广西 2017 年度的经理层治理水平位居前列。

表 14.10 主板经理层治理指数分地区描述性统计六年比较

地 区	2012	2013	2014	2015	2016	2017
北京市	57.86	56.52	57.84	57.25	56.52	57.51
天津市	55.62	55.19	56.33	54.99	55.04	54.55
河北省	54.75	53.22	53.67	53.81	54.04	54.60
山西省	55.20	54.62	53.45	52.48	51.66	52.41
内蒙古	56.21	53.32	55.74	54.97	55.95	55.24
辽宁省	55.44	55.81	55.98	55.65	55.96	56.64
吉林省	56.79	54.26	55.80	56.19	55.66	58.42
黑龙江省	55.01	54.56	55.00	54.86	54.42	53.79
上海市	59.53	56.23	56.67	56.86	55.78	55.97
江苏省	57.00	55.66	57.26	57.07	56.32	57.43
浙江省	58.84	58.01	57.31	57.32	57.40	58.29
安徽省	55.02	54.00	53.72	55.92	55.19	55.68
福建省	57.01	55.97	55.68	55.90	56.77	57.28
江西省	54.98	54.83	56.14	58.64	57.68	55.80
山东省	55.87	55.34	54.66	54.62	55.67	56.55
河南省	56.75	56.35	56.18	56.00	56.25	57.74
湖北省	56.79	55.74	54.83	55.75	55.69	57.71
湖南省	55.68	55.31	56.10	56.65	56.55	58.14
广东省	56.63	57.47	57.99	57.36	58.48	60.30
广 西	54.44	54.14	55.06	55.16	55.79	58.31
海南省	55.08	55.34	53.37	54.04	54.03	52.84
重庆市	55.54	54.15	55.09	55.58	54.79	55.61
四川省	54.94	54.60	53.74	54.28	54.76	56.01
贵州省	55.13	54.22	53.48	54.68	57.40	56.60
云南省	55.91	56.12	55.96	54.80	53.20	54.57
西 藏	56.22	54.14	53.38	52.85	54.37	56.03
陕西省	54.26	53.18	56.80	54.21	53.80	56.44
甘肃省	55.01	53.31	52.99	54.52	54.41	53.69
青海省	54.14	53.63	52.41	51.28	50.24	53.79
宁 夏	57.21	54.19	54.42	53.40	52.68	52.78
新 疆	55.46	53.00	52.56	53.24	54.82	54.70
合 计	56.59	55.57	55.92	55.94	55.94	56.87

资料来源：南开大学公司治理数据库。

第五节 主板上市公司经理层治理 100 佳评价

一、主板上市公司经理层治理 100 佳比较分析

表 14.11 是样本公司和 100 佳公司经理层治理指数以及各分项指标的描述统计结果,经理层治理 100 佳主板上市公司经理层治理指数平均值为 70.65,任免制度、执行保障机制、激励约束指数的均值依次为 66.43、73.17 和 72.40。100 佳公司各项指标的平均水平显著高于全体样本。且其各项指标标准差和极差均明显小于总体样本,说明其治理水平相差较小。

表 14.11 主板上市公司经理层治理 100 佳描述性统计

项 目	样本	平均值	中位数	标准差	极差	最小值	最大值
经理层治理指数	100 佳	70.65	70.00	2.11	9.71	68.29	78.00
	样本总体	56.87	55.73	6.70	37.58	40.42	78.00
任免制度	100 佳	66.43	66.67	5.68	30.00	52.22	82.22
	样本总体	60.72	61.11	6.50	45.56	36.67	82.22
执行保障	100 佳	73.17	73.33	6.11	25.00	60.00	85.00
	样本总体	63.33	63.33	9.51	58.33	33.33	91.67
激励约束	100 佳	72.40	72.86	5.27	24.29	58.57	82.86
	样本总体	47.78	42.86	14.76	55.71	27.14	82.86

资料来源:南开大学公司治理数据库。

二、主板上市公司经理层治理 100 佳公司行业分布

表 14.12 显示,经理层治理 100 佳主板上市公司的行业分布有较大的差异。100 佳企业中制造业、房地产业、批发和零售业占比最大,分别为 61.00%、10.00%和10.00%。从 100 佳企业占本行业比例来看,科学研究和技术服务业,信息传输、软件和信息技术服务业,租赁和商务服务业以及房地产业较大比例的企业经理层治理达到 100 佳水平,比例分别达到 16.67%、13.46%、8.70%和 8.70%。

表 14.12 主板经理层治理 100 佳公司行业分布

行业	样本总体		100 佳		
	数目	比例(%)	数目	比例(%)	占本行业比例
农、林、牧、渔业	21	1.33	—	—	—
采矿业	64	4.05	2	2.00	3.12
制造业	866	54.84	61	61.00	7.04
电力、热力、燃气及水生产和供应业	89	5.64	3	3.00	3.37
建筑业	48	3.04	1	1.00	2.08
交通运输、仓储和邮政业	76	4.81	1	1.00	1.32
信息传输、软件和信息技术服务业	52	3.30	7	7.00	13.46
批发和零售业	126	7.98	10	10.00	7.94
房地产业	115	7.28	10	10.00	8.70
卫生和社会工作	3	0.19	—	—	—
文化、体育和娱乐业	30	1.90	1	1.00	3.33
综合	23	1.46	—	—	—
教育	3	0.19	—	—	—
科学研究和技术服务业	12	0.76	2	2.00	16.67
水利、环境和公共设施管理业	19	1.20	—	—	—
住宿和餐饮业	9	0.57	—	—	—
租赁和商务服务业	23	1.46	2	2.00	8.70
合计	1 579	100.00	100	100.00	6.33

资料来源:南开大学公司治理数据库。

三、主板上市公司经理层治理 100 佳公司控股股东性质分布

表 14.13 显示,经理层治理 100 佳主板上市公司中比例较高的是控股股东性质为民营控股和国有控股的上市公司,其所占比例分别为 58.00%和 39.00%,这也是由其本身占样本总体比例较大决定。民营控股上市公司和国有控股上市公司中进入 100 佳的分别占比 8.79%和 4.53%。其他类型的上市公司虽然样本总体只有 10 家但是其中有 1 家进入了 100 佳,说明该性质企业的经理层治理水平较高。

表 14.13 主板上市公司经理层治理 100 佳公司控股股东性质分布

控股股东性质	样本总体		100 佳		
	数目	比例(%)	数目	比例(%)	占本组比例(%)
国有控股	861	54.53	39	39.00	4.53
集体控股	11	0.70	—	—	—
民营控股	660	41.80	58	58.00	8.79
社会团体控股	11	0.70	—	—	—
外资控股	22	1.39	2	2.00	9.09
职工控股会控股	4	0.25	—	—	—
其他类型	10	0.63	1	1.00	10.00
合　　计	1 579	100.00	100	100.00	6.33

资料来源:南开大学公司治理数据库。

四、主板上市公司经理层治理 100 佳公司地区分布

表 14.14 明显表现了公司经理层治理水平高的企业具有区域分散的特征。100 佳企业中,广东省占比较高,为 28%,江苏省、北京市和福建省分别有 9 家、8 家、7 家企业入选。

表 14.14 主板上市公司经理层治理 100 佳公司地区分布

地　区	样本总体		100 佳		
	数目	比例(%)	数目	比例(%)	占本地区比例(%)
北京市	136	8.61	8	8.00	5.88
天津市	30	1.90	—	—	—
河北省	30	1.90	—	—	—
山西省	31	1.96	—	—	—
内蒙古	19	1.20	2	2.00	10.53
辽宁省	48	3.04	4	4.00	8.33
吉林省	31	1.96	5	5.00	16.13
黑龙江省	29	1.84	—	—	—
上海市	156	9.88	6	6.00	3.85
江苏省	139	8.80	9	9.00	6.47
浙江省	136	8.61	3	3.00	2.21
安徽省	50	3.17	2	2.00	4.00

续表

地区	样本总体		100佳		
	数目	比例(%)	数目	比例(%)	占本地区比例(%)
福建省	52	3.29	7	7.00	13.46
江西省	23	1.46	1	1.00	4.35
山东省	83	5.26	4	4.00	4.82
河南省	39	2.47	3	3.00	7.69
湖北省	61	3.86	4	4.00	6.56
湖南省	44	2.79	3	3.00	6.82
广东省	150	9.50	28	28.00	18.67
广　西	28	1.77	3	3.00	10.71
海南省	23	1.46	—	—	—
重庆市	32	2.03	3	3.00	9.38
四川省	58	3.67	2	2.00	3.45
贵州省	16	1.01	1	1.00	6.25
云南省	19	1.20	—	—	—
西　藏	10	0.63	—	—	—
陕西省	30	1.90	2	2.00	6.67
甘肃省	22	1.39	—	—	—
青海省	11	0.70	—	—	—
宁　夏	11	0.70	—	—	—
新　疆	32	2.03	—	—	—
合　计	1 579	100.00	100	100.00	6.33

资料来源:南开大学公司治理数据库。

主要结论

第一,2017年样本主板上市公司的经理层治理指数最高值为78.00,最低值为40.42,平均值为56.87,标准差为6.70。从经理层评价的三个主因素层来看,样本公司经理层任免制度指数平均值为60.72,样本标准差为6.50;执行保障指数的平均值为63.33,样本标准差9.51;激励与约束机制指数平均值为47.78,样本标准差为14.76,主板上市公司样本间激励约束指数的差异程度较大。与上一年度相比较,主板经理层治理指数的平均值上升了0.93,其中经理层任免制度指数平均值比上年上升了1.66,执行保障制度较上年上升了 0.48,而激励约束指数较上年上升了 0.63。

第二,2012—2017 年连续六年经理层治理指数的发展趋势显示,样本公司经理层治理指数平均值分别为 56.87(2017 年)、55.94(2016 年)、55.94(2015 年)、55.92(2014 年)、55.57(2013 年)和 56.59(2012 年),六年间数值变化较平稳,在 56.00 附近波动,且波动幅度很小。任免制度指数近年来呈现平稳变化趋势,2017 年较 2016 年上升 1.66。执行保障指数自 2012 年有较小波动,但是仍然处于较高水平,2017 年为 63.33。激励约束指数自 2012 年以来呈现上升趋势,2017 年达到最高值 47.78,主板上市公司激励约束制度逐步改善。

第三,从 2017 年度样本公司在经理层治理评价指数行业分布情况来看,信息传输、软件和信息技术服务业,房地产业,科学研究和技术服务业,租赁和商务服务业,制造业以及综合的经理层治理指数均高于全行业平均值。其中信息传输、软件和信息技术服务业的经理层治理指数均值为 60.02,居于首位。而卫生和社会工作,采矿业和交通运输、仓储和邮政业的经理层治理指数水平列于样本公司平均治理指数的最后三位。在主板上市公司样本中,经理层治理状况最佳的上市公司出现在制造业,最大值达到 78.00;治理状况最差的公司也出现在制造业,经理层治理指数最低值为 40.42。这说明各行业上市公司之间的经理层治理存在一定差距。

第四,从样本公司在经理层治理评价 2013—2017 年行业分布及发展趋势情况来看,2013—2017 年间,经理层治理状况最好的两个行业为信息传输、软件和信息技术服务业与房地产业,而经理层治理指数相对较低的行业为农、林、牧、渔业。各行业指数均值基本呈小幅波动,其中科学研究和技术服务业的经理层治理水平在 2017 年有较大幅度提高,提高了 3.58。2017 年经理层治理指数均值较 2016 年有所提高的行业还有农、林、牧、渔业,住宿和餐饮业以及租赁和商务服务业等行业。

第五,我国控股股东性质主要有国有控股和民营控股,占样本企业总比例达 96.33%。国有控股和民营控股上市公司的经理层治理指数平均值分别为 55.71 和 58.45,最高指数分别为 78.00 和 76.59,极差分别为 37.58 和 34.32,标准差分别为6.32和 6.86。外资控股、社会团体控股和职工持股会控股的标准差低于国有控股和民营控股上市公司,说明国有控股和民营控股性质的上市公司经理层治理水平差异较大,但是国有控股和民营控股上市公司相比其他类型上市公司数量较多,样本数量多经理层治理水平差异大也属正常现象。

第六,从国有控股和民营控股性质的主板上市公司经理层治理指数在 2012—2017 年之间的变动来看,就经理层治理指数总体而言,2013 年之前,民营控股上市公司的经理层治理水平始终略差于国有控股上市公司,但此差异逐年减小。自 2013 年起,民营控股上市公司经理层治理指数开始超越国有控股上市公司,2014年,民营控股上市公司经理层治理指数比国有控股上市公司高0.87,2017年,民营控股上市公司经理层治理指数均值达到58.45,比国有控股上市公司高出2.74。

具体而言,在任免制度维度,国有控股上市公司和民营控股上市公司两者不相上下,近年来指数均值波动也基本趋于一致,2017年国有控股上市公司略高于民营控股上市公司0.21;在执行保障方面,民营控股上市公司的执行保障指数始终低于国有控股上市公司,且2016年差距相较以前有所拉大,达到4.49,2017年差距有明显减小,为0.24;在激励和约束机制方面,自2013年以来,民营控股上市公司的激励约束指数开始高于国有控股上市公司,且近年来提高速度较快。

第七,经理层治理指数各地区有一定差异,平均值最高的为广东省,为60.30,最低的为山西省52.41,二者差异达到7.89。治理指数均值排名前十位的地区依次是广东省、吉林省、广西、浙江省、湖南省、河南省、湖北省、北京市、江苏省和福建省,指数均值最低的五个地区分别是山西省、宁夏、海南省、甘肃省和青海省。关注各地区的指数极差和标准差可以发现,福建省、湖南省、广东省、重庆市、上海市和山东省范围内的企业经理层治理指数极差和标准差较大,说明这些地区企业的经理层治理水平参差不齐。

第八,从各地区经理层治理指数均值2012—2017年的变化趋势来看,西部地区的企业经理层治理水平处于相对较低水平,但是宁夏的经理层治理水平近年来处于较高的水平。广东省、浙江省、北京市、上海市等地区连续年度的经理层治理水平要高于其他地区。江西省、安徽省、甘肃省和贵州省的公司经理层治理指数均值则表现出了较大幅度的提高。广东省、吉林省和广西2017年度的经理层治理水平位居前列。

第九,经理层治理100佳主板上市公司经理层治理指数平均值为70.65,任免制度、执行保障机制、激励约束指数的均值依次为66.43、73.17和72.40。100佳公司各项指标的平均水平显著高于全体样本。且其各项指标标准差和极差均明显小于总体样本,说明其治理水平相差较小。

经理层治理100佳主板上市公司的行业分布有较大的差异。100佳企业中制造业、房地产业、批发和零售业占比最大,分别为61.00%、10.00%和10.00%。从100佳企业占本行业比例来看,科学研究和技术服务业,信息传输、软件和信息技术服务业,租赁和商务服务业以及房地产业较大比例的企业经理层治理达到100佳水平,比例分别达到16.67%、13.46%、8.70%和8.70%。

经理层治理100佳主板上市公司中比例较高的是控股股东性质为民营控股和国有控股的上市公司,其所占比例分别为58.00%和39.00%,这也是由其本身占样本总体比例较大决定。民营控股上市公司和国有控股上市公司中进入 100 佳的分别占比 8.79% 和 4.53%。其他类型的公司虽然样本总体只有 10 家但是其中有 1 家进入了 100 佳,说明该性质企业的经理层治理水平较高。

公司经理层治理水平高的企业具有区域分散的特征。100 佳企业里,广东省占比较高,为 28%,江苏省、北京市和福建省分别有 9 家、8 家、7 家企业入选。

第十五章　主板上市公司信息披露评价

第一节　主板上市公司信息披露总体分析

一、2017 年主板上市公司信息披露总体描述

2017 年中国上市公司主板市场非金融类公司样本量为 1 579 家，信息披露指数的平均值为 63.48，标准差为 7.57，信息披露指数基本服从正态分布，说明信息披露总体水平较为集中，上市公司之间的信息披露差距较小，但极差为 41.75，信息披露最好和最差的公司仍存在较大差距。

表 15.1　主板上市公司信息披露总体状况描述性统计

项　　目	平均值	中位数	标准差	极差	最小值	最大值
信息披露指数	63.48	63.64	7.57	41.75	44.13	85.88
可靠性	63.31	62.50	12.05	45.50	43.00	88.50
相关性	63.25	64.44	6.48	55.87	31.67	87.54
及时性	64.21	64.31	14.61	44.63	47.25	91.88

资料来源：南开大学公司治理数据库。

从信息披露的三个主要因素来看，主板上市公司信息披露的可靠性、相关性和及时性的平均值依次为 63.31、63.25 和 64.21，信息披露的及时性表现最好，相关性和可靠性表现较差，低于整体平均水平；信息披露的可靠性、相关性和及时性的标准差分别为 12.05、6.48 和 14.61，说明及时性分散程度最大，上市公司信息披露的及时程度存在较大差异；信息披露的可靠性、相关性和及时性的极差分别为 45.50、55.87 和 44.63，说明信息披露最好和最差的公司在可靠性、相关性和及时性方面都存在非常大的差距。

二、2012—2017 年主板上市公司信息披露比较

图 15.1 和表 15.2 列明了 2012—2017 年连续六年中国主板上市公司治理信息披露状况与趋势特征。2012—2017 年连续六年信息披露指数的发展趋势显示，样本公司信

息披露指数平均值分别为 63.48（2017 年）、60.96（2016 年）、62.47（2015 年）、62.48（2014 年）、63.24（2013 年）和 60.73（2012 年）。2013 年和 2016 年是主板上市公司信息披露指数的主要拐点。自 2013 年信息披露指数有较大幅度的提高后，2014—2016 年的指数值又呈现逐年下降趋势，并于 2016 年返回到与 2012 年相近的低点，但 2017 年又开始上升，相比于 2016 年上升了 2.52。从三个分指数来看，各指数变化趋势类似于信息披露指数，六年间波动幅度较大，2017 年三个分指数均有较大幅度的上升。可靠性指数 2012—2015 年逐步提升，2016 年降至 61.35，成为最低点，2017 年上升到 63.31，成为最高点。相关性指数在 2013 年达到较高点，然后逐年开始下降，2017 年上升至 63.25。及时性指数在 2013 年与 2015 年呈现较高值，分别为 65.62 与 66.51，2017 年达到 64.21，相比于 2016 年上升了 2.16。

从信息披露指数的横向比较来看，主板上市公司在信息披露方面及时性做得最好，2012—2017 年连续六年都是及时性指数最大，可靠性次之，相关性最低。

由以上分析可知，由于三个分指数在不同程度的上升，导致了 2017 年主板上市公司信息披露指数上升，其中相关性指数上升的影响最大。

表 15.2　主板信息披露指数描述性统计六年比较

项　　目	2012	2013	2014	2015	2016	2017
信息披露指数	60.73	63.24	62.48	62.47	60.96	63.48
可靠性	61.58	61.63	62.84	63.19	61.35	63.31
相关性	58.51	62.99	61.47	59.71	59.57	63.25
及时性	61.81	65.62	63.65	66.51	62.05	64.21

资料来源：南开大学公司治理数据库。

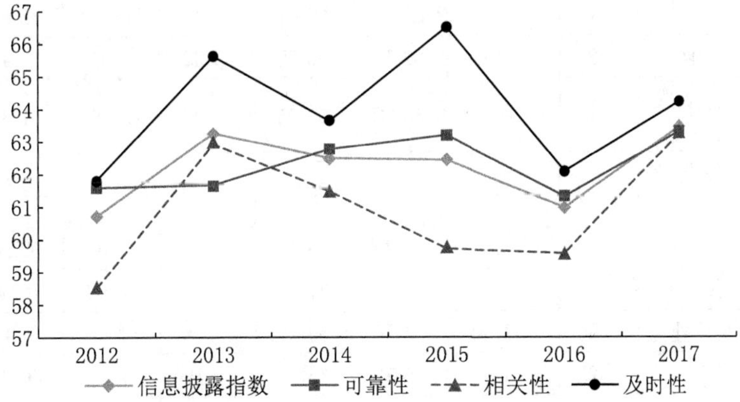

资料来源：南开大学公司治理数据库。

图 15.1　主板信息披露指数平均值六年折线图比较

第二节 主板上市公司信息披露分行业评价

一、2017 年主板上市公司信息披露分行业总体描述

表 15.3 显示 2017 年度样本公司信息披露指数行业分布情况。样本均值为 63.48，各行业信息披露指数存在差异，但并不十分明显。其中平均值居于前三位的分别为水利、环境和公共设施管理业，住宿和餐饮业，电力、热力、燃气及水生产和供应业，平均值分别为 68.03、67.29 和 66.17；平均值最低的三个行业分别是卫生和社会工作，农、林、牧、渔业及批发和零售业，平均值分别为 59.74、59.99 和 61.84。

表 15.3 主板上市公司信息披露指数分行业描述性统计

行业	数目	比例(%)	平均值	中位数	标准差	极差	最小值	最大值
农、林、牧、渔业	21	1.33	59.99	57.57	7.92	23.48	49.05	72.53
采矿业	64	4.05	62.64	61.45	7.40	32.70	45.14	77.84
制造业	866	54.84	63.28	63.58	7.45	36.85	44.80	81.65
电力、热力、燃气及水生产和供应业	89	5.64	66.17	65.71	7.20	33.13	47.94	81.07
建筑业	48	3.04	64.40	63.66	7.47	34.60	49.31	83.91
批发和零售业	126	7.98	61.84	62.02	7.86	39.20	46.68	85.88
交通运输、仓储和邮政业	76	4.81	65.85	65.46	6.60	30.57	50.94	81.51
住宿和餐饮业	9	0.57	67.29	66.20	10.81	27.43	52.96	80.39
信息传输、软件和信息技术服务业	52	3.29	63.22	63.05	8.58	31.92	45.44	77.36
房地产业	115	7.28	62.18	62.61	7.43	35.34	45.64	80.98
租赁和商务服务业	23	1.46	62.18	62.28	7.32	22.13	50.43	72.56
科学研究和技术服务业	12	0.76	65.88	67.05	6.83	23.80	51.39	75.19
水利、环境和公共设施管理业	19	1.20	68.03	65.99	7.15	27.35	53.94	81.29
教育	3	0.19	65.36	63.32	4.21	7.64	62.56	70.20
卫生和社会工作	3	0.19	59.74	57.53	4.74	8.68	56.50	65.18
文化、体育和娱乐业	30	1.90	64.54	65.17	7.56	33.60	44.13	77.73
综合	23	1.46	65.78	65.71	8.19	32.17	50.92	83.09
合计	1 579	100.00	63.48	63.64	7.57	41.75	44.13	85.88

资料来源：南开大学公司治理数据库。

表15.4显示样本公司信息披露三个维度分指数行业分布情况。水利、环境和公共设施管理业，住宿和餐饮业及电力、热力、燃气及水生产和供应业居于前列的主要因素是三个行业的信息披露可靠性和及时性指数均高于平均值。主板可靠性指数平均值为63.31，三个行业分别为69.79、66.66和67.88；主板及时性指数平均值为64.21，三个行业分别为67.09、65.79和66.81。相关性方面，只有电力、热力、燃气及水生产和供应业低于主板平均值，说明信息披露可靠性、及时性和相关性存在一定互补效果。

导致卫生和社会工作，农、林、牧、渔业及批发和零售业分值较低的原因是其信息披露可靠性和及时性指数均低于主板相应均值。主板可靠性指数平均值为63.31，三个行业指数分别为61.33、60.00和60.66；主板及时性指数平均值为64.21，三个行业指数分别是49.66、56.59和62.44。主板相关性指数平均值为63.25，三个行业指数分别是63.79、62.24和63.42，差距不是很大。

表15.4 主板上市公司信息披露分指数分行业描述性统计

行业	数目	比例(%)	信息披露指数	可靠性	相关性	及时性
农、林、牧、渔业	21	1.33	59.99	60.00	62.24	56.59
采矿业	64	4.05	62.64	62.69	62.02	63.47
制造业	866	54.84	63.28	62.95	63.13	64.33
电力、热力、燃气及水生产和供应业	89	5.64	66.17	67.88	62.90	66.81
建筑业	48	3.04	64.40	65.23	64.27	62.53
批发和零售业	126	7.98	61.84	60.66	63.42	62.44
交通运输、仓储和邮政业	76	4.81	65.85	67.89	62.73	65.41
住宿和餐饮业	9	0.57	67.29	66.66	69.35	65.79
信息传输、软件和信息技术服务业	52	3.29	63.22	64.10	60.63	64.92
房地产业	115	7.28	62.18	58.91	65.00	66.14
租赁和商务服务业	23	1.46	62.18	61.50	64.60	60.26
科学研究和技术服务业	12	0.76	65.88	68.21	61.58	66.50
水利、环境和公共设施管理业	19	1.20	68.03	69.79	65.73	67.09
教育	3	0.19	65.36	73.33	59.92	53.60
卫生和社会工作	3	0.19	59.74	61.33	63.79	49.66
文化、体育和娱乐业	30	1.90	64.54	66.78	62.10	62.63
综合	23	1.46	65.78	66.74	66.68	62.01
合计	1 579	100.00	63.48	63.31	63.25	64.21

资料来源：南开大学公司治理数据库。

二、2013—2017 主板上市公司信息披露分行业比较

从表 15.5 的统计数据可以看出，2013—2017 年五年间各行业的信息披露指数平均水平时而提高时而下降，各年度间波动较大。水利、环境和公共设施管理业，住宿和餐饮业，交通运输、仓储和邮政业，电力、热力、燃气及水生产和供应业信息披露指数连续位居前列。而农、林、牧、渔业，房地产业及批发和零售业表现较差，虽然综合连续四年表现很差，但 2017 年有较大的改善。与 2016 年信息披露指数平均水平相比，2017 年卫生和社会工作、租赁和商务服务业的信息披露指数有所下降，尤其是卫生和社会工作，下降了 12.72，降幅很大。其他 15 个行业的信息披露指数有所上升，尤其是综合，水利、环境和公共设施管理业，科学研究和技术服务业的上升幅度较大，分别达到了 6.47、4.7 和 4.55。这说明主板上市公司信息披露质量整体上有所改善。

表 15.5　主板上市公司信息披露指数分行业描述性统计五年比较

行　业	2013	2014	2015	2016	2017
农、林、牧、渔业	61.93	57.87	60.78	56.41	59.99
采矿业	64.54	63.60	62.70	59.49	62.64
制造业	63.55	63.31	62.76	60.76	63.28
电力、热力、燃气及水生产和供应业	65.09	63.05	61.58	64.10	66.17
建筑业	66.17	62.14	65.83	61.99	64.40
批发和零售业	61.47	61.87	61.61	59.61	61.84
交通运输、仓储和邮政业	63.42	64.18	63.73	64.83	65.85
住宿和餐饮业	63.74	66.61	62.01	64.05	67.29
信息传输、软件和信息技术服务业	61.23	58.85	62.13	61.34	63.22
房地产业	62.39	60.09	60.71	59.23	62.18
租赁和商务服务业	65.30	59.46	62.89	63.55	62.18
科学研究和技术服务业	51.02	60.59	71.61	61.33	65.88
水利、环境和公共设施管理业	59.62	62.45	64.30	63.33	68.03
教育	52.93	75.42	59.36	65.23	65.36
卫生和社会工作	67.67	54.02	60.35	72.46	59.74
文化、体育和娱乐业	64.08	59.89	60.90	62.37	64.54
综合	59.37	54.07	60.39	59.31	65.78
合　计	63.24	62.48	62.47	60.96	63.48

资料来源：南开大学公司治理数据库。

第三节 主板上市公司信息披露分控股股东性质评价

一、2017年主板上市公司信息披露分控股股东性质总体描述

表15.6给出了主板上市公司按控股股东性质分类的信息披露指数统计指标。控股股东性质为国有控股的上市公司信息披露指数为64.16、集体控股为62.97、民营控股为62.65、社会团体控股为60.64、外资控股为64.35、职工持股会控股为63.17、其他类型为60.60。我国控股股东性质主要为国有控股和民营控股，占样本企业总比例达96.33%。其中国有控股和民营控股上市公司信息披露指数最高的分别为85.88和83.91，极差分别为41.75和38.47，标准差分别为7.58和7.41，表明主板国有控股上市公司信息披露水平高于民营控股上市公司信息披露水平。

表15.6 主板上市公司信息披露指数分控股股东性质描述性统计

控股股东性质	数目	比例(%)	平均值	中位数	标准差	极差	最小值	最大值
国有控股	861	54.53	64.16	64.63	7.58	41.75	44.13	85.88
集体控股	11	0.70	62.97	59.86	8.11	23.01	54.14	77.15
民营控股	660	41.80	62.65	62.39	7.41	38.47	45.44	83.91
社会团体控股	11	0.70	60.64	57.99	8.77	30.15	47.68	77.83
外资控股	22	1.39	64.35	64.05	8.45	35.83	46.69	82.52
职工持股会控股	4	0.25	63.17	60.39	6.81	14.67	58.62	73.29
其他类型	10	0.63	60.60	61.71	9.63	33.56	44.80	78.36
合　　计	1 579	100.00	63.48	63.64	7.57	41.75	44.13	85.88

资料来源：南开大学公司治理数据库。

从分指数看，导致主板国有控股上市公司信息披露指数高于民营控股上市公司的原因是国有控股上市公司的可靠性和及时性分指数高于民营控股上市公司，相关性指数则比较接近，没有显著区别。

表15.7 主板上市公司信息披露分指数分控股股东性质描述性统计

控股股东性质	信息披露指数	可靠性	相关性	及时性
国有控股	64.16	64.13	63.35	65.47
集体控股	62.97	62.31	62.37	65.52

续表

控股股东性质	信息披露指数	可靠性	相关性	及时性
民营控股	62.65	62.32	63.30	62.51
社会团体控股	60.64	60.22	63.86	56.85
外资控股	64.35	64.36	61.68	68.34
职工持股会控股	63.17	64.15	60.78	64.32
其他类型	60.60	60.75	56.52	66.35
合　计	63.48	63.31	63.25	64.21

资料来源:南开大学公司治理数据库。

二、2012—2017 年主板上市公司信息披露分控股股东性质比较

由表 15.8 可看出,从 2012 年到 2017 年,国有控股的主板上市公司各年的信息披露指数均高于民营控股上市公司,幅度在 1.5—3.5 左右。两类公司在不同年份之间相对波动比较小,且六年间波动趋势相似,都呈现出 2013 年回升而 2014 年开始又连续下降的趋势,但 2017 年又开始上升。从可靠性和及时性分指数看,国有控股上市公司一直优于民营控股上市公司,相关性则除 2016 年外,其他五年也是国有控股上市公司表现比较好。

表 15.8　主板国有和民营控股公司信息披露指数描述性统计六年比较

年　份	控股股东性质	信息披露指数	可靠性	相关性	及时性
2012	国有	61.93	62.45	60.13	63.05
	民营	58.67	60.03	55.82	59.70
2013	国有	64.15	62.82	63.55	66.54
	民营	61.60	59.21	62.20	64.19
2014	国有	63.30	63.39	62.37	65.18
	民营	60.71	61.42	59.63	60.87
2015	国有	63.28	64.13	60.46	67.05
	民营	60.98	61.36	58.45	65.60
2016	国有	62.37	63.99	59.20	63.05
	民营	58.85	57.28	60.12	60.87
2017	国有	64.16	64.13	63.35	65.47
	民营	62.65	62.32	63.30	62.51

资料来源:南开大学公司治理数据库。

第四节　主板上市公司信息披露分地区评价

一、2017年主板上市公司信息披露分地区总体描述

表15.9显示，主板上市公司信息披露指数排名前五位的是西藏(66.01)、河北省(65.17)、湖南省(65.11)、陕西省(64.92)和安徽省(64.83)的上市公司。西藏排名靠前的主要原因在于及时性表现突出，均值为74.62，远高于整体信息披露指数均值63.48，可靠性与相关性表现一般。信息披露指数排名后五位的是新疆(61.69)、广西(61.31)、黑龙江省(60.96)、山西省(60.53)和青海省(59.14)的上市公司。说明各地区上市公司信息披露水平分布不平衡，但差距不大。

表15.9　主板上市公司信息披露指数分地区描述性统计

地　区	数目	比例(%)	平均值	中位数	标准差	极差	最小值	最大值
北京市	136	8.61	63.60	64.43	7.51	36.85	44.13	80.98
天津市	30	1.90	63.23	64.11	7.14	30.40	48.81	79.21
河北省	30	1.90	65.17	64.95	7.18	30.61	50.46	81.07
山西省	31	1.96	60.53	58.63	7.68	29.59	48.24	77.83
内蒙古	19	1.20	62.01	61.85	7.00	23.11	50.95	74.06
辽宁省	48	3.04	63.49	63.19	7.74	30.37	47.36	77.73
吉林省	31	1.96	61.76	62.73	7.25	33.35	47.94	81.29
黑龙江省	29	1.84	60.96	60.38	7.28	28.63	48.28	76.91
上海市	156	9.88	62.09	61.63	7.39	30.75	46.18	76.93
江苏省	139	8.80	63.67	63.43	8.02	38.29	44.80	83.09
浙江省	136	8.61	63.92	64.63	6.72	36.70	47.21	83.91
安徽省	50	3.17	64.83	64.60	7.42	40.74	45.14	85.88
福建省	52	3.29	63.74	65.03	6.92	29.93	49.20	79.13
江西省	23	1.46	64.22	64.34	7.50	25.99	49.91	75.90
山东省	83	5.26	63.30	62.36	7.25	32.18	48.50	80.68
河南省	39	2.47	63.98	64.37	7.94	31.30	47.76	79.06
湖北省	61	3.86	64.37	63.60	7.54	30.39	49.51	79.90
湖南省	44	2.79	65.11	65.33	6.33	24.26	54.12	78.38

续表

地　区	数目	比例(%)	平均值	中位数	标准差	极差	最小值	最大值
广东省	150	9.50	64.89	65.29	6.89	32.62	48.89	81.51
广　西	28	1.77	61.31	62.25	7.73	28.76	45.44	74.20
海南省	23	1.46	64.61	66.77	9.32	32.07	47.68	79.75
重庆市	32	2.03	62.22	65.13	8.75	30.92	45.81	76.73
四川省	58	3.67	63.22	62.79	9.14	35.02	46.63	81.65
贵州省	16	1.01	63.38	63.73	6.04	21.36	50.87	72.23
云南省	19	1.20	64.09	64.47	7.06	23.65	49.69	73.34
西　藏	10	0.63	66.01	67.26	7.21	24.33	52.79	77.12
陕西省	30	1.90	64.92	65.88	7.85	29.78	50.61	80.39
甘肃省	22	1.39	64.02	64.66	10.67	30.08	49.05	79.13
青海省	11	0.70	59.14	61.07	7.20	19.85	48.93	68.78
宁　夏	11	0.70	61.21	58.65	9.55	28.69	49.44	78.13
新　疆	32	2.03	61.69	61.41	8.31	28.63	49.05	77.68
合　计	1 579	100.00	63.48	63.64	7.57	41.75	44.13	85.88

资料来源:南开大学公司治理数据库。

二、2012—2017 年主板上市公司信息披露分地区比较

从表 15.10 主板分地区信息披露指数平均值的六年比较中可以看出:广东省、江苏省、北京市、安徽省、福建省主板上市公司的信息披露质量表现较好且很稳定,而西藏在 2017 年表现尤为抢眼,一跃成为首位。山西省信息披露质量相对最差,在六年中有四年都在地区排名的倒数五名之内。黑龙江省和广西主板上市公司信息披露质量也较差,六年内有三年位列后五名。海南省信息披露质量在连续较差的情况下,2017 年取得了较大进步,超过了主板均值。青海省则在 2016 年和 2017 年连续两年垫底。

表 15.10　主板上市公司信息披露指数分地区描述性统计六年比较

地　区	2012	2013	2014	2015	2016	2017
北京市	63.10	65.99	62.32	64.79	62.64	63.60
天津市	62.07	65.49	59.26	62.27	60.64	63.23
河北省	58.55	65.70	62.06	62.56	60.22	65.17
山西省	59.44	61.79	62.74	59.35	54.79	60.53

续表

地　区	2012	2013	2014	2015	2016	2017
内蒙古	56.77	62.21	62.51	61.44	57.75	62.01
辽宁省	60.65	65.04	60.60	61.43	59.36	63.49
吉林省	59.05	61.53	57.26	63.94	57.64	61.76
黑龙江省	60.78	57.83	59.96	60.10	59.14	60.96
上海市	59.60	60.93	63.94	63.01	58.89	62.09
江苏省	61.40	64.07	64.92	62.95	62.54	63.67
浙江省	61.72	63.04	62.12	62.57	61.97	63.92
安徽省	60.09	63.76	66.66	63.12	61.69	64.83
福建省	64.66	62.65	63.04	64.47	63.37	63.74
江西省	61.35	63.88	62.12	63.38	61.79	64.22
山东省	59.62	61.40	62.31	61.25	61.79	63.30
河南省	60.01	62.39	61.77	59.62	61.10	63.98
湖北省	61.08	61.64	61.56	60.69	59.69	64.37
湖南省	60.24	63.49	62.44	61.01	60.91	65.11
广东省	60.56	66.76	62.95	64.63	63.68	64.89
广　西	59.62	60.38	59.28	60.01	59.28	61.31
海南省	57.79	59.60	59.72	62.10	61.50	64.61
重庆市	57.77	62.34	60.01	60.53	62.72	62.22
四川省	62.15	62.90	60.87	61.30	59.60	63.22
贵州省	59.19	66.22	67.29	61.61	63.43	63.38
云南省	62.85	63.31	62.04	62.69	58.54	64.09
西　藏	59.00	61.65	63.33	61.59	56.36	66.01
陕西省	63.93	62.50	64.91	62.51	61.55	64.92
甘肃省	59.71	61.55	61.92	60.96	59.70	64.02
青海省	60.10	62.57	64.91	60.90	52.59	59.14
宁　夏	59.27	62.01	58.11	62.12	55.65	61.21
新　疆	57.94	62.60	64.68	60.73	60.70	61.69
合　计	60.73	62.81	62.48	62.47	60.96	63.48

资料来源：南开大学公司治理数据库。

第五节 主板上市公司信息披露100佳评价

一、主板上市公司信息披露100佳比较分析

如表15.11所示，信息披露100佳上市公司信息披露评价指数平均值为77.80，信息披露可靠性、相关性、及时性的平均值依次为82.82、67.50和80.71，其中可靠性披露指标最好，及时性次之，相关性最差。100佳上市公司信息披露水平的标准差为2.05，极差为10.67，说明相比于总体样本，分布更为集中。

表15.11 主板上市公司信息披露100佳描述性统计

项目	样本	平均值	中位数	标准差	极差	最小值	最大值
信息披露指数	100佳	77.80	77.32	2.05	10.67	75.21	85.88
	样本总体	63.48	63.64	7.57	41.75	44.13	85.88
可靠性	100佳	82.82	84.48	2.84	12.50	76.00	88.50
	样本总体	63.31	62.50	12.05	45.50	43.00	88.50
相关性	100佳	67.50	65.93	5.38	26.75	59.13	85.88
	样本总体	63.25	64.44	6.48	55.87	31.67	87.54
及时性	100佳	80.71	80.72	8.90	38.72	53.16	91.88
	样本总体	64.21	64.31	14.61	44.63	47.25	91.88

资料来源：南开大学公司治理数据库。

二、主板上市公司信息披露100佳公司行业分布

表15.12关于主板上市公司信息披露100佳行业分布表明，信息披露100佳上市公司中有49家属于制造业，占制造业的5.66%；电力、热力、燃气及水生产和供应业有10家，占该行业的11.24%；批发和零售业有6家，占该行业的4.76%；交通运输、仓储和邮政业有6家，占该行业的7.89%。从行业比例来看，入选100佳公司比例居前的行业是住宿和餐饮业，水利、环境和公共设施管理业，分别有3家和4家入选，占各自行业的33.33%和21.05%。租赁和商务服务业、科学研究和技术服务业、教育、卫生和社会工作五个行业没有1家入选100佳公司。可以看出，信息披露最好的上市公司分布在各行业中，但也存在一定的行业差异。

表 15.12 主板上市公司信息披露 100 佳公司行业分布

行　　业	样本总体		100 佳		
	数目	比例(%)	数目	比例(%)	占本行业比例(%)
农、林、牧、渔业	21	1.33	—	—	—
采矿业	64	4.05	3	3.00	4.69
制造业	866	54.84	49	49.00	5.66
电力、热力、燃气及水生产和供应业	89	5.64	10	10.00	11.24
建筑业	48	3.04	4	4.00	8.33
批发和零售业	126	7.98	6	6.00	4.76
交通运输、仓储和邮政业	76	4.81	6	6.00	7.89
住宿和餐饮业	9	0.57	3	3.00	33.33
信息传输、软件和信息技术服务业	52	3.29	5	5.00	9.62
房地产业	115	7.28	3	3.00	2.61
租赁和商务服务业	23	1.46	—	—	—
科学研究和技术服务业	12	0.76	—	—	—
水利、环境和公共设施管理业	19	1.20	4	4.00	21.05
教育	3	0.19	—	—	—
卫生和社会工作	3	0.19	—	—	—
文化、体育和娱乐业	30	1.90	3	3.00	10.00
综合	23	1.46	4	4.00	17.39
合　　计	1 579	100.00	100	100.00	6.33

资料来源:南开大学公司治理数据库。

三、主板上市公司信息披露 100 佳公司控股股东性质分布

表 15.13 显示,信息披露 100 佳上市公司中,较高比例的公司控股股东性质为国有控股和民营控股,其所占比例分别为 54.53%、41.80%,分别占国有控股企业的 7.67% 和民营控股企业的 4.39%。

表 15.13 主板上市公司信息披露 100 佳公司控股股东分布

控股股东性质	样本总体		100 佳		
	数目	比例(%)	数目	比例(%)	占本组比例(%)
国有控股	861	54.53	66	66.00	7.67
集体控股	11	0.70	1	1.00	9.09

续表

控股股东性质	样本总体		100 佳		
	数目	比例(%)	数目	比例(%)	占本组比例(%)
民营控股	660	41.80	29	29.00	4.39
社会团体控股	11	0.70	1	1.00	9.09
外资控股	22	1.39	2	2.00	9.09
职工持股会控股	4	0.25	—	—	—
其他类型	10	0.63	1	1.00	10.00
合　计	1 579	100.00	100	100.00	6.33

资料来源:南开大学公司治理数据库。

四、主板上市公司信息披露 100 佳公司地区分布

表 8.14 表明,在入选信息披露 100 佳上市公司中,各地区分布比较均匀,除了内蒙古、广西、贵州省、云南省、青海省五个地区无公司入选 100 佳,其他各地区均有入选公司。相对来说,江苏省、北京市、上海市、山东省和四川省入选 100 佳公司较多,依次占比 14.00%、7.00%、7.00%、7.00%和 7.00%。剩余 58 家零散分布在其他地区。

表 15.14　主板上市公司信息披露 100 佳公司地区分布

地　区	样本总体		100 佳		
	数目	比例(%)	数目	比例(%)	占本地区比例(%)
北京市	136	8.61	7	7.00	5.15
天津市	30	1.90	1	1.00	3.33
河北省	30	1.90	4	4.00	13.33
山西省	31	1.96	1	1.00	3.23
内蒙古	19	1.20	—	—	—
辽宁省	48	3.04	3	3.00	6.25
吉林省	31	1.96	1	1.00	3.23
黑龙江省	29	1.84	1	1.00	3.45
上海市	156	9.88	7	7.00	4.49
江苏省	139	8.80	14	14.00	10.07
浙江省	136	8.61	4	4.00	2.94
安徽省	50	3.17	3	3.00	6.00
福建省	52	3.29	1	1.00	1.92

续表

地　区	样本总体		100 佳		
	数目	比例(%)	数目	比例(%)	占本地区比例(%)
江西省	23	1.46	1	1.00	4.35
山东省	83	5.26	7	7.00	8.43
河南省	39	2.47	5	5.00	12.82
湖北省	61	3.86	6	6.00	9.84
湖南省	44	2.79	3	3.00	6.82
广东省	150	9.50	5	5.00	3.33
广　西	28	1.77	—	—	—
海南省	23	1.46	3	3.00	13.04
重庆市	32	2.03	2	2.00	6.25
四川省	58	3.67	7	7.00	12.07
贵州省	16	1.01	—	—	—
云南省	19	1.20	—	—	—
西　藏	10	0.63	1	1.00	10.00
陕西省	30	1.90	3	3.00	10.00
甘肃省	22	1.39	6	6.00	27.27
青海省	11	0.70	—	—	—
宁　夏	11	0.70	2	2.00	18.18
新　疆	32	2.03	2	2.00	6.25
合　计	1 579	100.00	100	100.00	6.33

资料来源:南开大学公司治理数据库。

主 要 结 论

主板上市公司作为中国上市公司中最重要的一部分,其信息披露的状况呈现整体上与所有公司的信息披露状况相似,但也有其独特的特点。

第一,2017 年主板公司样本量为 1 579 家,信息披露指数的平均值为 63.48,标准差为 7.57,信息披露指数服从正态分布。但极差为 41.75,说明信息披露最好和最差的公司仍存在较大差距。

第二,2017 年主板上市公司信息披露的可靠性、相关性和及时性的平均值依次为 63.31、63.25 和 64.21,主板公司信息披露指数及三个分指数均有所上升,其中相关性上升幅度最大，其次是可靠性，最后是及时性。三个分指数的上升，导致主板公司信息披露指数比上年有所上升。同时，相比较于所有上市公司各指数提升而言，主板上市公司2017年度信息披露指数性表现最好。

第三，从连续六年信息披露指数的发展趋势看，主板公司信息披露指数及三个分数各年间升降波动较大，在2016年出现较大幅度降低的情况下，2017年的信息披露情况有了较大改进。

第四，从行业来看，水利、环境和公共设施管理业，住宿和餐饮业，电力、热力、燃气及水生产和供应业信息披露水平较高，均值分别为68.03、67.29和66.17；卫生和社会工作，农、林、牧、渔业及批发和零售业表现较差，均值分别为59.74、59.99和61.84。从长期角度看，水利、环境和公共设施管理业，住宿和餐饮业，交通运输、仓储和邮政业及电力、热力、燃气及水生产和供应业信息披露指数连续位居前列，而农、林、牧、渔业，房地产业及批发和零售业表现较差，但整体上主板上市公司信息披露质量整体上有所改善。

第五，从股权性质来看，我国主板上市公司主要为国有控股和民营控股，占样本企业总比例达96.33%，样本均值分别为64.16和62.65。与全部上市公司中民营控股上市公司信息披露水平大于国有控股上市公司不同，2017年主板国有控股上市公司信息披露水平高于民营控股上市公司。从分指数看，导致主板国有控股上市公司信息披露指数高于民营控股上市公司的原因是国有控股上市公司的可靠性和及时性分指数高于民营控股上市公司，相关性指数则比较接近，没有显著区别。

第六，从地区来看，2017年主板上市公司信息披露指数排名前五位的是云南省、河北省、江苏省、安徽省和浙江省。云南省排名靠前的主要原因在于及时性表现突出，均值为72.45，远高于整体信息披露指数均值65.04，可靠性与相关性表现一般。信息披露指数排名后五位的是青海省、黑龙江省、山西省、广西和宁夏，说明各地区上市公司信息披露水平分布不平衡。从长期角度来看，广东省、江苏省、北京市、安徽省、福建省主板上市公司的信息披露质量表现较好且很稳定，而山西省、黑龙江省、广西、青海省的上市公司信息披露状况一般。

第七，信息披露100佳上市公司信息披露评价指数平均值为77.80，信息披露可靠性、相关性和及时性的均值依次为82.82、67.50和80.71，相比于总体样本，分布更为集中。

信息披露100佳行业分布表明，信息披露100佳上市公司中主要为制造业，其他行业涉及数量较少。从绝对数角度来看，入选信息披露100佳上市公司最多的行业分别是制造业，电力、热力、燃气及水生产和供应业，批发和零售业，交通运输、仓储和邮政业。从相对数角度看,入选 100 佳公司比例居前的行业是住宿和餐饮业,水利、环境和公共设施管理业,占各自行业的 33.33% 和 21.05%。分别有 3 家和 4 家入选。农、林、牧、渔业,租赁和商务服务业,科学研究和技术服务业,教育,卫生和社会工作五个行业没有 1 家入选 100 佳公司。

按控股股东性质分,入选信息披露 100 佳的上市公司绝大多数为国有控股股东性质的公司,有 66 家,占国有控股企业的 7.67%。民营控股股东性质的公司次之,有 29 家,占民营控股企业的 4.39%。另外,外资控股上市公司有 2 家入选,集体控股上市公司有 1 家入选,社会团体控股上市公司有 1 家入选,分别占相应控股股东性质公司的 9.09%、9.09% 和 9.09%。

在入选信息披露 100 佳上市公司中,来自江苏省、北京市、上海市、山东省和四川省五个地区的上市公司共占 42%,依次有 14 家、7 家、7 家、7 家和 7 家,而内蒙古、广西、贵州省、云南省、青海省五个地区,没有 1 家公司入选 100 佳公司。

第十六章　主板上市公司利益相关者治理评价

第一节　主板上市公司利益相关者治理总体分析

一、2017 年主板上市公司利益相关者治理总体描述

2017 年中国上市公司主板市场非金融类公司样本量为 1 579 家,利益相关者治理指数的均值为 59.95,标准差为 8.98,利益相关者治理指数基本服从正态分布。见表 16.1。

表 16.1　主板利益相关者治理总体状况描述性统计

项　　目	平均值	中位数	标准差	极差	最小值	最大值
利益相关者治理指数	59.95	60.06	8.98	54.04	34.41	88.45
参与程度	47.23	45.40	11.44	61.20	22.80	84.00
协调程度	75.52	78.00	13.12	67.00	33.00	100.00

资料来源:南开大学公司治理数据库。

从利益相关者治理指数的两个主要因素来看,样本公司利益相关者治理分指数参与程度较低,平均值为 47.23;而协调程度较高,平均值为 75.52。

二、2012—2017 年主板上市公司利益相关者治理比较

从最近六年的发展趋势看(见表 16.2),利益相关者治理指数平均值总体上呈现上升的趋势但略有波动,自 2014 年开始较快提升,2015 年达到最高点,但自 2016 年开始便略有下降。这表明主板上市公司的利益相关者机制构建尚不成熟,受宏观经济环境下行的影响,易存在一定的波动性。

从利益相关者治理的两个主要因素具体来看,2017 年我国主板上市公司利益相关者治理分指数参与程度有一定程度的下降。具体体现在投资者关系管理的制度设置及其执行方面存在下滑,此外公司网站未能及时更新,也是影响利益相关者有效参与的重

要原因。反观协调程度这一指标,近六年来均值都在 75.00 以上, 2014 年达到峰值 76.71,而 2015—2016 年略有下降,但 2017 年又企稳回升。这表明主板上市公司在合规经营的基础上,能够充分重视与顾客、供应商、政府、社区居民等利益相关者之间的关系,勇于承担社会责任,加强环保与对外捐赠,减少罚款支出与诉讼仲裁事件的发生。近四年来,利益相关者治理分指数协调程度呈现小幅度波动,提升遇到瓶颈。

表 16.2 主板利益相关者治理指数描述性统计六年比较

项 目	2012	2013	2014	2015	2016	2017
利益相关者治理指数	57.80	57.02	58.99	61.03	60.78	59.95
参与程度	43.11	42.22	44.50	49.13	48.32	47.23
协调程度	75.77	75.12	76.71	75.60	75.40	75.52

资料来源:南开大学公司治理数据库。

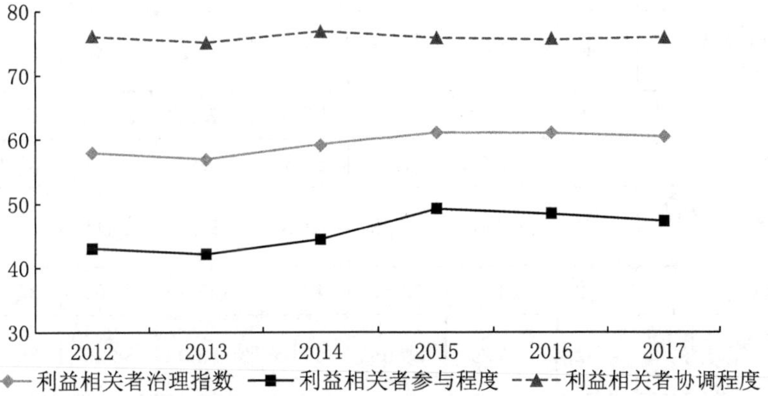

资料来源:南开大学公司治理数据库。

图 16.1 主板利益相关者治理指数平均值六年折线图比较

第二节 主板上市公司利益相关者治理分行业评价

一、2017 年主板上市公司利益相关者治理分行业总体描述

从行业分布状况可以看出,各行业利益相关者治理指数存在差异。其中平均值最高的行业分别为卫生和社会工作,教育,交通运输、仓储和邮政业,平均值分别为 65.99、64.36 和 62.88;平均值最低的三个行业分别是建筑业、综合、住宿和餐饮业,平均值分别为 56.03、55.98 和 52.67。见表 16.3。

从利益相关者治理的两个分指数来看,参与程度平均值最高的行业是教育,卫生和社会工作以及交通运输、仓储和邮政业,平均值分别为52.40、51.00和50.32,参与程度平均值最低的有住宿和餐饮业、综合以及建筑业,平均值分别为44.40、44.30和44.23;利益相关者治理分指数协调程度平均值最高的行业是卫生和社会工作,水利、环境和公共设施管理业,教育,平均值分别为84.33、79.47和79.00,协调程度平均值最低的行业是综合、租赁和商务服务业以及住宿和餐饮业,平均值分别为70.26、68.48和62.78。见表16.4。

表16.3 主板利益相关者治理指数分行业描述性统计

行业	数目	比例(%)	平均值	中位数	标准差	极差	最小值	最大值
农、林、牧、渔业	21	1.33	57.74	57.36	9.42	39.54	37.71	77.25
采矿业	64	4.05	58.88	58.16	9.67	48.81	37.84	86.65
制造业	866	54.84	60.91	60.60	8.83	51.64	35.46	87.10
电力、热力、燃气及水生产和供应业	89	5.64	60.17	60.06	8.72	47.46	39.64	87.10
建筑业	48	3.04	56.03	55.36	7.23	28.38	42.34	70.71
批发和零售业	126	7.98	57.92	57.86	9.13	50.11	38.34	88.45
交通运输、仓储和邮政业	76	4.81	62.88	62.76	9.82	46.11	40.54	86.65
住宿和餐饮业	9	0.57	52.67	49.36	13.09	37.02	34.41	71.43
信息传输、软件和信息技术业	52	3.29	59.05	60.06	8.50	38.22	35.14	73.36
房地产业	115	7.28	57.22	56.14	8.58	44.76	35.59	80.35
租赁和商务服务业	23	1.46	56.17	54.75	7.42	31.92	45.03	76.95
科学研究和技术服务业	12	0.76	61.31	60.96	5.59	18.12	51.97	70.08
水利、环境和公共设施管理业	19	1.20	61.34	59.88	5.58	20.10	53.13	73.23
教育	3	0.19	64.36	64.17	3.95	7.89	60.51	68.41
卫生和社会工作	3	0.19	65.99	61.86	7.55	13.29	61.41	74.70
文化、体育和娱乐业	30	1.90	60.66	60.12	9.21	34.42	44.58	79.00
综合	23	1.46	55.98	56.73	9.58	34.87	40.13	75.00
合计	1 579	100.00	59.95	60.06	8.98	54.04	34.41	88.45

资料来源:南开大学公司治理数据库。

表 16.4 主板利益相关者治理分指数分行业描述性统计

行业	数目	比例(%)	利益相关者治理指数	参与程度	协调程度
农、林、牧、渔业	21	1.33	57.74	46.93	70.95
采矿业	64	4.05	58.88	47.55	72.75
制造业	866	54.84	60.91	47.29	77.58
电力、热力、燃气及水生产和供应业	89	5.64	60.17	47.27	75.94
建筑业	48	3.04	56.03	44.23	70.46
批发和零售业	126	7.98	57.92	47.07	71.21
交通运输、仓储和邮政业	76	4.81	62.88	50.32	78.24
住宿和餐饮业	9	0.57	52.67	44.40	62.78
信息传输、软件和信息技术业	52	3.29	59.05	48.97	71.37
房地产业	115	7.28	57.22	45.29	71.81
租赁和商务服务业	23	1.46	56.17	46.10	68.48
科学研究和技术服务业	12	0.76	61.31	48.55	76.92
水利、环境和公共设施管理业	19	1.20	61.34	46.52	79.47
教育	3	0.19	64.36	52.40	79.00
卫生和社会工作	3	0.19	65.99	51.00	84.33
文化、体育和娱乐业	30	1.90	60.66	49.89	73.83
综合	23	1.46	55.98	44.30	70.26
合计	1 579	100.00	59.95	47.23	75.52

资料来源:南开大学公司治理数据库。

二、2013—2017 分行业的主板上市公司利益相关者治理比较

从表 16.5 的统计数据可以看出:2013—2017 年,五年来制造业,交通运输、仓储和邮政业一直表现较好,均高于年行业平均值;而住宿和餐饮业、建筑业、房地产业利益相关者治理指数一直较低。

表 16.5 主板利益相关者治理指数分行业描述性统计五年比较

行业	2013	2014	2015	2016	2017
农、林、牧、渔业	56.79	57.40	57.55	60.11	57.74
采矿业	58.23	60.46	61.74	58.64	58.88
制造业	57.99	59.58	62.30	61.50	60.91

续表

行　　业	2013	2014	2015	2016	2017
电力、热力、燃气及水生产和供应业	57.58	57.77	59.12	60.55	60.17
建筑业	58.08	60.99	59.11	59.12	56.03
批发和零售业	52.94	57.69	57.54	59.04	57.92
交通运输、仓储和邮政业	59.28	60.87	62.29	64.99	62.88
住宿和餐饮业	54.61	52.73	62.29	56.09	52.67
信息传输、软件和信息技术业	55.40	58.56	58.93	60.20	59.05
房地产业	55.30	56.92	58.49	58.61	57.22
租赁和商务服务业	55.34	61.27	60.04	57.67	56.17
科学研究和技术服务业	43.20	56.74	66.62	63.66	61.31
水利、环境和公共设施管理业	57.21	56.26	60.26	62.33	61.34
教育	67.20	78.95	51.89	62.30	64.36
卫生和社会工作	53.09	65.35	74.91	60.00	65.99
文化、体育和娱乐业	55.23	56.51	60.43	59.48	60.66
综合	51.22	56.15	60.75	57.95	55.98
合　　计	57.02	58.99	61.03	60.78	59.95

资料来源：南开大学公司治理数据库。

第三节　主板上市公司利益相关者治理分控股股东性质评价

一、2017 年主板上市公司利益相关者治理分控股股东性质总体描述

利益相关者治理指数由高到低分别为集体控股、职工持股会控股、外资控股、国有控股、民营控股和社会团体控股上市公司，平均值分别为 64.96、63.19、60.57、60.26、59.52 和 59.02。具体见表 16.6。

表 16.6　主板利益相关者治理指数分控股股东性质描述性统计

控股股东性质	数目	比例(%)	平均值	中位数	标准差	极差	最小值	最大值
国有控股	861	54.53	60.26	60.15	8.67	54.04	34.41	88.45
集体控股	11	0.70	64.96	65.80	8.08	26.79	50.62	77.40
民营控股	660	41.80	59.52	60.06	9.26	51.96	35.14	87.10

续表

控股股东性质	数目	比例(%)	平均值	中位数	标准差	极差	最小值	最大值
社会团体控股	11	0.70	59.02	56.98	11.85	40.53	42.07	82.60
外资控股	22	1.39	60.57	58.85	11.58	43.99	41.31	85.30
职工持股会控股	4	0.25	63.19	60.62	6.80	14.98	58.26	73.24
其他类型	10	0.63	55.70	55.67	5.68	19.66	44.46	64.11
合　计	1 579	100.00	59.95	60.06	8.98	54.04	34.41	88.45

资料来源:南开大学公司治理数据库。

从利益相关者治理两个分指数来看,参与程度均值由高到低分别为职工持股会控股、社会团体控股、集体控股、外资控股、国有控股和民营控股上市公司;协调程度均值由高到低分别为集体控股、职工持股会控股、国有控股、外资控股、民营控股和社会团体控股上市公司。国有控股上市公司在利益相关者治理的两个分指数上,即参与程度方面以及协调程度方面均略高于民营控股上市公司。见表16.7。

表16.7　主板利益相关者治理分指数分控股股东性质描述性统计

控股股东性质	数目	比例(%)	利益相关者治理指数	参与程度	协调程度
国有控股	861	54.53	60.26	47.43	75.95
集体控股	11	0.70	64.96	50.87	82.18
民营控股	660	41.80	59.52	46.84	75.03
社会团体控股	11	0.70	59.02	51.24	68.55
外资控股	22	1.39	60.57	48.14	75.77
职工持股会控股	4	0.25	63.19	52.30	76.50
其他类型	10	0.63	55.70	46.84	75.03
合　计	1 579	100.00	59.95	47.23	75.52

资料来源:南开大学公司治理数据库。

二、2012—2017年主板上市公司利益相关者治理分控股股东性质比较

表16.8列出了2012—2017年六年国有控股和民营控股上市公司的利益相关者治理指数,总体上看,2012—2017年期间,除2015年民营控股上市公司的利益相关者治理水平超过国有控股上市公司外,其余年份国有控股上市公司的利益相关者治理状况一直优于民营控股上市公司。从利益相关者治理两个分指数来看,除2015年民营控股上市公司的利益相关者治理分指数参与程度超过国有控股上市公司外,其余年份国有

控股上市公司的利益相关者治理分指数,即参与程度与协调程度均好于民营控股上市公司。见表16.8。

表16.8 主板国有和民营控股公司利益相关者治理指数描述性统计六年比较

年 份	控股股东性质	利益相关者治理指数	参与程度	协调程度
2012	国有	58.22	43.25	76.54
	民营	56.75	42.48	74.21
2013	国有	57.11	42.15	75.41
	民营	56.64	42.15	74.36
2014	国有	59.08	44.34	77.12
	民营	58.74	44.79	75.80
2015	国有	60.81	48.61	75.72
	民营	61.21	49.96	74.97
2016	国有	61.10	48.77	75.58
	民营	60.16	47.28	75.27
2017	国有	60.26	47.43	75.95
	民营	59.52	46.84	75.03

资料来源:南开大学公司治理数据库。

第四节 主板上市公司利益相关者治理分地区评价

一、2017年主板上市公司利益相关者治理分地区总体描述

上市公司利益相关者治理指数排名前三位的是河北省(62.30)、安徽省(61.96)和河南省(61.88)的上市公司;利益相关者治理指数排名后三位的是新疆(56.89)、西藏(56.25)和海南省(55.49)的上市公司。见表16.9。

表16.9 主板分地区利益相关者治理指数描述性统计

地 区	数目	比例(%)	平均值	中位数	标准差	极差	最小值	最大值
北京市	136	8.61	60.57	61.01	8.28	52.24	34.41	86.65
天津市	30	1.90	60.45	59.11	9.66	44.94	42.16	87.10
河北省	30	1.90	62.30	62.44	8.57	42.46	40.13	82.60
山西省	31	1.96	57.05	57.90	9.80	42.46	40.13	82.60
内蒙古	19	1.20	58.02	58.71	8.31	35.92	37.89	73.80

续表

地　区	数目	比例(%)	平均值	中位数	标准差	极差	最小值	最大值
辽宁省	48	3.04	58.88	58.26	8.28	46.37	42.07	88.45
吉林省	31	1.96	59.96	60.51	9.71	48.31	38.34	86.65
黑龙江省	29	1.84	57.55	58.39	9.58	36.87	39.64	76.50
上海市	156	9.88	59.66	60.06	9.55	51.06	35.59	86.65
江苏省	139	8.80	61.82	61.41	8.90	42.79	40.25	83.05
浙江省	136	8.61	60.09	60.06	8.45	41.38	43.92	85.30
安徽省	50	3.17	61.96	62.50	8.58	41.36	37.84	79.20
福建省	52	3.29	61.31	60.19	8.43	35.84	43.42	79.26
江西省	23	1.46	57.46	58.26	6.76	23.70	45.48	69.18
山东省	83	5.26	61.29	61.50	8.94	44.31	41.89	86.20
河南省	39	1.46	61.88	60.96	8.56	38.24	43.51	81.75
湖北省	61	3.86	59.60	59.41	8.00	37.40	41.60	79.00
湖南省	44	2.79	61.55	60.51	8.11	36.03	45.67	81.70
广东省	150	9.50	60.53	59.91	9.17	46.29	40.81	87.10
广　西	28	1.77	57.00	56.94	10.29	45.21	35.14	80.35
海南省	23	1.46	55.49	57.18	8.59	32.63	42.07	74.70
重庆市	32	2.03	57.47	56.61	7.97	39.99	39.91	79.90
四川省	58	3.67	57.49	57.27	9.66	46.69	35.46	82.15
贵州省	16	1.01	60.88	64.11	11.23	37.51	41.31	78.81
云南省	19	1.20	59.38	57.86	11.96	43.63	37.71	81.34
西　藏	10	0.63	56.25	57.95	9.67	28.30	42.23	70.53
陕西省	30	1.90	58.77	58.51	6.91	34.68	47.47	82.15
甘肃省	22	1.39	61.01	59.64	9.57	39.81	44.58	84.40
青海省	11	0.70	58.88	60.31	8.36	27.22	44.13	71.35
宁　夏	11	0.70	57.90	58.76	12.22	42.91	38.79	81.70
新　疆	32	2.03	56.89	56.87	8.63	41.71	39.69	81.40
合　计	1 579	100.00	59.95	60.06	8.98	54.04	34.41	88.45

资料来源：南开大学公司治理数据库。

二、2012—2017 年分地区的主板上市公司利益相关者治理比较

据表 16.10 可以看出，江苏省的利益相关者治理状况总体相对较好，2012—2017 六

年来利益相关者治理指数均高于总体均值；而西藏和宁夏的利益相关者治理状况较差，2012—2017 六年来利益相关者治理指数均低于总体均值。

表 16.10 主板分地区利益相关者治理指数描述性统计六年比较

地 区	2012	2013	2014	2015	2016	2017
北京市	57.25	58.04	60.38	62.48	61.72	60.57
天津市	59.23	59.35	58.99	60.81	61.36	60.45
河北省	58.52	56.80	56.07	61.18	59.97	62.30
山西省	60.89	57.81	56.96	59.30	58.01	57.05
内蒙古	53.94	59.40	60.13	60.00	57.25	58.02
辽宁省	55.69	53.56	55.64	60.36	57.92	58.88
吉林省	55.89	54.16	58.70	62.16	57.95	59.96
黑龙江省	55.48	58.62	55.22	58.40	58.19	57.55
上海市	56.15	56.40	58.55	58.88	61.72	59.66
江苏省	59.78	59.11	60.65	62.38	61.88	61.82
浙江省	56.82	58.38	61.54	61.68	60.55	60.09
安徽省	59.52	58.99	60.14	60.84	61.96	61.96
福建省	57.53	58.82	59.61	64.59	61.02	61.31
江西省	56.02	59.70	58.82	58.26	59.01	57.46
山东省	59.19	57.56	58.38	62.19	62.10	61.29
河南省	57.71	57.83	63.04	61.59	60.68	61.88
湖北省	58.58	55.03	58.36	62.26	60.51	59.60
湖南省	60.10	56.99	57.55	63.36	62.05	61.55
广东省	58.88	55.92	59.89	60.78	63.19	60.53
广 西	57.87	54.63	58.09	59.89	60.48	57.00
海南省	55.55	54.46	55.10	60.15	59.58	55.49
重庆市	57.17	53.04	56.62	61.70	59.29	57.47
四川省	56.80	56.57	59.87	60.13	57.06	57.49
贵州省	57.96	56.62	59.43	61.67	60.85	60.88
云南省	60.16	57.06	57.48	63.06	62.39	59.38
西 藏	50.11	52.97	56.98	55.29	57.87	56.25
陕西省	58.32	60.17	57.11	57.66	60.51	58.77
甘肃省	57.00	54.43	57.89	62.52	61.19	61.01
青海省	60.03	56.52	61.43	61.53	58.35	58.88

续表

地　区	2012	2013	2014	2015	2016	2017
宁　夏	59.59	55.13	51.81	57.40	57.10	57.90
新　疆	56.89	57.25	58.87	57.59	58.84	56.89
合　计	57.80	57.02	58.99	61.03	60.78	59.95

资料来源：南开大学公司治理数据库。

第五节　主板上市公司利益相关者治理 100 佳评价

一、主板上市公司利益相关者治理 100 佳比较分析

如表 16.11 所示，利益相关者治理 100 佳上市公司利益相关者治理评价指数平均值为 79.01，而利益相关者治理的两个分指数，参与程度和协调程度的均值分别为 72.35 和 87.17；100 佳上市公司的利益相关者治理水平更为集中，利益相关者治理水平的标准差为 3.84，极差为 14.76。

表 16.11　主板利益相关者治理 100 佳描述性统计

项　目	样本	平均值	中位数	标准差	极差	最小值	最大值
利益相关者治理指数	100 佳	79.01	78.55	3.78	14.76	73.68	88.45
	样本总体	59.95	60.06	8.98	54.04	34.41	88.45
参与程度	100 佳	72.35	79.00	8.00	30.20	53.80	84.00
	样本总体	47.23	45.40	11.44	61.20	22.80	84.00
协调程度	100 佳	87.17	88.00	7.68	30.00	70.00	100.00
	样本总体	75.52	78.00	13.12	67.00	33.00	100.00

资料来源：南开大学公司治理数据库。

二、主板上市公司利益相关者治理 100 佳公司行业分布

表 16.12 关于上市公司利益相关者治理 100 佳行业分布表明，从绝对数角度，入选利益相关者治理 100 佳上市公司最多的行业是制造业，有 65 家；从相对数角度，卫生和社会工作，文化、体育和娱乐业分别有 1 家和 4 家入选，占本行业比例为 33.33%与 13.33%。利益相关者治理最好的上市公司存在行业差异。

表 16.12 主板利益相关者治理 100 佳公司行业分布

行业	样本总体		100 佳		
	数目	比例(%)	数目	比例(%)	占本行业比例(%)
农、林、牧、渔业	21	1.33	1	1.00	4.76
采矿业	64	4.05	5	5.00	7.81
制造业	866	54.84	65	65.00	7.51
电力、热力、燃气及水生产和供应业	89	5.64	5	5.00	5.62
建筑业	48	3.04	—	—	—
批发和零售业	126	7.98	5	5.00	3.97
交通运输、仓储和邮政业	76	4.81	8	8.00	10.53
住宿和餐饮业	9	0.57	—	—	—
信息传输、软件和信息技术业	52	3.29	—	—	—
房地产业	115	7.28	4	4.00	3.48
租赁和商务服务业	23	1.46	1	1.00	4.35
科学研究和技术服务业	12	0.76	—	—	—
水利、环境和公共设施管理业	19	1.20	—	—	—
教育	3	0.19	—	—	—
卫生和社会工作	3	0.19	1	1.00	33.33
文化、体育和娱乐业	30	1.90	4	4.00	13.33
综合	23	1.46	1	1.00	4.35
合计	1 579	100.00	100	100.00	6.33

资料来源:南开大学公司治理数据库。

三、主板上市公司利益相关者治理 100 佳公司控股股东性质分布

表 16.13 显示,利益相关者治理 100 佳中,第一大股东性质为国有控股和民营控股的上市公司所占比例分别为 50.00%、44.00%,分别占国有控股企业的 5.81%和民营控股企业的 6.67%;外资控股、集体控股以及社会团体控股的上市公司所占比例分别为 3.00%、2.00%、1.00%,分别占外资控股企业的 13.64%、集体控股企业的 18.18%和社会团体控股企业的 9.09%。

表 16.13　主板利益相关者治理 100 佳公司控股股东分布

控股股东性质	样本总体		100 佳		
	数目	比例(%)	数目	比例(%)	占本组比例(%)
国有控股	861	54.53	50	50.00	5.81
集体控股	11	0.70	2	2.00	18.18
民营控股	660	41.80	44	44.00	6.67
社会团体控股	11	0.70	1	1.00	9.09
外资控股	22	1.39	3	3.00	13.64
职工持股会控股	4	0.25	—	—	—
其他类型	10	0.63	—	—	—
合　计	1 579	100.00	100	100.00	6.33

资料来源:南开大学公司治理数据库。

四、主板上市公司利益相关者治理 100 佳公司地区分布

在入选利益相关者治理 100 佳上市公司中,从绝对数来看,江苏省、广东省、上海市进入 100 佳上市公司较多,分别为 14 家、11 家、10 家;从比例来看,占本组比例最高的地区是甘肃省、贵州省和云南省,分别为 13.64%、12.50%、10.53%。江西省、西藏和青海省没有公司进入利益相关者治理 100 佳。见表 16.14。

表 16.14　主板利益相关者治理 100 佳公司地区分布

地　区	样本总体		100 佳		
	数目	比例(%)	数目	比例(%)	占本地区比例(%)
北京市	136	8.61	3	3.00	2.21
天津市	30	1.90	3	3.00	10.00
河北省	30	1.90	2	2.00	6.67
山西省	31	1.96	2	2.00	6.45
内蒙古	19	1.20	1	1.00	5.26
辽宁省	48	3.04	1	1.00	2.08
吉林省	31	1.96	1	1.00	3.23
黑龙江省	29	1.84	1	1.00	3.45
上海市	156	9.88	10	10.00	6.61
江苏省	139	8.80	14	14.00	10.07
浙江省	136	8.61	9	9.00	6.62

续表

地 区	样本总体		100佳		
	数目	比例(%)	数目	比例(%)	占本地区比例(%)
安徽省	50	3.17	3	3.00	6.00
福建省	52	3.29	5	5.00	9.62
江西省	23	1.46	—	—	—
山东省	83	5.26	8	8.00	9.64
河南省	39	1.46	3	3.00	7.69
湖北省	61	3.86	2	2.00	3.28
湖南省	44	2.79	4	4.00	9.09
广东省	150	9.50	11	11.00	7.33
广 西	28	1.77	2	2.00	7.14
海南省	23	1.46	1	1.00	4.35
重庆市	32	2.03	1	1.00	3.13
四川省	58	3.67	3	3.00	5.17
贵州省	16	1.01	2	2.00	12.50
云南省	19	1.20	2	2.00	10.53
西 藏	10	0.63	—	—	—
陕西省	30	1.90	1	1.00	3.33
甘肃省	22	1.39	3	3.00	13.64
青海省	11	0.70	—	—	—
宁 夏	11	0.70	1	1.00	9.09
新 疆	32	2.03	1	1.00	3.12
合 计	1 579	100.00	100	100.00	6.33

资料来源:南开大学公司治理数据库。

主 要 结 论

第一,2017年中国上市公司主板市场非金融类公司样本量为1579家,利益相关者治理指数的均值为59.95,标准差为8.98,利益相关者治理指数基本服从正态分布。

第二,主板上市公司的利益相关者治理水平因行业和股权性质不同而呈现一定的差异。利益相关者平均值最高的行业分别为卫生和社会工作,教育以及交通运输、仓储和邮政业,平均值最低的三个行业分别是建筑业、综合、住宿和餐饮业。近五年来制造业，交通运输、仓储和邮政业一直表现较好，均高于年行业平均值；而住宿和餐饮业、建筑业、房地产业利益相关者治理指数一直较低。

第三，总体上看，2012—2017 年间，除 2015 年民营控股上市公司的利益相关者治理水平超过国有控股上市公司外，其余年份国有控股上市公司的利益相关者治理状况一直优于民营控股上市公司。从利益相关者治理两个分指数来看，除 2017 年民营控股上市公司的利益相关者治理分指数参与程度超过国有控股上市公司外，其余年份国有控股上市公司的协参与度与协调程度这两项分指标均好于民营控股上市公司。

第四，从地区来看，各地区上市公司利益相关者治理水平分布不平衡，河北省、安徽省和河南省的上市公司利益相关者治理指数较高，新疆、西藏和海南省的上市公司利益相关者治理指数较低。江苏省等地区的利益相关者治理状况总体相对较好，2012—2017 年六年来利益相关者治理指数均高于总体均值；而西藏和宁夏的利益相关者治理状况较差，2012—2017 年六年来利益相关者治理指数均低于总体均值。

第五，主板上市公司利益相关者治理 100 佳上市公司中国有控股上市公司所占比例高于民营控股上市公司，但民营控股上市公司占本组比例却高于国有控股上市公司。利益相关者治理 100 佳上市公司行业、地区分布不平衡。从行业来看，制造业上市公司进入 100 佳上市公司的绝对数最多；从地区来看，江苏省、广东省、上海市进入 100 佳上市公司的绝对数较多，江西省、西藏和青海省没有公司进入利益相关者治理 100 佳。

第六，从利益相关者治理的两个主要因素来看，2017 年我国主板上市公司利益相关者治理分指数参与程度有一定程度的下降。具体体现在投资者关系管理的制度设置及其执行方面存在下滑，此外公司网站未能及时更新，也是影响利益相关者有效参与的重要原因。反观协调程度这一指标，近六年来均值都在 75.00 以上，2014 年达到峰值 76.71，而 2015—2016 年略有下降，但 2017 年又企稳回升。这表明主板上市公司在合规经营的基础上，能够充分重视与顾客、供应商、政府、社区居民等利益相关者之间的关系，勇于承担社会责任，加强环保与对外捐赠，减少罚款支出与诉讼仲裁事件的发生。近四年来，利益相关者治理分指数协调程度呈现小幅度波动，提升遇到瓶颈。

第十七章　中小企业板上市公司治理评价

第一节　中小企业板公司治理评价总体分析

一、中小企业板上市公司治理总体描述

2017 年度公司治理样本中共有 815 家中小企业板上市公司，其治理评价指数描述性统计见表 17.1。其中，公司治理指数的平均值为 63.90，中位数为 64.01，最小值为 55.37，最大值为 71.99，标准差为 2.88。

从公司治理评价的六个分指数来看，中小企业板上市公司的股东治理指数、董事会治理指数、监事会治理指数、经理层治理指数、信息披露指数和利益相关者治理指数的平均值分别为 67.93、64.29、57.58、59.97、66.74 和 66.44。其中，中小企业板上市公司股东治理指数最高，信息披露指数、利益相关者治理指数、董事会治理指数较高，而经理层治理指数较低，监事会治理水平最低。监事会治理成为中小上市公司治理水平提升的短板。利益相关者指数在中小企业板上市公司中的差异较大，标准差为 10.11，极差为 48.61。

与 2016 年评价结果相比，中小板公司治理指数略有下降。这主要是因为股东治理指数、监事会治理指数和信息披露指数有一定幅度下降，而董事会治理指数、经理层治理指数和利益相关者治理指数则出现不同程度的上升，总体来说 2017 年比 2016 年指数下降了 0.08。

表 17.1　中小企业板上市公司治理指数描述性统计

项　　目	平均值	中位数	标准差	极差	最小值	最大值
公司治理指数	63.90	64.01	2.88	16.62	55.37	71.99
股东治理指数	67.93	68.57	6.57	40.15	43.32	83.47
董事会治理指数	64.29	64.35	2.02	17.21	52.94	70.14
监事会治理指数	57.58	56.19	5.20	31.41	43.37	74.78
经理层治理指数	59.97	60.37	6.14	31.34	43.52	74.86
信息披露指数	66.74	66.83	7.28	37.41	48.63	86.04
利益相关者治理指数	66.44	65.46	10.11	48.61	38.48	87.10

资料来源：南开大学公司治理数据库。

二、2012—2017 年中小企业板上市公司治理比较

中小企业板上市公司治理指数的平均水平在 2012—2017 年呈现先下降后上升的趋势,2014 年之后,公司治理指数一直处于上升态势,总体来看,六年间,由 2012 年的 63.09 上升到 2017 年的 63.90。

从公司治理评价的六个分指数来看,股东治理指数六年间一直表现较好,但近三年有微降趋势,董事会治理指数六年间一直处于稳步上升状态,监事会治理指数六年间有所波动,且一直表现较弱,经理层治理指数六年间一直在增长,信息披露指数先下降后上升又下降,而利益相关者指数先下降后上升。详见表 17.2 和图 17.1。

表 17.2　中小企业板上市公司治理指数描述性统计六年比较

项　　目	2012	2013	2014	2015	2016	2017
公司治理指数	63.09	61.74	63.05	63.61	63.98	63.90
股东治理指数	66.38	66.61	68.49	69.14	68.59	67.93
董事会治理指数	61.48	62.01	63.06	63.92	64.19	64.29
监事会治理指数	55.84	56.08	57.78	57.20	58.84	57.58
经理层治理指数	57.65	58.18	58.57	59.62	59.80	59.97
信息披露指数	66.33	63.81	64.55	66.18	67.69	66.74
利益相关者治理指数	72.77	67.44	66.30	64.97	63.61	66.44

资料来源:南开大学公司治理数据库。

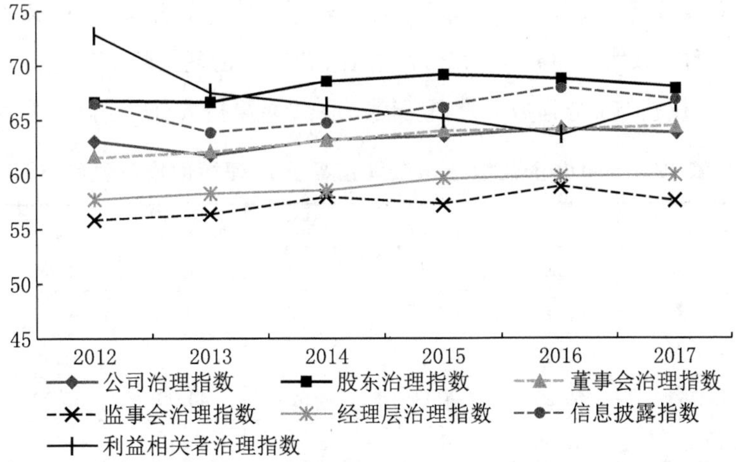

资料来源:南开大学公司治理数据库。

图 17.1　中小企业板上市公司治理指数平均值六年折线图比较

三、中小企业板上市公司股东治理状况总体描述

从股东治理评价的三个主要因素来看，样本公司独立性、中小股东权益保护和关联交易的平均值分别为69.68、66.50和68.48，其中，中小股东权益保护比上一年度下降较大，独立性指标和关联交易指标比上一年度有所提升。样本公司独立性方面指数最高，公司间差异也最大，极差为81.50，标准差为13.60。中小上市公司提升股东治理水平的关键是保护中小股东利益，进一步缩小公司间差距。股东治理指数三项分指标的描述性统计情况如表17.3所示。

表17.3 中小企业板上市公司股东治理指数描述性统计

项 目	平均值	中位数	标准差	极差	最小值	最大值
股东治理指数	67.93	68.57	6.570	40.15	43.32	83.47
独立性	69.68	72.50	13.60	81.50	15.00	96.50
中小股东	66.50	66.75	10.89	58.27	35.30	93.57
关联交易	68.48	69.81	9.62	55.01	26.99	82.00

资料来源：南开大学公司治理数据库。

四、中小企业板上市公司董事会治理状况总体描述

从董事会治理的五个主要因素来看，样本公司董事会组织结构指数的平均值为69.29，在董事会分指数中表现最好，说明我国大多数中小上市公司已经建立了相对比较完善的董事会架构，并发挥了一定作用。董事会运作效率指数的均值为66.42，在分指数中相对较高，董事权利与义务指数和董事薪酬指数平均值分别为62.43和62.36，最低的为独立董事制度指数，仅为60.45。与2016年相比，董事会治理指数稍有上升，其中董事薪酬指数和董事会权利与义务指数上升幅度较大，独立董事指数有所下降。见表17.4。

表17.4 中小企业板上市公司董事会治理指数描述性统计

项 目	平均值	中位数	标准差	极差	最小值	最大值
董事会治理指数	64.29	64.35	2.02	17.21	52.94	70.14
董事权利与义务	62.43	62.75	5.07	29.00	46.50	75.50
董事会运作效率	66.42	66.13	4.19	23.00	51.46	74.46
董事会组织结构	69.29	70.00	4.62	44.00	35.00	79.00
董事薪酬	62.36	61.50	5.39	26.50	50.00	76.50
独立董事制度	60.45	60.75	4.35	24.25	48.25	72.50

资料来源：南开大学公司治理数据库。

五、中小企业板上市公司监事会治理状况总体描述

2017 年中小企业板上市公司监事会治理指数的三个分项情况见表 17.5。从监事会指数的三个主要因素来看，样本公司的监事会运行指数表现最好，平均值为 72.71；监事会的胜任能力指数水平的平均值为 54.87；而监事会结构指数水平最低，平均值只有 47.32，且比上年有所下降。监事会胜任能力分值比 2016 年稍微有所提升，但监事会的结构及履职能力仍是今后努力的重点。

表 17.5　中小企业板上市公司监事会治理指数描述性统计表

项　目	平均值	中位数	标准差	极差	最小值	最大值
监事会治理指数	57.58	56.19	5.20	31.41	43.37	74.78
规模结构	47.32	40.00	11.51	40.00	40.00	80.00
运行状况	72.71	70.00	6.44	50.00	30.00	80.00
胜任能力	54.87	54.26	5.92	49.01	22.48	71.49

资料来源：南开大学公司治理数据库。

六、中小企业板上市公司经理层治理状况总体描述

2017 年中小企业板上市公司经理层治理指数的三个分项情况见表 17.6。从经理层的三个主要评价维度来看，任免制度指数和执行保障指数平均值分别为 60.73 和 61.03，均比 2016 年有所上升。中小企业板上市公司的经理层激励约束指数表现相对薄弱，平均值为 58.37，且比上年度有所下降，此外，经理层激励约束的标准差相对较大，公司间差距明显，标准差为 14.45。经理层治理整体上均有待进一步提高。

表 17.6　中小企业板上市公司经理层治理指数描述性统计表

项　目	平均值	中位数	标准差	极差	最小值	最大值
经理层治理指数	59.97	60.37	6.14	31.34	43.52	74.86
任免制度	60.73	61.11	5.71	42.22	37.78	80.00
执行保障	61.03	61.67	8.57	60.00	31.67	91.67
激励约束	58.37	62.86	14.45	57.14	25.71	82.86

资料来源：南开大学公司治理数据库。

七、中小企业板上市公司信息披露治理状况总体描述

从信息披露的三个主要因素来看，中小企业板上市公司信息披露指数的可靠性、相

关性和及时性的平均值依次为 65.87、66.19 和 69.76,其中信息披露的及时性表现最好,比上年提升了 2.45;可靠性指标和相关性指标均比去年有所下降。从标准差来看,信息披露最好和最差的公司在可靠性和及时性方面都存在非常大的差距。见表 17.7。

表 17.7 中小企业板上市公司信息披露指数描述性统计表

项　目	平均值	中位数	标准差	极差	最小值	最大值
信息披露指数	66.74	66.83	7.280	37.41	48.63	86.04
可靠性	65.87	64.00	11.86	42.00	43.00	85.00
相关性	66.19	65.86	4.62	41.25	48.38	89.63
及时性	69.76	70.22	14.61	44.63	47.25	91.88

资料来源:南开大学公司治理数据库。

八、中小企业板上市公司利益相关者治理状况总体描述

2017 年中小企业板上市公司利益相关者治理指数比 2016 年有一定幅度上升,从 63.61 上升到 66.44。从利益相关者治理指数的两个主要因素来看,中小企业板上市公司的利益相关者参与程度上升幅度较大,2017 年均值为 55.64,协调程度均值为 79.64,与上一年相比稍有提高;从标准差来看,利益相关者参与程度的离散情况明显高于利益相关者的协调程度。利益相关者治理指数两个方面的描述性统计情况如表 17.8 所示。

表 17.8 中小企业板上市公司利益相关者治理指数描述性统计表

项　目	平均值	中位数	标准差	极差	最小值	最大值
利益相关者治理指数	66.44	65.46	10.11	48.61	38.48	87.10
参与程度	55.64	53.80	15.64	65.20	25.80	91.00
协调程度	79.64	82.00	11.05	57.00	40.00	97.00

资料来源:南开大学公司治理数据库。

第二节　中小企业板上市公司治理评价分组比较

在对我国中小企业板上市公司的治理状况进行总体描述之后,为了更进一步深入考察不同类型公司治理状况的差异,我们分别对控股股东性质、地区等不同类别进行了对比分析。

一、中小企业板上市公司治理分控股股东性质比较

对于 815 家中小企业板上市公司,从其控股股东看,国有控股为 117 家,其治理指

数平均值为64.32；集体控股4家，其治理指数平均值为63.47；民营控股678家，治理指数平均值为83.19；外资控股15家，治理指数平均值为63.99。民营控股所占比重最高，其次是国有控股。从治理指数平均值来看，国有控股指数最高，其次是外资控股和民营控股，集体控股位列其后，社会团体控股指数最低。见表17.9。

表17.9　中小企业板上市公司按控股股东性质的总指数分类统计

控股股东性质	数目	比例(%)	平均值	中位数	标准差	极差	最小值	最大值
国有控股	117	14.36	64.32	64.73	3.06	14.74	55.64	70.38
集体控股	4	0.49	63.47	61.37	5.27	11.46	59.85	71.31
民营控股	678	83.19	63.83	63.88	2.85	16.62	55.37	71.99
外资控股	15	1.84	63.99	63.92	2.16	7.64	60.49	68.13
社会团体控股	1	0.12	62.48	62.48	—	0	62.48	62.48
其他类型	—	—	—	—	—	—	—	—
合　计	815	100.00	63.90	64.01	2.88	16.62	55.37	71.99

资料来源：南开大学公司治理数据库。

不同控股股东各分指数统计特征见表17.10。从六个公司治理分指数看，在股东治理方面，外资控股和民营控股表现较好，其次是集体控股和国有控股，社会团体控股表现最差。在董事会治理方面，不同控股股东性质间差异不大，集体控股、外资控股、民营控股表现较好，而社会团体控股和国有控股相对较低。在监事会治理方面，集体控股和国有控股较高，其次是社会团体控股和民营控股，外资控股最低。在经理层治理方面，集体控股表现较好，民营控股和社会团体控股次之，国有控股和外资控股在经理层治理方面表现相对较差。在信息披露方面，外资控股和国有控股较高，其次是社会团体控股和民营控股，而集体控股最低。在利益相关者治理方面，社会团体和外资控股较高，其次是国有控股和民营控股，集体控股最低，且与其他控股上市公司相比差距较大。整体上看，2017年国有控股上市公司治理总指数最高，优势在于信息披露治理和利益相关者治理，民营控股上市公司在股东治理、董事会治理方面表现相对较好。

表17.10　中小企业板上市公司按控股股东性质的各分指数统计

控股股东性质	公司治理指数	股东治理指数	董事会治理指数	监事会治理指数	经理层治理指数	信息披露治理指数	利益相关者治理指数
国有控股	64.32	65.32	63.60	61.70	59.10	68.40	68.27
集体控股	63.47	65.97	64.56	62.18	64.41	62.80	59.52
民营控股	63.83	68.40	64.40	56.93	60.14	66.42	66.09

续表

控股股东性质	公司治理指数	股东治理指数	董事会治理指数	监事会治理指数	经理层治理指数	信息披露治理指数	利益相关者治理指数
社会团体控股	62.48	53.38	63.67	60.44	60.37	66.96	70.08
外资控股	63.99	68.48	64.48	53.33	58.04	69.40	69.41
合　　计	63.90	67.93	64.29	57.58	59.97	66.74	66.44

资料来源：南开大学公司治理数据库。

二、中小企业板上市公司治理分地区比较

从地区分布来看，815家中小企业板上市公司中，广东省、浙江省和江苏省最多，分别有188家、129家和101家。而青海省和宁夏最少，各仅有1家。从公司治理指数平均值水平来看，宁夏、河南省和贵州省的中小板上市公司公司治理水平较高，分别为66.03、65.26和65.24；青海省、吉林省和黑龙江省的公司治理水平的均值较低，分别为59.84、61.92和61.96。见表17.11。

表17.11　中小企业板上市公司治理指数分地区描述性统计表

地　区	数目	公司治理指数	股东治理指数	董事会治理指数	监事会治理指数	经理层治理指数	信息披露治理指数	利益相关者治理指数
北京市	48	64.75	68.40	64.28	57.40	63.62	66.42	68.22
天津市	8	62.55	61.59	64.24	58.89	58.34	69.61	59.38
河北省	10	63.81	64.09	64.94	57.61	57.67	68.92	69.25
山西省	3	64.93	73.57	63.43	54.30	62.67	69.24	64.80
内蒙古	2	64.60	64.45	62.42	62.08	56.73	72.50	70.06
辽宁省	13	63.51	68.03	64.28	56.51	60.28	65.84	65.28
吉林省	6	61.92	69.29	62.89	55.27	59.76	63.99	58.10
黑龙江省	3	61.96	72.61	63.63	54.62	57.70	64.32	56.11
上海市	29	64.08	67.62	64.42	57.87	60.27	67.46	66.12
江苏省	101	63.70	67.90	64.08	57.30	59.06	67.34	65.78
浙江省	129	63.89	67.82	64.48	57.17	59.58	67.45	65.98
安徽省	28	64.34	68.52	64.32	57.87	60.62	67.37	66.92
福建省	37	63.29	67.53	64.06	57.49	58.93	65.23	66.46
江西省	9	62.84	67.01	64.31	54.81	61.29	62.73	66.68
山东省	62	63.65	67.03	64.18	56.56	59.53	66.43	68.06
河南省	24	65.26	69.70	64.19	61.47	61.54	67.40	67.81

续表

地　区	数目	公司治理指数	股东治理指数	董事会治理指数	监事会治理指数	经理层治理指数	信息披露治理指数	利益相关者治理指数
湖北省	11	63.93	64.61	65.29	59.95	58.94	66.86	67.82
湖南省	21	62.87	67.48	64.11	57.71	59.94	63.09	64.72
广东省	188	64.17	69.87	64.45	57.15	60.59	65.92	66.85
广　西	6	62.18	65.29	64.29	55.43	60.43	62.42	64.51
海南省	3	62.18	62.12	62.92	62.06	60.23	66.47	56.68
重庆市	5	63.97	67.32	65.31	57.99	58.53	68.14	65.28
四川省	27	63.80	64.59	63.95	57.81	60.87	68.55	65.80
贵州省	5	65.24	65.62	65.29	59.53	58.05	71.74	71.04
云南省	10	63.84	65.06	63.41	62.34	54.56	71.73	65.36
西　藏	4	63.74	66.21	64.94	61.75	59.31	64.89	65.49
陕西省	4	63.02	64.98	62.88	63.77	51.94	67.23	69.44
甘肃省	5	64.03	64.75	63.97	55.71	59.72	68.23	72.24
青海省	1	59.84	67.37	63.03	59.56	47.42	63.12	57.95
宁　夏	1	66.03	70.95	65.59	50.55	57.60	74.22	77.20
新　疆	12	63.74	64.37	64.05	62.38	58.87	67.76	64.46
合　计	815	63.90	67.93	64.29	57.58	59.97	66.74	66.44

资料来源：南开大学公司治理数据库。

主　要　结　论

2017 年中小企业板上市公司治理评价结果表明，中小企业板上市公司治理具有以下特征：

第一，中小企业板上市公司总体治理质量相对于上一年度略有下降。2017 年中小企业板上市公司治理指数的平均值为 63.90。从分指数看，中小企业板上市公司股东治理指数最高，信息披露指数、利益相关者治理指数、董事会治理指数较高，而经理层治理指数较低，监事会治理水平最低。监事会治理成为中小上市公司治理水平提升的关键。与 2016 年评价结果相比，公司治理指数略有下降，这主要因为股东治理指数、监事会治理指数和信息披露指数有一定幅度下降，而董事会治理指数、经理层治理指数和利益相关者治理指数则出现不同程度的上升。

第二，在股东治理方面，中小股东权益保护比上一年度下降较大，独立性指标和关联交易指标比上一年度有所提升;在董事会治理方面,中小企业板上市公司董事会组织结构表现较好,而独立董事制度表现欠佳,且比去年有所下降;在监事会治理方面,中小板上市公司的监事会运行指数表现最好,监事会结构指数水平最低,平均值只有 47.32,且比上年有所下降,监事会治理仍是今后建设的重点。在经理层治理方面,中小企业板上市公司任免制度指数和执行保障指数均比 2016 年有所上升,但经理层激励约束指数表现相对薄弱,且比上年度有所下降;在信息披露治理方面,信息披露的及时性表现最好,且比上年提升较大,但信息披露好和差的公司在可靠性和及时性方面都存在非常大的差距;在利益相关者治理方面,2017 年中小企业板上市治理指数比 2016 年有一定幅度上升,主要表现在利益相关者参与程度上升幅度较大,利益相关者协调程度表现较好,且比上年有所提升。

第三,不同控股股东性质公司治理指数表明,国有控股指数最高,其次是外资控股和民营控股,集体控股位列其后,社会团体控股指数最低。国有控股上市公司的优势在于信息披露治理和利益相关者治理,而民营控股上市公司在股东治理、董事会治理方面表现相对较好。

第四,从地区分布来看,815 家中小企业板上市公司中,主要集中在东部沿海发达地区,其中广东省、浙江省和江苏省最多,分别有 188 家、129 家和 101 家。而青海省和宁夏最少,各仅有 1 家。从公司治理指数平均值水平来看,宁夏、河南省和贵州省的中小板上市公司治理水平较高。而青海省、吉林省和黑龙江省的公司治理水平的均值相对较低。

第十八章　创业板上市公司治理评价

第一节　创业板上市公司治理评价总体分析

一、创业板上市公司治理总体描述

自2011年起，中国公司治理研究院持续关注创业板上市公司治理状况，2017年继续对创业板上市公司治理评价进行专门研究。本年度共有570家创业板上市公司样本，与2016年相比增加了78家公司，公司治理指数的平均值为64.49，中位数为64.52，最小值为55.16，最大值为71.38，标准差为2.68。见表18.1。

从创业板上市公司治理的六个分指数分别来看，股东治理指数、董事会治理指数、监事会治理指数、经理层治理指数、信息披露指数和利益相关者治理指数的平均值分别为68.44、64.65、56.44、63.34、67.03和65.85。其中股东治理指数最高为68.44；而监事会治理指数偏低，尚不足60.00，成为创业板上市公司治理水平提升的短板。

表18.1　创业板上市公司治理指数描述性统计

项　　目	平均值	中位数	标准差	极差	最小值	最大值
公司治理指数	64.49	64.52	2.68	16.22	55.16	71.38
股东治理指数	68.44	69.27	6.09	39.03	46.87	85.90
董事会治理指数	64.65	64.85	2.33	15.46	54.65	70.11
监事会治理指数	56.44	55.93	3.86	25.19	47.48	72.68
经理层治理指数	63.34	64.12	4.97	29.88	45.22	75.11
信息披露指数	67.03	66.89	7.05	37.60	46.53	84.13
利益相关者治理指数	65.85	64.38	10.18	48.78	39.65	88.44

资料来源：南开大学公司治理数据库。

二、2012—2017年创业板上市公司治理比较

表18.2和图18.1显示的是创业板上市公司2012—2017年公司治理指数、股东治理指数、董事会治理指数、监事会治理指数、经理层治理指数、信息披露指数以及利益相关者

治理指数六年的变化趋势。从图表中我们可以看出,创业板上市公司公司治理指数总体上处于上升趋势,其中股东治理指数在 70.00 左右徘徊;董事会治理指数稳步上升;监事会治理指数水平最低但是一直处于上升态势;经理层治理指数除了在 2014 年有所下降之外其他年份增长平稳;信息披露指数变化较大,出现了较多的反复;利益相关者治理指数总体上变化不大, 2012 年之后逐年下降,2015 年达到最低,之后缓慢上升。

表 18.2 创业板上市公司治理指数描述性统计六年比较

项　　目	2012	2013	2014	2015	2016	2017
公司治理指数	63.63	62.93	63.03	63.84	65.26	64.49
股东治理指数	70.94	69.71	71.32	71.05	69.15	68.44
董事会治理指数	61.69	61.50	63.31	63.29	64.51	64.65
监事会治理指数	55.47	56.63	57.09	56.50	57.02	56.44
经理层治理指数	59.32	61.62	58.66	61.12	61.83	63.34
信息披露指数	66.97	62.29	63.70	66.95	70.82	67.03
利益相关者治理指数	67.86	67.09	64.14	62.80	66.79	65.85

资料来源:南开大学公司治理数据库。

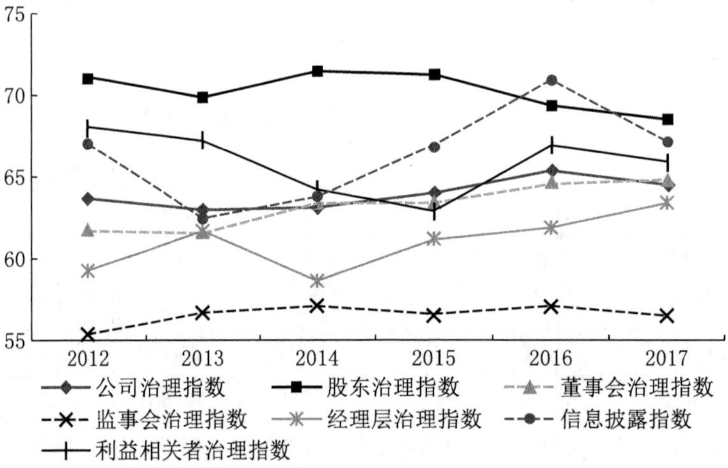

资料来源:南开大学公司治理数据库。

图 18.1 创业板上市公司治理指数平均值六年折线图比较

三、股东治理状况总体描述

股东治理评价三个主要影响因素独立性、中小股东权益保护和关联交易的平均值分别为 74.25、64.37 和 69.60。其中独立性和关联交易相对较高,而中小股东权益保护方面指数最低;因此创业板上市公司在提升股东治理水平时应当首先注重切实强化中小股东权益保护机制。其中,各样本公司之间独立性和中小股东权益保护两项分指标差距较大,样本公司独立性最大值为92.50,而最小值仅为29.00;中小股东权益保护最大值为89.67,最小值仅为30.50;两项分指标极差和标准差都很大。股东治理指数三项分指标的描述性统计情况如表18.3所示。

表18.3 创业板上市公司股东治理指数描述性统计

项目	平均值	中位数	标准差	极差	最小值	最大值
股东治理指数	68.44	69.27	6.09	39.03	46.87	85.90
独立性	74.25	75.35	10.05	63.50	29.00	92.50
中小股东权益保护	64.37	64.91	11.14	59.17	30.50	89.67
关联交易	69.60	70.17	8.361	52.16	29.83	82.00

资料来源:南开大学公司治理数据库。

四、董事会治理状况总体描述

创业板上市公司董事会治理的五个主要影响因素中最高的是董事会组织结构,平均值为67.71,反映出我国大多数创业板上市公司已经建立了相对比较完善的董事会组织结构,并能够发挥一定作用。同时董事会运作效率也较高,平均值为65.93,相比于2016年66.02的平均值,创业板上市公司中董事会运作效率有所下降。最低的是独立董事制度,为61.58,可见在提升董事会治理水平时需要在静态的结构之外注重加强独立董事制度的作用。具体指标的描述性统计情况如表18.4所示。

表18.4 创业板上市公司董事会治理指数描述性统计

项目	平均值	中位数	标准差	极差	最小值	最大值
董事会治理指数	64.65	64.85	2.33	15.46	54.65	70.11
董事权利与义务	64.40	64.62	5.26	26.00	49.50	75.50
董事会运作效率	65.93	66.12	4.12	19.55	54.91	74.46
董事会组织结构	67.71	70.00	7.66	44.00	35.00	79.00
董事薪酬	63.95	64.50	5.14	26.50	50.00	76.50
独立董事制度	61.58	61.00	4.22	22.75	48.75	71.50

资料来源:南开大学公司治理数据库。

五、监事会治理状况总体描述

监事会治理状况具体指标如表18.5所示,监事会治理分指数一直以来是各分指数中的短板，并且三项分指标差距较大。其中监事会运行状况指数最高，达到 73.38。各公司规模结构指数普遍偏低，平均值仅为 43.22，说明创业板公司监事会的结构有待加强和完善。

表 18.5 创业板上市公司监事会治理指数描述性统计表

项　目	平均值	中位数	标准差	极差	最小值	最大值
监事会治理指数	56.44	55.93	3.86	25.19	47.48	72.68
运行状况	73.38	70.00	6.12	20.00	60.00	80.00
规模结构	43.22	40.00	8.25	30.00	40.00	70.00
胜任能力	55.13	54.87	5.31	31.75	40.47	72.22

资料来源：南开大学公司治理数据库。

六、经理层治理状况总体描述

经理层治理的各个影响因素差别较小，其中最高的是执行保障，为 64.84；最低的是任免制度，为 60.76，有待于进一步完善。在三个指标中，激励约束指标各公司间差距较大，标准差达到 11.74。见表 18.6。

表 18.6 创业板上市公司经理层治理指数描述性统计表

项　目	平均值	中位数	标准差	极差	最小值	最大值
经理层治理指数	63.34	64.12	4.97	29.88	45.22	75.11
任免制度	60.76	61.11	5.07	36.66	44.44	81.11
执行保障	64.84	65.00	8.07	53.33	36.66	90.00
激励约束	64.45	68.57	11.74	52.85	30.00	82.85

资料来源：南开大学公司治理数据库。

七、信息披露状况总体描述

样本公司信息披露指数及其三个影响因素普遍较高，都在 60.00 以上，并且各指标差别很小。说明目前各公司都非常重视信息披露，能够及时向社会公开相关信息。但是可靠性和及时性指标的标准差普遍偏高，可见样本公司在信息披露的可靠性和及时之间的差别很大。相比较其他指标，信息披露的相关性最低，创业板上市公司需要注意提高披露信息的相关性。见表 18.7。

表 18.7　创业板上市公司信息披露指数描述性统计表

项　　目	平均值	中位数	标准差	极差	最小值	最大值
信息披露指数	67.03	66.89	7.05	37.60	46.53	84.13
可靠性	66.70	64.00	11.24	42.00	43.00	85.00
相关性	66.62	65.87	5.65	43.75	44.62	88.37
及时性	68.44	68.90	14.92	44.62	47.25	91.87

资料来源:南开大学公司治理数据库。

八、利益相关者治理状况总体描述

从利益相关者治理的两个主要因素来看,创业板上市公司的参与程度和协调程度平均值分别为 56.05 和 78.83。其中,参与程度的标准差较大,说明创业板上市公司利益相关者的参与水平差别较大,有些公司在该指标方面有待进一步提升。见表 18.8。

表 18.8　创业板上市公司利益相关者治理指数描述性统计表

项　　目	平均值	中位数	标准差	极差	最小值	最大值
利益相关者治理指数	65.85	64.38	10.18	48.78	39.65	88.44
参与程度	56.05	50.00	16.04	65.20	25.8	91.00
协调程度	77.83	79.00	9.88	59.00	41.00	100.00

资料来源:南开大学公司治理数据库。

第二节　创业板上市公司治理评价分组比较

在对我国创业板上市公司的治理状况做总体描述之后,为了进一步深入考察不同类型公司治理状况的差异,我们分别对控股股东性质、地区等不同类别进行了对比分析。

一、创业板上市公司治理分控股股东性质比较

本年度 570 家创业板上市公司样本中,民营控股比重最大,共 528 家,占比92.63%,其公司治理总指数均值为 64.56;其次是国有控股,有 26 家,占比 4.56%,公司治理总指数均值为 63.73;其他类型控股 10 家,占比 1.75%,公司治理总指数均值为 64.53;外资控股 6 家,占比 1.05%,公司治理总指数均值为 62.85;民营控股上市公司数量最大,并且公司治理指数均值最高,说明其公司治理状况优于其他控股股东性质的上市公司,且民营控股上市公司之间治理指数没有明显差异。具体情况见表 18.9。

表 18.9 创业板上市公司按控股股东性质的总指数分类统计

控股股东性质	数目	比例(%)	平均值	中位数	标准差	极差	最小值	最大值
国有控股	26	4.56	63.73	63.44	2.70	11.32	58.82	70.14
民营控股	528	92.63	64.54	64.61	2.69	16.22	55.16	71.38
外资控股	6	1.05	62.85	63.99	2.52	6.075	58.92	65.00
其他类型	10	1.75	64.53	64.70	1.66	4.577	61.98	66.56
合　计	570	100	64.49	64.52	2.68	16.22	55.16	71.38

资料来源:南开大学公司治理数据库。

按照控股股东进行分类,创业板上市公司本年度公司治理分指数状况如表18.10所示。股东治理方面,国有控股上市公司最低,民营控股和其他类型上市公司表现较好。董事会治理中,不同控股股东性质的上市公司大致相当,水平相对平均。监事会治理方面,国有控股上市公司一马当先,监事会治理指数显著高于其他公司。经理层治理方面,国有控股、民营控股和其他类型上市公司表现较好,外资控股上市公司表现一般。信息披露方面,民营控股上市公司最高,国有控股上市公司表现也较好,外资控股和其他类型上市公司表现较差。利益相关者治理方面,外资控股和其他类型上市公司表现较差,国有控股上市公司较为突出。综合来看,民营控股上市公司各分指数表现较好,可见其整体治理状况良好。

表 18.10 创业板上市公司按控股股东性质的各分指数统计

控股 股东性质	股东 治理指数	董事会 治理指数	监事会 治理指数	经理层 治理指数	信息 披露指数	利益相关者 治理指数
国有控股	64.13	63.68	58.87	62.39	66.17	66.83
民营控股	68.60	64.70	56.30	63.36	67.15	65.91
外资控股	68.38	63.56	55.28	61.02	64.95	62.39
其他类型	70.82	64.79	58.03	66.15	63.94	62.04
合　计	64.65	56.44	63.34	67.03	65.85	68.44

资料来源:南开大学公司治理数据库。

二、创业板上市公司分地区比较

从地区分布来看,本年度 570 家创业板上市公司样本中,广东省、北京市和江苏省数量最多,分别为 123 家、86 家和 68 家。宁夏、青海省和西藏没有 1 家公司进入样本。从治理指数平均值水平来看,云南省最高,达到 74.46,而贵州省和新疆最低,分别为 56.86 和 58.50,没有突破 60.00 大关,剩余各地区的治理指数平均值水平都超过了

60.00 大关。具体分布见表 18.11。

表 18.11　创业板上市公司分地区的总指数描述性统计表

地　区	数目	公司治理指数	股东治理指数	董事会治理指数	监事会治理指数	经理层治理指数	信息披露指数	利益相关者治理指数
北京市	86	66.95	64.77	57.50	64.45	65.97	64.85	66.95
天津市	7	69.71	65.10	55.25	65.63	66.13	63.02	69.71
河北省	10	71.12	65.27	55.72	65.57	70.53	66.40	71.12
山西省	3	65.72	65.60	57.12	67.59	61.90	56.29	65.72
内蒙古	3	70.98	65.79	58.9	64.18	62.64	72.75	70.98
辽宁省	12	67.00	64.17	58.5	60.74	65.54	67.08	67.00
吉林省	3	74.05	66.66	52.08	62.79	69.98	58.60	74.05
黑龙江省	2	70.44	67.10	54.58	64.32	63.51	65.17	70.44
上海市	40	70.08	64.90	57.54	63.68	65.09	66.17	70.08
江苏省	68	69.62	64.46	56.15	62.10	68.65	64.37	69.62
浙江省	60	67.40	64.66	55.52	63.30	66.97	65.67	67.40
安徽省	12	67.64	64.57	56.9	65.76	66.26	65.82	67.64
福建省	15	67.86	64.77	55.1	62.03	65.56	65.98	67.86
江西省	5	64.72	64.81	55.11	63.50	75.01	67.34	64.72
山东省	23	70.86	64.16	54.83	60.83	67.70	67.45	70.86
河南省	11	67.50	64.08	56.20	61.66	69.24	69.76	67.50
湖北省	20	68.36	64.85	55.24	62.62	67.83	62.48	68.36
湖南省	17	66.90	64.76	56.99	62.31	67.95	67.06	66.90
广东省	123	69.21	64.63	56.1	63.99	66.92	67.13	69.21
广　西	1	70.93	63.64	55.0	63.69	66.37	79.49	70.93
海南省	2	69.34	63.19	60.48	60.07	69.10	70.00	69.34
重庆市	5	70.23	65.44	57.50	66.41	71.07	65.24	70.23
四川省	24	68.21	64.32	56.70	62.43	68.58	64.61	68.21
贵州省	1	56.86	67.04	55.68	63.53	71.45	60.06	56.86
云南省	2	74.46	64.53	57.39	65.63	67.94	67.09	74.46
西　藏	0	—	—	—	—	—	—	—
陕西省	9	62.09	63.63	57.6	60.88	62.91	67.42	62.09
甘肃省	3	70.92	64.72	58.7	62.82	61.33	69.85	70.92

续表

地　区	数目	公司治理指数	股东治理指数	董事会治理指数	监事会治理指数	经理层治理指数	信息披露指数	利益相关者治理指数
青海省	0	—	—	—	—	—	—	—
宁　夏	0	—	—	—	—	—	—	—
新　疆	3	58.50	63.75	61.09	65.06	65.82	66.48	58.50
合　计	570	68.44	64.65	56.44	63.34	67.03	65.85	68.44

资料来源：南开大学公司治理数据库。

主要结论

2017年创业板上市公司治理评价结果表明，创业板上市公司治理具有以下特征。

第一，本年度共有570家创业板上市公司样本，与2016年相比增加了78家公司，公司治理指数的平均值为64.49，中位数为64.52，最小值为55.16，最大值为71.38，标准差为2.68。从创业板上市公司治理的六个分指数分别来看，股东治理指数最高为68.44；而监事会治理指数偏低，尚不足60.00，成为创业板上市公司治理水平提升的短板。

第二，股东治理评价三个主要影响因素中，独立性和关联交易相对较高，而中小股东权益保护方面指数最低；因此创业板上市公司在提升股东治理水平时应当首先注重切实强化中小股东权益保护机制。

第三，董事会治理的五个主要影响因素中最高的是董事会组织结构，反映出我国大多数创业板上市公司已经建立了相对比较完善的董事会组织结构，并能够发挥一定作用。最低的是独立董事制度，可见加强独立董事制度的建设和对制度实施的监管。

第四，监事会治理的影响因素中，其中监事会运行状况指数最高，各公司规模结构指数普遍偏低，平均值仅为43.22，表明创业板公司监事会的结构有待加强和完善。

第五，经理层治理的各个影响因素差别较小，其中最高的是执行保障；最低的是任免制度，并且各公司间差距较大，可见各公司在激励约束方面还有待进一步完善。

第六，信息披露指数及其三个影响因素普遍较高，都在60.00以上，并且各指标差别很小。说明目前各公司都非常重视信息披露，能够及时向社会公开相关信息。但是可靠性和及时性指标的标准差普遍偏高，可见样本公司在信息披露的可靠性和及时性之间的差别很大。相比较其他指标，信息披露的相关性最低，创业板上市公司需要注意提高披露信息的相关性。

第七,从利益相关者治理的两个主要因素来看,创业板上市公司的参与程度和协调程度平均值分别为 56.05 和 78.83。其中,参与程度的标准差较大,说明创业板上市公司利益相关者的参与水平差别较大,有些公司在该指标方面有待进一步提升。

第八,不同控股股东性质公司治理指数表明,民营控股上市公司数量最大,并且公司治理状况继续稳定居于前列,说明其公司治理状况优于其他控股股东性质的公司;而其他控股股东性质的公司之间治理指数没有明显差异。

第九,地区分布来看,本年度 570 家创业板上市公司样本中,广东省、北京市和江苏省数量最多,分别为 123 家、86 家和 68 家。宁夏、青海省和西藏没有 1 家公司进入样本。从治理指数平均值水平来看,云南省最高,达到 74.46,而贵州省和新疆最低,分别为 56.86 和 58.50,没有突破 60.00,剩余各地区的治理指数平均值水平都超过了 60.00大关。

第十九章　上市金融机构治理评价

金融机构在经营目标、代理关系、监管压力等方面与一般公司具有较大的差别。这些差别导致了金融机构公司治理中存在着许多不同于一般公司的特征。因此，将金融机构与一般公司分开，单独讨论其公司治理特性是有必要的。

第一节　上市金融机构治理评价总体分析

一、上市金融机构治理总体描述

2017年，在国内上市的金融类上市公司共有67家，比2016年增加17家。除国信证券（002736）、宁波银行（002142）、山西证券（002500）和西部证券（002673）、国盛金控（002670）、第一创业（002797）、江阴银行（002807）七家公司在中小企业板上市外，其他金融类上市公司均在主板上市。67家样本中超过一半集中在北京市、上海市、广东省三个地区，其中北京市12家、上海市10家、广东省10家。控股股东性质方面，67家金融机构样本中，有40家为国有控股，11家为民营控股，集体控股3家，外资控股2家，社会团体控股1家，另有10家为其他类型。此外，67家样本中，银行类上市公司占24家，证券类占30家，保险类6家，其他金融类7家。

表19.1给出了金融业公司治理指数及各分指数的描述性统计指标，可以看出，2017年度金融行业的公司治理指数平均值为63.62，中位数为63.60，标准差为3.28，最小值为57.20，最大值为69.51。

表19.1　上市金融机构公司治理指数总体描述性统计

项　目	平均值	中位数	标准差	极差	最小值	最大值
公司治理指数	63.62	63.60	3.18	12.31	57.20	69.51
股东治理指数	64.86	65.84	6.61	27.18	50.16	77.34
董事会治理指数	66.33	66.39	3.40	22.05	55.26	77.32
监事会治理指数	64.50	65.62	6.35	25.34	52.83	78.17

续表

项　目	平均值	中位数	标准差	极差	最小值	最大值
经理层治理指数	56.78	56.16	6.01	25.47	46.13	71.60
信息披露指数	64.40	64.64	5.73	24.91	50.18	75.09
利益相关者治理指数	65.20	63.30	8.51	37.38	46.57	83.95

资料来源：南开大学公司治理数据库。

表19.2给出了金融业和总体样本上市公司治理指数和各分指数的描述性统计对比，从对比中可以看出，从平均值意义上讲，金融机构的公司治理状况总体优于总体样本。在各项分指数中，除了股东治理指数、经理层治理指数和信息披露指数之外，金融机构均高于总体样本。尤其是在监事会治理方面，金融机构的治理状况大幅度优于总体样本。

表19.2　金融与非金融行业治理指数描述性统计比较

项　目	样本	平均值	中位数	标准差	极差	最小值	最大值
公司治理指数	3 031	62.67	62.77	3.29	20.53	51.37	71.90
	67	63.62	63.60	3.18	12.31	57.20	69.51
股东治理指数	3 031	65.00	65.64	7.68	49.42	36.49	85.90
	67	64.86	65.84	6.61	27.18	50.16	77.34
董事会治理指数	3 031	64.28	64.38	2.34	29.73	47.59	77.32
	67	66.33	66.39	3.40	22.05	55.26	77.32
监事会治理指数	3 031	58.78	57.24	5.86	35.67	42.50	78.17
	67	64.50	65.62	6.35	25.34	52.83	78.17
经理层治理指数	3 031	58.92	59.18	6.73	37.58	40.42	78.00
	67	56.78	56.16	6.01	25.47	46.13	71.60
信息披露指数	3 031	65.04	65.21	7.55	41.91	44.13	86.04
	67	64.40	64.64	5.73	24.91	50.18	75.09
利益相关者治理指数	3 031	62.92	61.86	10.01	54.04	34.41	88.45
	67	65.20	63.30	8.51	37.38	46.57	83.95

资料来源：南开大学公司治理数据库。

二、上市金融机构股东治理状况总体描述

表19.3给出了2017年金融行业67家样本股东治理评价方面的各指标的描述性统计，从表中可以看出，股东治理评价方面，独立性指数和关联交易指数平均值较高，分别

为68.89和66.10,中小股东权益保护指数平均值较低,为61.60,股东治理指数的平均值为64.86,标准差为6.61。

表19.3 上市金融机构股东治理指数描述性统计

项　　目	平均值	中位数	标准差	极差	最小值	最大值
股东治理指数	64.86	65.84	6.61	27.18	50.16	77.34
独立性	68.89	72.21	15.78	76.74	15.76	92.50
中小股东权益保护	61.60	62.40	9.64	44.92	42.13	87.05
关联交易	66.10	68.18	10.64	40.17	41.83	82.00

资料来源:南开大学公司治理数据库。

三、上市金融机构董事会治理状况总体描述

表19.4给出了2017年金融业67家样本董事会治理方面的描述性统计,从表中可以看出,从平均值意义上讲,董事会的组织结构最高,平均值达到了78.93,董事薪酬最低,平均值只有59.22。董事会治理指数的平均值为66.33,标准差为3.40,表明金融机构在董事会评价方面的差异比较小。

表19.4 上市金融机构董事会治理指数描述性统计

项　　目	平均值	中位数	标准差	极差	最小值	最大值
董事会治理指数	66.33	66.39	3.40	22.05	55.26	77.32
董事权利与义务	63.59	63.00	4.07	20.25	54.25	74.50
董事会运作效率	68.70	68.71	3.76	16.10	58.36	74.46
董事会组织结构	78.93	79.00	10.67	71.00	35.00	106.00
董事薪酬	59.22	59.00	3.82	19.00	50.00	69.00
独立董事制度	60.68	61.75	5.00	19.25	48.75	68.00

资料来源:南开大学公司治理数据库。

四、上市金融机构监事会治理状况总体描述

表19.5给出了2017年67家样本监事会治理方面的描述性统计,从表中可以看出,监事会的运行状况指数最高,平均值为70.60。监事的胜任能力次之,均值为64.16。监事会的规模结构最低,均值为59.63。同时,不同金融类公司的监事会规模结构差异较大,样本的标准差为14.20。监事会治理指数的平均值为64.50,标准差为6.35。

表 19.5 上市金融机构监事会治理指数描述性统计

项目	平均值	中位数	标准差	极差	最小值	最大值
监事会治理指数	64.50	65.62	6.35	25.34	52.83	78.17
运行状况	70.60	70.00	5.74	20.00	60.00	80.00
规模结构	59.63	60.00	14.20	40.00	40.00	80.00
胜任能力	64.16	64.32	5.34	23.82	50.95	74.77

资料来源:南开大学公司治理数据库。

五、上市金融机构经理层治理状况总体描述

表 19.6 给出了 2017 年 67 家样本经理层治理方面的描述性统计,从表中可以看出,从平均值意义上讲,经理层三个维度差异巨大,最高的执行保障平均值达到了 67.16,而最低的激励约束维度,平均值只有 43.62。经理层治理指数也偏低,平均值为 56.78,标准差为 6.01。

表 19.6 上市金融机构经理层治理指数描述性统计

项目	平均值	中位数	标准差	极差	最小值	最大值
经理层治理指数	56.78	56.16	6.01	25.47	46.13	71.60
任免制度	61.40	61.25	6.05	28.89	47.78	76.67
执行保障	67.16	66.67	9.74	51.67	38.33	90.00
激励约束	43.62	40.00	11.39	45.71	30.00	75.71

资料来源:南开大学公司治理数据库。

六、上市金融机构信息披露状况总体描述

表 19.7 给出了 2017 年 67 家样本经理层治理方面的描述性统计,从表中可以看出,从平均值意义上讲,信息披露可靠性和及时性较高,平均值分别为 67.72 和 67.08。信息披露的相关性较低,平均值为 57.07。同时在信息披露的及时性方面,样本的标准差较大,说明不同金融上市公司之间存在显著差异。信息披露指数的平均值达到了 64.40,标准差为 5.73。

表 19.7 上市金融机构信息披露评价指数描述性统计

项目	平均值	中位数	标准差	极差	最小值	最大值
信息披露指数	64.40	64.64	5.73	24.91	50.18	75.09
可靠性	67.72	70.50	9.31	28.50	50.50	79.00
相关性	57.07	60.42	9.55	38.75	37.71	76.45
及时性	67.08	65.69	13.65	44.63	47.25	91.88

资料来源:南开大学公司治理数据库。

七、上市金融机构利益相关者治理状况总体描述

表19.8给出了2017年67家样本公司利益相关者治理方面的描述性统计，从表中可以看出，从平均值意义上讲，利益相关者治理两个维度之间存在巨大差异。参与程度的平均值为52.63，而协调程度的平均值达到了80.57，同时两者的标准差均较大。利益相关者治理指数的平均值为65.20，标准差为8.51。

表19.8 上市金融机构利益相关者治理指数描述性统计

项 目	平均值	中位数	标准差	极差	最小值	最大值
利益相关者治理指数	65.20	63.30	8.51	37.38	46.57	83.95
参与程度	52.63	49.80	11.82	46.20	32.80	79.00
协调程度	80.57	84.00	11.64	49.00	48.00	97.00

资料来源：南开大学公司治理数据库。

第二节 上市金融机构治理评价分组比较

这一节我们按照控股性质、地区分布和主营业务三个方面对50家金融机构进行分组，然后比较各组的公司治理状况。

一、上市金融机构治理分控股股东性质比较

按照控股性质分组，虽然上市金融机构的控股性质可以分为六种：国有、民营、外资、集体控股、社会团体控股和其他类型。但社会团体控股只包含一个样本，故而不将其纳入统计分析之中。表19.9给出了按最终控制人性质分组的金融机构治理指数统计指标对比，从表中可以看出，在平均值意义上讲，外资控股金融机构和其他类型金融机构公司治理指数最高，其次为国有控股。民营控和集体控股金融机构的治理水平相对较低。

表19.9 上市金融机构公司治理分控股股东性质比较

控股股东性质	样本数	平均值	中位数	标准差	极差	最小值	最大值
国有控股	40	63.88	63.80	2.68	10.70	57.90	68.60
集体控股	3	61.14	62.52	3.36	6.28	57.31	63.59
民营控股	11	60.51	60.94	2.38	6.62	57.20	63.82
外资控股	2	67.15	67.15	2.96	4.19	65.06	69.24

续表

控股股东性质	样本数	平均值	中位数	标准差	极差	最小值	最大值
其他类型	10	66.51	66.83	2.06	5.91	63.60	69.51
合　计	66	63.62	63.60	3.18	12.31	57.20	69.51

资料来源：南开大学公司治理数据库。

二、上市金融机构治理分地区比较

按照金融机构所属地区分组，大部分的上市金融机构集中于北京市、上海市、广东省等经济发达地区，所以我们仅比较这三个地区金融机构的治理状况，如表 19.10 所示。从表中可以看出，均值意义上讲，三个地区的上市公司的治理水平比较接近，其中北京市略高，其均值为 64.08。上海市和广东省略低，其均值分别为 63.48 和 63.75。

表 19.10　上市金融机构治理指数分地区描述性统计

地　区	样本数	平均值	中位数	标准差	极差	最小值	最大值
北京市	12	64.08	63.54	2.08	6.33	61.12	67.45
上海市	12	63.48	63.64	3.33	11.11	57.20	68.31
广东省	10	63.75	63.80	3.33	10.90	58.35	69.24

资料来源：南开大学公司治理数据库。

三、上市金融机构治理分行业比较

最后，按照金融机构不同业务性质分组，金融机构可以分为证券公司、银行、保险公司以及包括信托和投资公司在内的其他金融机构等。表 19.11 给出了这四类金融机构公司治理指数的描述性统计，可以看出，从平均值意义上讲，银行类金融机构的公司治理水平较高，其平均值达到了 65.80；证券类和保险类金融机构次之，平均值分别为 62.88 和 62.22；其他金融机构最低，平均值仅为 60.47。

表 19.11　上市金融机构分银行与非银行公司治理比较

行　业	样本数	平均值	中位数	标准差	极差	最小值	最大值
银　行	24	65.80	66.03	2.29	8.40	61.12	69.51
证　券	30	62.88	62.63	3.02	11.01	57.20	68.21
保　险	6	62.22	62.56	2.60	7.13	57.92	65.06
其　他	7	60.47	60.34	2.42	6.26	57.31	63.57
合　计	67	63.62	63.60	3.18	12.31	57.20	69.51

资料来源：南开大学公司治理数据库。

第三节 上市金融机构治理年度比较

一、上市金融机构治理总体状况分年度比较

从整体趋势上讲，上市金融机构公司治理指数的平均值在近六年处于小幅波动的状态，在 2014 年和 2015 年较高，分别为 64.27 和 64.30。公司治理指数平均值在 2016 年出现略微下降之后，在 2017 年又出现了小幅回升。

在六个分指数中，上市金融机构的股东治理指数和监事会治理指数在六年间一直处于较高的状态，但在 2017 年出现了下降。董事会治理指数稳步提升，并在 2017 年超过了股东治理指数和监事会治理指数。经理层治理指数在 2017 年有所上升，但依旧落后于其他分指数。信息披露指数波动较大，利益相关者指数则是稳中有升。见表19.12和图 19.1。

表 19.12 上市金融机构公司治理指数年度比较

项　　目	2012	2013	2014	2015	2016	2017
公司治理指数	63.44	61.81	64.27	64.30	63.07	63.62
股东治理指数	69.47	67.29	67.48	66.40	67.56	64.86
董事会治理指数	63.00	64.11	66.29	65.97	66.36	66.33
监事会治理指数	63.76	65.84	65.55	65.88	66.68	64.50
经理层治理指数	58.93	57.54	58.96	56.41	54.55	56.78
信息披露指数	65.37	57.20	65.22	65.58	60.41	64.40
利益相关者治理指数	59.53	60.26	61.46	66.52	64.65	65.20

资料来源：南开大学公司治理数据库。

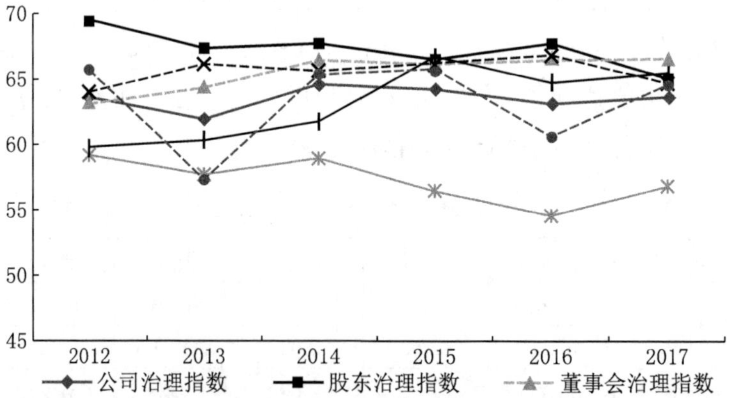

资料来源：南开大学公司治理数据库。

图 19.1 上市金融机构治理指数平均值六年折线图比较

二、上市金融机构股东治理状况分年度比较

表 19.13 给出了 2012—2017 年六年间股东治理指数的平均值与标准差的对比，可以看到，从平均值意义上讲，股东治理指数在经历了 2013—2016 年的平稳波动之后，在 2017 年出现了一定程度的下降。其主要原因在于，2017 年的关联交易分指数的平均值出现了较为明显的下降。

表 19.13　上市金融机构股东治理指数分年度比较

年份与指标		股东治理指数	独立性	中小股东权益保护	关联交易
2012	平均值	69.47	68.49	56.44	83.00
	标准差	5.66	12.58	12.34	4.52
2013	平均值	67.29	72.43	58.83	73.17
	标准差	8.22	10.20	11.23	11.20
2014	平均值	67.48	75.03	61.32	69.86
	标准差	6.95	11.38	9.42	11.39
2015	平均值	66.40	69.94	62.03	69.00
	标准差	7.21	16.67	8.94	11.66
2016	平均值	67.56	67.86	61.26	73.69
	标准差	7.88	16.08	10.60	12.97
2017	平均值	64.86	68.89	61.6	66.1
	标准差	6.61	15.78	9.64	10.64

资料来源：南开大学公司治理数据库。

三、上市金融机构董事会治理状况分年度比较

表 19.14 给出了 2012—2017 年董事会治理方面各指标平均值与标准差的对比，从董事会治理指数上讲，在经历了 2014 年的上升之后，2015 年董事会治理指数的平均值出现了小幅下降，降至 65.97，而在 2016 年又出现了小幅回升，平均值回升至 66.36，并稳定在这一水平。五个维度中，董事权利与义务、董事会运作效率指数在 2017 年有所上升，其他维度在 2017 年均出现了不同程度的下降。

表 19.14 上市金融机构董事会治理指数分年度比较

年份与指标		董事会治理指数	董事权利与义务	董事会运作效率	董事会组织结构	董事薪酬	独立董事制度
2012	平均值	63.00	64.15	58.24	73.54	59.76	61.46
	标准差	1.46	4.49	2.57	2.79	2.93	3.74
2013	平均值	64.11	63.29	59.64	76.12	60.46	62.21
	标准差	1.56	4.03	2.33	2.13	3.79	4.68
2014	平均值	66.29	67.89	61.45	80.35	62.71	62.11
	标准差	2.46	3.92	2.97	7.71	6.13	4.46
2015	平均值	65.97	63.84	68.14	78.48	59.03	60.20
	标准差	2.78	5.10	2.94	10.15	2.68	4.60
2016	平均值	66.36	62.35	67.56	79.06	60.05	61.66
	标准差	2.60	4.00	3.29	8.01	3.95	4.59
2017	平均值	66.33	63.59	68.7	78.93	59.22	60.68
	标准差	3.4	4.07	3.76	10.67	3.82	5

资料来源:南开大学公司治理数据库。

四、上市金融机构监事会治理状况分年度比较

表 19.15 给出了 2012—2017 六年间监事会治理方面各指标的平均值与标准差对比,可以看出在 2012—2017 年间,监事会治理指数基本保持稳中有升的态势,在 2013—2015 年的稳定期后,2016 年监事会治理指数的平均值再次上升为 66.68。但是在 2017 年,监事会治理指数的平均值出现了一定程度的下降。各维度中,监事会的运行情况和规模结构在 2017 年均出现了下降。其中规模结构分指数的下降最为明显。

表 19.15 上市金融机构监事会治理指数分年度比较

年份与指标		监事会治理指数	运行状况	规模结构	胜任能力
2012	平均值	63.76	68.29	61.22	62.42
	标准差	6.51	9.98	13.12	5.08
2013	平均值	65.84	72.86	62.14	63.53
	标准差	6.57	9.18	14.94	4.53
2014	平均值	65.55	71.69	63.33	62.33
	标准差	8.25	11.31	13.95	9.25
2015	平均值	65.88	61.36	73.05	64.24
	标准差	6.21	14.32	4.94	5.29

续表

年份与指标		监事会治理指数	运行状况	规模结构	胜任能力
2016	平均值	66.68	72.60	64.30	64.00
	标准差	5.32	8.53	13.63	5.28
2017	平均值	64.50	70.6	59.63	64.16
	标准差	6.35	5.74	14.20	5.34

资料来源:南开大学公司治理数据库。

五、上市金融机构经理层治理状况分年度比较

表19.16给出了2012—2017六年间上市金融机构经理层治理指数的描述性统计对比,从表中可以看出经理层治理指数在2014—2016年持续下降,并在2016年达到了近五年的最低值。而在2017年,经理层治理指数的平均值出现了回升,达到了56.78。其中,任免制度和执行保障均出现了一定程度的提升。

表19.16 上市金融机构经理层治理指数分年度比较

年份与指标		经理层治理指数	任免制度	执行保障	激励约束
2012	平均值	58.93	63.41	72.03	43.59
	标准差	4.92	6.74	6.71	9.76
2013	平均值	57.54	60.82	71.21	42.82
	标准差	5.39	5.04	8.98	10.48
2014	平均值	58.96	62.54	71.75	44.73
	标准差	5.76	5.04	9.55	10.63
2015	平均值	56.41	59.97	69.01	42.34
	标准差	6.12	5.37	10.15	11.32
2016	平均值	54.55	56.82	65.01	43.51
	标准差	5.49	6.29	10.20	9.81
2017	平均值	56.78	61.4	67.16	43.62
	标准差	6.01	6.05	9.74	11.39

资料来源:南开大学公司治理数据库。

六、上市金融机构信息披露状况分年度比较

表19.17给出了2012—2017年上市金融机构信息披露指标的描述性统计结果,从表中可以看出,信息披露指数的波动较为剧烈。其在经历了2016年的下降之后,

2017 年的信息披露指数出现了显著回升，其平均值从 2016 年的 60.14 上升到 2017 年的 64.40。其原因在于，可靠性指数和相关性指数均出现了显著提升，平均值分别达到了 67.72 和 57.07。

表 19.17　上市金融机构信息披露指数分年度比较

年份与指标		信息披露指数	可靠性	相关性	及时性
2012	平均值	65.37	63.70	66.15	66.81
	标准差	8.17	12.32	15.02	11.21
2013	平均值	57.20	51.96	59.18	62.20
	标准差	7.79	16.47	9.20	9.97
2014	平均值	65.22	68.67	59.54	66.95
	标准差	7.00	4.53	15.04	14.39
2015	平均值	65.58	67.62	61.54	68.2
	标准差	6.05	10.10	11.51	6.14
2016	平均值	60.41	62.72	51.85	67.48
	标准差	7.50	11.42	10.70	14.70
2017	平均值	64.40	67.72	57.07	67.08
	标准差	5.73	9.31	9.55	13.65

资料来源：南开大学公司治理数据库。

七、上市金融机构利益相关者治理状况分年度比较

表 19.18 给出了 2012—2017 年六年间上市金融机构利益相关者治理指数的平均值和标准差，从表中可以看出，利益相关者治理指数在 2012—2015 年间处于上升趋势，但在 2016 年出现了一定程度的下降，在 2017 年又出现了一定程度回升。这主要是由于参与程度维度在 2017 年有所回升。

表 19.18　上市金融机构利益相关者治理指数分年度比较

年份与指标		利益相关者治理指数	参与程度	协调程度
2012	平均值	59.53	46.93	74.95
	标准差	8.60	14.96	11.97
2013	平均值	60.26	45.95	77.64
	标准差	10.47	14.64	11.97
2014	平均值	61.46	45.52	80.95
	标准差	8.84	13.77	10.56

续表

年份与指标		利益相关者治理指数	参与程度	协调程度
2015	平均值	66.52	52.12	84.14
	标准差	10.61	15.36	11.97
2016	平均值	64.65	51.06	80.60
	标准差	8.66	12.15	14.07
2017	平均值	65.20	52.63	80.57
	标准差	8.51	11.82	11.64

资料来源:南开大学公司治理数据库。

八、上市金融机构治理分控股股东性质的年度比较

我们重点关注国有控股和民营控股两种控股性质的金融机构,其他控股性质的金融机构样本太少,不具有代表性,我们不做关注。国有控股金融机构的公司治理水平在2016年出现下滑之后,在2017年保持出现了回升的态势。相反,民营控股金融机构的公司治理指数在2016年出现了明显的上升,但在2017年又出现了下滑。民营控股金融机构股的公司治理水平依旧落后于国有控股金融机构,同时两者的差距有扩大的趋势。

表19.19 上市金融机构治理指数分控股股东性质的年度描述统计性比较

控股股东性质	年份	平均值	标准差
国有控股	2013	62.07	2.45
	2014	64.33	2.38
	2015	64.71	2.39
	2016	63.06	2.90
	2017	63.88	2.68
民营控股	2013	61.97	7.85
	2014	63.15	4.28
	2015	60.44	3.91
	2016	62.94	2.50
	2017	60.51	2.38

资料来源:南开大学公司治理数据库。

九、上市银行与非上市银行金融机构治理比较

表19.20给出了银行与非银行金融机构治理指数在2013—2017年五年间的平均

值与标准差对比,从表中可以看出,银行类金融机构和非银行金融机构的公司治理指数均值在2017年均出现了小幅上升。同时,银行类金融机构在这五年间的公司治理指数一直高于非银行类金融机构。

表19.20 上市金融机构分银行和非银行的年度描述性统计比较

性质	年份	样本数	平均值	标准差
银行	2013	16	63.22	3.01
	2014	16	65.96	1.81
	2015	16	66.31	1.55
	2016	16	64.82	2.10
	2017	24	65.80	2.29
非银行	2013	26	60.94	3.48
	2014	26	63.23	2.92
	2015	28	63.14	2.99
	2016	34	62.24	2.80
	2017	43	62.39	2.95

资料来源:南开大学公司治理数据库。

主要结论

第一,从平均值意义上讲,金融机构的公司治理指数要高于总体样本。各项分指数中,除经理层治理指数和信息披露指数之外,金融机构的其他分指数均优于总体样本。尤其是在监事会治理方面,金融机构的治理状况大幅度优于总体样本。

第二,在平均值意义上讲,在2017年,国有控股金融机构的公司治理指数继续领先于民营控股金融机构,同时两者的差距有所增大;北京市金融机构的公司治理指数高于上海市和广东省的金融机构,说明相对于其他两个地区,北京市金融机构的公司治理水平较高;银行类金融机构的公司治理水平较高,其平均值达到了65.80;非银行金融机构的公司治理水平稍低,平均值为62.39。

第三,2017年上市金融机构公司治理指数较2016年有所上升。各分指数中,经理层治理、信息披露和利益相关者治理指数有所上升,其他分指数均有所下降。其中信息披露指数的提升最为明显,是2017年金融机构公司治理总体指数提升的主要原因。同时,信息披露指数回升的主要原因在于信息披露可靠性和相关性维度的显著提升。

总体结论与建议

一、总体结论

第一,中国上市公司治理合规性总体稳步提升,但治理有效性尚待提高。在外部监管和公司内在发展需要的共同推动下,中国上市公司治理水平从2003年以来,经历2009年拐点之后,治理合规性呈现总体上升趋势,但治理有效性仍有很大提高空间。

第二,中小股东权益保护仍是上市公司治理的短板。2017年股东治理评价显示:股利支付的数量与质量都下降明显,经营类和资产类关联交易大幅上升;大量公司通过修改章程抵御敌意收购,但"防卫过当"现象已经显现,有损中小股东利益(458家公司规定股东持股比例超过5%才有资格提名董事)。

第三,上市公司高管平均薪酬水平上升幅度在国有与非国有上市公司之间表现出明显差异,并引致板块差异。国有上市公司高管平均薪酬水平上升幅度较非国有上市公司低10%以上;主板上市公司高管平均薪酬水平上升幅度较中小板和创业板上市公司低10%以上。

第四,上市公司信息披露的合规性日益完善。信息披露方面的可靠性、相关性和及时性方面都有所改进。尤其是及时性提升明显,年度报告实际披露日迟于首次预约披露日时滞下降,披露日期处于截止日最后两天的上市公司占比下降较多。

第五,随着治理理念与意识的不断深化,利益相关者治理水平逐步提升。上市公司越发重视同利益相关者关系建设与维护,特别是随着信息技术的成熟,网络投票方式中小股东可更便捷地参与公司的治理活动。

第六,金融机构治理监管有待加强。金融业板块治理水平虽仍领先于主板,但已排在创业板和中小企业板之后。金融机构治理水平提升速度缓慢,新增民营上市金融机构治理水平较低,为防范系统性金融风险的累积,治理监管有待加强。

第七,不同控股股东性质、地区和行业公司的治理水平存在显著差异。公司治理地图分布显示,地区间治理水平差距有所缩小;信息传输、软件和信息技术服务业治理水平较高,采矿业、房地产业等相对较低;民营控股上市公司治理水平连续七年超过国有控股上市公司,为混合所有制的开展提供了评价支持。

第八，公司治理水平高的企业继续显示出更好的业绩表现。公司治理100佳的状况显著好于总体样本的公司治理状况，通过对两组样本财务指标的比较发现，高质量的公司治理使得公司代理成本更低，盈利能力更强。

二、总体建议

第一，进一步规范控股股东行为，保护中小股东利益。严格规范控股股东减持行为，规范上市公司重组，强化公司现金分红和市值管理，以切实保护中小股东利益；发展股东集体诉讼等以拓宽中小股东的维权途径，同时要完善相关法律法规，降低其维权成本；在修改公司章程抵御敌意收购的同时，也不可“防卫过当”，损害中小股东利益。

第二，启动“控制权的优先股”的试点工作。首先从网络型高技术企业开始试点，既保障创始人对公司的合理控制，也可以之作为抵御敌意收购等的公司自卫机制，但同时也不能损害中小股东利益。

第三，加大推广国企高管市场化薪酬改革。加快国有企业、金融机构董事经理等高管的薪酬改革，在取消行政级别的前提下，强化其企业家、职业经理人身份，从而建立相应的市场化薪酬机制，减少国企高管人才的流失。

第四，加强金融机构治理，防范治理风险累积导致的金融风险。重视对“治理者”自身的治理，规范控股股东行为、完善经理层的激励约束制度；加强对新增上市金融机构公司治理的监管要求，重点要关注通过资产重组、并购等方式改变主营业务所形成的上市金融机构。

第五，进一步规范杠杆收购等公司外部治理行为。针对近年来频发的控制权争夺事件，一方面要规范收购行为、强化风险控制等，另一方面要促使并购双方借助市场规则进行“阳光下的公司治理较量”，推动上市公司外部治理由“演习”走向“实战”。

第六，加快《上市公司治理准则》的修订工作。从上市公司治理评价结果来看，诸多治理乱象很大程度上是由于治理规则的滞后与不完善所导致。现有治理规则既落后于国际标准，更不能满足国内治理发展的需求，需要通过修订完善治理准则，使我国公司治理由“事件推动”进入“规则引领”的新阶段。

第七，树立并推广绿色治理理念。上市公司作为中国公司的标杆，要尽快导入绿色治理，树立绿色治理理念，制定绿色治理准则，推动企业的绿色转型，并带动全社会的绿色发展。

第八，加快混合所有制改革，推动行政型向经济型的治理转型。通过发展混合所有制改革，吸收民营企业的经营及治理活力，并弱化政府对企业的行政干预，实现企业职能的真正履行到位。

参 考 文 献

[1] 成思危.中国股市回顾与展望:2002—2013[M].北京:科学出版社,2015.

[2] 程新生,谭有超,刘建梅.非财务信息、外部融资与投资效率——基于外部制度约束的研究[J].管理世界,2012,(7).

[3] 方红星,金玉娜.公司治理、内部控制与非效率投资:理论分析与经验证据[J].会计研究,2013(7).

[4] 傅传锐.公司治理、产权性质与智力资本价值创造效率——来自我国A股上市公司的经验证据[J].山西财经大学学报,2016,(8).

[5] 高明华,苏然,方芳.中国上市公司董事会治理评价及有效性检验[J].经济学动态,2014,(2).

[6] 高明华,谭玥宁.董事会治理、产权性质与代理成本——基于中国上市公司的实证研究[J].经济与管理研究,2014,(2).

[7] 韩少真,潘颖,张晓明.公司治理水平与经营业绩——来自中国A股上市公司的经验证据[J].中国经济问题,2015,(1).

[8] 韩少真,潘颖.公司治理水平、产权性质对债务合约的影响——基于中国A股上市公司的经验证据[J].西北大学学报(哲学社会科学版),2016,(1).

[9] 郝臣,崔光耀,李浩波,王励翔.中国上市金融机构公司治理的有效性——基于2008—2015年$CCGI^{NK}$的实证分析[J].金融论坛,2016,(3).

[10] 李维安.中国公司治理与发展报告2014[M].北京:北京大学出版社,2016.

[11] 李维安.中国公司治理与发展报告2013[M].北京:北京大学出版社,2014.

[12] 李维安.中国公司治理与发展报告2012[M].北京:北京大学出版社,2012.

[13] 李维安,郝臣.公司治理手册[M].北京:清华大学出版社,2015.

[14] 李维安,程新生.公司治理评价及其数据库建设[J].中国会计评论,2005,(2).

[15] 李维安,张立党,张苏.公司治理、投资者异质信念与股票投资风险——基于中国上市公司的实证研究[J].南开管理评论,2012,(6).

[16] 李维安.公司治理评价与指数研究[M].北京:高等教育出版社,2005.

[17] 鲁桐,吴国鼎.中小板、创业板上市公司治理评价[J].学术研究,2016,(5).

[18] 鲁桐,仲继银,叶扬,于换军,吴国鼎,党印.中国中小上市公司治理研究[J].学术研究,2014,(6).

[19] 南开大学中国公司治理研究院公司治理评价课题组.2015 中国上市公司治理评价研究报告[M].北京:商务印书馆,2016.

[20] 南开大学中国公司治理研究院公司治理评价课题组.2008 中国上市公司治理评价研究报告[M].北京:商务印书馆,2011.

[21] 南开大学中国公司治理研究院公司治理评价课题组.2004 中国上市公司治理评价研究报告[M].北京:商务印书馆,2007.

[22] 南开大学中国公司治理研究院公司治理评价课题组.2003 中国上市公司治理评价研究报告[M].北京:商务印书馆,2007.

[23] 南开大学中国公司治理研究院公司治理评价课题组.中国上市公司治理评价系统研究[J].南开管理评论,2003,(3).

[24] 南开大学中国公司治理研究院公司治理评价课题组.中国上市公司治理评价与指数报告[J].管理世界,2008,(1).

[25] 南开大学中国公司治理研究院公司治理评价课题组.中国上市公司治理评价与指数分析[J].管理世界,2007,(5).

[26] 南开大学中国公司治理研究院公司治理评价课题组.中国上市公司治理指数与公司绩效的实证分析[J].管理世界,2006,(3).

[27] 南开大学中国公司治理研究院公司治理评价课题组.中国上市公司治理指数与治理绩效的实证分析[J].管理世界,2004,(2).

[28] 南开大学中国公司治理研究院公司治理评价课题组.中国上市公司治理状况评价研究[J].管理世界,2010,(1).

[29] 王鹏程,李建标.利益相关者治理能缓解企业融资约束吗[J].山西财经大学学报,2014,(12).

[30] 武立东.中国民营上市公司治理及其评价研究[M].天津:南开大学出版社,2007.

[31] 叶银华,李存修,柯承恩.公司治理与评等系统[M].台湾:商智文化出版社,2002.

[32] Alev Dilek Aydin, Ahmet Ozcan. Corporate Governance and Firm Performance: Recent Evidence from Borsa Istanbul (BIST) Corporate Governance Index (XKURY) [J]. *Research Journal of Finance and Accounting*, 2015, 14(6): 198 - 204.

[33] Al-Malkawi Han, Pillai R., Bhatti M. I. Corporate Governance Practices in Emerging Markets: The Case of GCC Countries [J]. *Economic Modelling*, 2014, 38: 133 – 141.

[34] Baginski, S.P., S.B. Clinton and S.T. Mcguire, Forward-Looking Voluntary Disclosure in Proxy Contests [J]. *Contemporary Accounting Research*, 2014, 31(4): 1008 – 1046.

[35] Bernard S. Black, Antonio Gledson De Carralho, Joelson O. Sampaio. The Evolution of Corporate Governance in Brazil [J]. *Emerging Markets Review*, 2014, 20: 176 – 195.

[36] Bertomeu, J. and R.P. Magee, Mandatory Disclosure and Asymmetry in Financial Reporting [J]. *Journal of Accounting and Economics*, 2016, 59: 284 – 299.

[37] Christian Strenger. The Corporate Governance Scorecard: a Tool for the Implementation of Corporate Governance [J]. *Corporate Governance: An International Review*, 2004, 12(1):11 – 15.

[38] Esen Kara, Duygu Acar Erdur. Analyzing the Effects of Corporate Social Responsibility Level on the Financial Performance of Companies: An Application on BIST Corporate Governance Index Included Companies [J]. *Journal of Management Economics and Business*, 2014, 10(23):227.

[39] Fallatah Y. Corporate Governance and Firm Performance and Value in Saudi Arabia [J]. *African Journal of Business Managemen*t, 2012, 6(36):10025 – 10034.

[40] G. G. Kurt, G. Bener, G. Yusuf. The Relationship between Corporate Governance and Stock Returns [J]. *Dumlupinar University Journal of Social Science*, 2014, 7: 124 – 143.

[41] Jean C. Behard, Karlam. Johnstone. Earnings Manipulation Risk, Corporate Governance Risk, and Auditors' Planning and Pricing Decisions [J]. *The Accounting Review*, 2004, 29(2):277 – 304.

[42] Jean J. Chen, Xinsheng Cheng, Stephen X. Gong, Youchao Tan. Do Higher Value Firms Voluntarily Disclose More Information? Evidence from China [J]. *The British Accounting Review*, 2014, 46(1):6 – 32.

[43] Jie Li, Jian Yang, Zhuangxiong Yu. Does Corporate Governance Matter in Competitive Industries? Evidence from China [J]. *Pacific-Basin Finance Journal*, 2017, 43(6): 238 – 255.

[44] Mark L. Defond, Mingyi Hung. Investor Protection and Corporate Governance: Evidence from Worldwide CEO Turnover [J]. *Journal of Accounting Research*, 2004, 42(2):269-312.

[45] Melsa Ararat, Bernard S. Black and B. Burcin Yurtoglu. The Effect of Corporate Governance on Firm Value and Profitability: Time-Series Evidence from Turkey [J]. *Emerging Markets Review*, 2016, 30(3): 113-132.

[46] Michael S. Gibson. Is Corporate Governance Ineffective in Emerging Markets? [J]. *Journal of Financial and Quantitative Analysis*, 2003, 38(1):231-252.

[47] Nikos Vafeas. Board Meeting Frequency and Firm Performance [J]. *Journal of Financial Economics*, 1999, 53 (6):113-142.

[48] Ruth V. Aguilera, Gregory Jackson. The Cross-national Diversity of Corporate Governance: Dimensions and Determinants [J]. *Academy of Management Review*, 2003, 28(3):447-465.

[49] Sivathaasan Nadarajah, Searat Ali, Benjamin Liu, AllenHaung.Stock Liquidity, Corporate Governance and Leverage: New Panel Evidence [J]. *Pacific-Basin Finance Journal*, 2017, Forthcoming.

[50] Standards and Poors' Company. Standard & Poors' Corporate Governance Scores: Criteria, Methodology and Definitions[R], 2002 (2004 revised).

[51] Steve Z. Fan, Linda Q. Yu. Identifying Missing Information of the Conventional Corporate Governance Index[R].*Working Paper*, 2012.

[52] Subhash Chandra Das. Corporate Governance in India: An Evaluation [M]. PHI Learning Pvt. Ltd., 2012.

[53] Tsai-Ling Liao and Wen-Chun Lin. Corporate Governance, Product Market Competition, and the Wealth Effect of R&D Spending Changes [J]. *Financial Management*, 2016, (11):112-147.